启真馆 出品

六合叢書

编余问学录

徐文堪

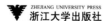

浙江大学出版社

丛书主编

吕大年　高峰枫

目录

谈语言起源与古代语文的释读

郑诗亮记录整理

乍听起来，语言起源这个问题似乎让人无从谈起。它是从什么时候开始得到关注的？到目前为止，有哪些值得关注的研究成果？

徐文堪：语言的起源是个研究起来非常困难的问题。很久以前就有人关注这个问题，比如达尔文就谈过，卢梭也写过一本《论语言的起源兼论旋律与音乐的摹仿》，国内有中译本，2003 年出版。北京外国语大学的姚小平先生还翻译过德国学者赫尔德（J. G. Herder）所著《论语言的起源》。但因为这个问题实在没法解决，后来差不多就成为一个禁区了，1866 年巴黎语言学会曾经禁止讨论这个问题。这种情况一直到 20 世纪 90 年代才有所改变，有不少语言学家、考古学家、心理学家、人类学家以及其他领域的专家做了很多努力，提出了很多假设，他们试图弄清楚语言是怎样产生的，为什么会产生，何时产生，在什么地方产生……这些问题现在都还没有定论，因为直接证据很少，但语言的起源和演化成为了一个跨学科的问题，慢慢引起了不同领域学者的关注，而且近十年来取得了比较大的进展。

现在，语言起源理论可以划分为两种假说：连续性和非连续性假说。所谓连续性假说的基本思想认为，语言不可能突然之间形成，而是有一个过程，一定是由人类的灵长类的祖先早期的前语言系统演变而来的。非连续性的假说则认为，语言有一些独一无二的特征是在人类演化过程的某个时间段中突然出现的，跟人类基因演化和突变也是有关的。过去对连续演化研究得比较多，也有很多的假设。现在还在继续研究的人当中，有的认为人类祖先由姿势产生了跟语言有关的符号系统，有声的语言也随着人类的进化慢慢产生出来。也有人认为，语言是模仿自然界的声音，或者是一种感叹。几十年前我还小的时候，受的教育是说，人是劳动创造的——这是恩格斯的话，人是能够制造工具的动物，语言也是由劳动创造的。比如，我们的祖先在协同劳动时需要交流，由比划产生了有声的语言。但因为直接的证据很少，对语言的起源要做实证研究是比较困难的。近十年以来，随着科学的进步，就可以用新的方法进行研究了。比如，可以由化石来看人类的解剖学特征，观察是如何演进的，也可以用计算机来模拟这个过程。也有的学者比较强调语言的社会性、人的社会文化认知对语言起源的影响。

认为语言产生是非连续性的代表人物之一，就是乔姆斯基。大家知道，乔姆斯基是一个很有影响的语言学家，他也很关心政治，是著名的左翼政论家。可以说，在当代的语言学以及相关领域来说，乔姆斯基的影响力是最大的。当然，也有不少人不同意他的意见，但不能不承认他的影响。我个人并不完全赞同他的观点，但有一些还是有道理的，应该重视。比如，他强调只有人类才有语言，其他任何动物都不可能具有语言能力，语言能力是人独有的。这个观点我觉得是很对的。上世纪六七十年代国外有些人做过很多实验，比方说，他们试图教猿猴讲话，但猿猴没办法发出人的声音，不止一个中心尝试过教猿猴辨认代表某个概念的词语，虽然也有一些进展，但最终都没有取得成功。这也说明动物不可能拥有人类这样的语言能力。

语言进化应该是存在一个发展过程的吧？

徐文堪：语言进化肯定是有一个发展过程的，但我们今天几乎完全看不到这个过程。因为我们今天所接触的语言，包括很多濒危的语言在内，大概有七千种左右。所有这些语言都是高度发展的，现在世界上不存在什么原始语言了，无论这个群体——我们不用民族这个说法——经济文化发展水平是高还是低，并不是说经济文化水平高，语言就高级，水平低，语言就低级。通过全球范围内的语言调查，可以说明这一点。亚马孙丛林里有一种皮拉哈人，文化发展程度是比较低的，他们几乎没有数的概念，只能数到三，一般的原始部落总还有自己的故事、传说或是神话，皮拉哈人都没有。但他们也有自己独特的文化，他们的语言并不比其他的群体落后，在他们自己的文化系统内，语言是高度发达的，可以表情达意。就像有的语言学

3

家所说的，在一个荒山野地的原始部落里从事狩猎、采集的人，他讲的话，从语言的角度来说，不见得比亚里士多德、孔子、老子，或者爱因斯坦低级，完全可以处于同一个水平。这就说明人是生下来就有一种语言能力的，用乔姆斯基的话来说，是语言共性或者普遍语法——人生下来，头脑中就有一部语法了。当然，需要一定的环境才能表现出这种能力。一个小孩生在汉语环境中就能学会汉语，生在英语环境中就能学会英语，如果这个环境是双语的，那么他也能轻松掌握双语。而且，我们知道，学任何东西，有的人学得快，有的人学得慢，这种个体差异是存在的，这在艺术、体育方面表现得非常明显，但就语言来说，只要是正常的人，生理没有缺陷，他不需要父母刻意地教学，就能很自然地学会一门语言，或者双语，如果环境是双语的话。有的人口才好，有的人不善言辞，但这是表达能力的差异，而语言能力的高低则是另一回事，只要是正常人，掌握语言能力的水准是相当的。从这些地方可以看到，关于语言的起源和演化，一方面有社会文化因素，另一方面也有生物学因素，否则刚才说到的现象就没办法解释了。当然，也有学者更加强调文化因素的作用，不赞同普遍语法，例如这几天国外就出版了一部新书，认为语言演化源于文化，语言是文化的工具。

那么，研究语言起源究竟应该如何着手呢？

徐文堪：我觉得，语言起源问题需要从文化和生物两个方面研究，这就需要跨学科的研究，不然很难讲清楚。过去我们可能比较忽视语言的生物学基础，这一点，通过现在的研究就比较清楚了。所以，现在包括乔姆斯基在内的一些学者，提倡生物语言学（Biolinguistics）的研究。大概在 2001 年到 2002 年间，就有报道说发现了跟语言相关的基因 FOXP2。这个基因问题我想不详说了，语言这么复杂的事物，当然不可能只由单个基因决定，但是语言和基因两者是有联系的，从这可以看到，语言的演化和基因的演化有关。作语言起源研究的时候，有多种方法，比如对灵长类动物进行观察研究，国外此类研究比较多，又比如，对婴儿语言习得的研究，现在还可以借助很多新的技术手段，比如功能性核磁共振，最近媒体也有报道，通过核磁共振看人类想读一个词语时的脑部活动，还有就是刚刚讲到的通过计算机建立模型对语言演化过程进行模拟。美国、澳大利亚、新西兰和欧洲都在做这方面的工作。

人什么时候具有语言能力，上限在什么时候，现在还说不清楚。有的人认为可能在直立人的时候，有的认为在能人的时候。我个人认为，这样一种能力的萌芽，可能在三四十万年前，但也不会太早，我们知道的北京人，过去称为中国猿人，实际上应该称直立人，可能就没有语言能力。真正具有比较完备的语言能力，可能要在智人形成以后，离现在也不过几万年，有的说五万年，有的说十万年。根据现在的解剖学研究或生理学研究，在智人产生之前，尼安德特人也可能具有一定的语言能力。

关于语言形成的问题，我们还要注意到，随着现代人从非洲迁徙分布到全球以后，世界上不同地区的语言互相接触、互相影响，也会形成新的语言。上海有所谓的洋泾浜语，也就是外语在本族语影响下产生了变种。其实，这种情况不光是上海有，在比上海更早的通商口岸，比如广州也有这个现象。这种现象称为皮钦语（Pidgin），在全世界范围内都有，现在就有所谓中国式英语，比如 People Mountain People Sea。如果在皮钦语的基础上，把本地语和外来语结合起来，就会形成一种混合语，这种混合语约定俗成以后，就叫它"克里奥尔语"（Creole Language）。世界上有不少语言就是这样形成的。例如我国四川甘孜藏区有一种特殊语言叫倒话。两百多年前，有一批清兵被派往今天甘孜州雅江县河口镇镇守，汉族船夫也被征来经营渡口，他们逐渐与当地人通婚，世代居住，繁衍成为如今说倒话的居民。倒话最主要的特点在于：词汇主要来自汉语，但语法结构上又与藏语语序和语法范畴有高度同构关系。所以，倒话是一种汉藏混合语。

至于语言是在什么地方产生的，因为直立人也好，智人也好，都是从非洲走出去的，所以现在认为非洲是语言的故乡的学者要多一些，但这也不是定论。

最近《文汇报》的一篇报道说，复旦专家的最新研究成果表明，如果全世界的语言有一个扩散中心，这个中心最有可能在亚洲里海南岸，与传说中"通天塔"的位置不谋而合。

徐文堪：这个情况，我想稍微作一些介绍。今年2月10日，复旦现代人类学教育部重点实验室的李辉教授课题组与中文系的陶寰副教授合作，在《科学》（Science）杂志上发表了一篇论文。在此之前，新西兰有一位名叫阿特金森（Q. D. Atkinson）的学者，他2006年在新西兰的奥克兰大学心理学系获得博士学位，之后，到英国牛津大学还有其他一些大学作了三年研究，现在是奥克兰大学心理学系的高级讲师。他研究的范围是比较广的，他本人并不是语言学家，但他2003年就和他的老师，一位叫格雷（Russell Gray）的学者合写了一篇讨论印欧语系的文章，在《自然》（Nature）杂志发表。我们知道，两百年来，对印欧语系的研究已经很深入了，阿特金森和格雷用一种新的随机统计的方法研究印欧语的故乡和它各支语言分化的年代。他们得出结论，印欧语系的年代距今已有八千五百年左右，起源地点可能是在安纳托利亚，属于今天的土耳其。这篇文章发表后引起了很多关注，引用率非常高。到2005年、2006年的时候，这两位学者又对方法作了一些改进，同时，除了对印欧语进行研究，也研究了其他一些语言。大家知道，新西兰属于大洋洲，他们对大洋洲、对东南亚的语言，都比较关注。他们研究的就是南岛语系（Austronesian family）的语言，从台湾到非洲的马达加斯加岛、美洲的复活节岛，都说这种语言，这也是一个大的语系。他们也建立了一个语料库，研究非洲的班图语。后来阿特金森也研究其他问题，比如宗教的起源等，但他主要还是关注认知领域。2011年4月15日，阿特金森在《科学》上发表了一篇文章，主要是通过对全球五百多种的语言音素进行分析，建立模型，推断人类最早的语言产生于非洲。这篇文章发表以后也引起了不少关注，很多媒体进行了报道。

李辉教授的专业好像不是语言学，而是生命科学？

徐文堪：复旦生科院的李辉博士虽然专业不是语言学，但他对这个问题确实关注了很久。在 2008 年的《现代人类学通讯》上，李辉发表过一篇《人类语言基本元音体系的多样性分析》，提出把音位转化为数字，世界语言的元音音系的多样性，可以用遗传学中的线粒体多样性的网络分析方法进行分析。这个课题组作了大量的统计和分析，去年也投了一篇文章给《科学》，今年《科学》刊载了他们针对阿特金森观点的文章，主要是和阿特金森商榷，也就是不赞同阿特金森的观点。文章不是作为论文，而是作为评注刊登的。同时刊登的有三篇评注，其中一篇是两位美国学者写的，一篇是在德国和荷兰工作的学者写的，再有就是李辉、陶寰他们的文章；这篇文章还有两位作者是王传超、丁琦亮，李辉是通讯作者；最后，刊登了阿特金森的回应。《科学》在同一期发表四篇文章，实在非同寻常，可见对此十分重视。李辉等人得出的结论是，语言演化如果有一个中心，应该是在里海南岸——这是媒体报道的说法，文章里说是在中亚。这些年轻学人，花了很长的时间，用了很大的精力，对这么一个前沿问题进行探讨，这是很好的。阿特金森自己也对进一步的讨论和研究表示欢迎，但他认为这些还不足以推翻他的结论——用他的术语来说，叫作系列奠基者效应，指的是从非洲开始，离起源地远，语音就趋向简化，换句话说，语言在发源地非洲音素非常复杂，越远就越简单。实际上，在阿特金森的文章发表以后，有一些专业语言学家也在专业刊物上和他商榷。这些不同意见可以分为两类：一类是认为他的方法本身有问题；另一类则认为，方法本身大体可行，但材料处理存在一些瑕疵，得出结论过程中的一些推断也是有问题的。李辉博士他们的工作我想可能是属于后一类，并不完全否定阿特金森的研究路径，但是用的材料更加精细。德国有个很大的科学研究机构叫马克斯－普朗克学会，它有一个进化人类学研究所，其下有一个语言学学部，这个学部编了一部《世界语言结构图册》，既有牛津大学出版社 2005 年的纸质本，也有网上的电子版，书中收罗了世界很多语言，对它们的语法、形态、词汇作了分析。阿特金森和李辉他们都参考了这部书，但是李辉团队也做了不少工作，搜集了不少材料。现在这个讨论还在继续。3 月 1 日出版的《科学》又发表了美国罗切斯特大学和麻省理工学院三位学者的一篇评注和阿特金森的回应。我个人希望，李辉博士他们能继续把这个课题做下去，做得更深、更细，也希望他们能和国外有更多的交流。3 月份在京都就有一个语言演化的国际会议，阿特金森的老师格雷是要做大会报告的，其中肯定也会谈到这方面的问题。实际上，这个会议也有华裔学者参加，香港大学一位叫龚涛的年轻学者就要作特邀报告。

您提到，李辉他们用于语言学研究的材料更加精细了，这些材料是如何获取和积累的？

徐文堪：他们参考了有关文献，也进行了大量统计和计算。实际上，现在作关于语言起源和演化的研究，还要仰仗于考古学和人类学的发现。顺带一提，《文汇报》登的关于李辉博士的报道中提到有这么一句话："课题组最终发现，人类语言起源于中东里海南岸，而这一地点位置与传说中的'通天塔'的位置不谋而合，也是黑格尔在1863年《自然创造史》中所描述的现代人类种群扩散的地点。"这里说的"黑格尔"实际上是德国学者海克尔。毛泽东对海克尔是很有兴趣的。说来也巧，2月18日《文汇报》登了一篇《马君武与〈宇宙之谜〉》，《宇宙之谜》的作者就是海克尔。马君武没有全译《宇宙之谜》，译出来的部分登在当时的刊物上，青年毛泽东读到了。海克尔是一个很有名的生物学家，贡献很大，他是德国最早的进化论者。他的书除了马君武译过，刘文典等人也译过（《上海书评》曾于2008年7月13日，10月12日，10月26日刊发过高山杉和袁志英关于海克尔的介绍。——《上海书评》编者）。因为毛泽东对《宇宙之谜》有兴趣，1974年、1975年左右，作为一个政治任务，一些搞德语的老师把这本书翻译出来了，足足印了四十多万册，也送给毛泽东看了。为什么要翻译呢？毛泽东在接见施特劳斯时说：有四个德国人对我的世界观形成有重要影响。前三个是黑格尔、马克思、恩格斯，这大家都知道，但最后一个是海克尔，翻译不知道是谁，还是译成了"黑格尔"。德国人很奇怪，为什么要把"黑格尔"说两遍呢？毛泽东也意识到了这个问题，摆手示意不对，在座的一位读过这部书的苏联问题专家才会过意来。海克尔写的书非常多，《宇宙之谜》是他的代表作；"通天塔"的这篇报道里提到的《自然创造史》是一部科普著作，影响也是相当大的。海克尔是进化论者，他认为任何物种都有产生发展和灭亡的过程，不断地变化，不断地消亡。毛从他那儿得到了不小的启发，"不断革命"的思想事实上是受海克尔的影响。1967年，毛泽东在和刘少奇的最后一次谈话中，对刘说要好好学习，推荐了三本书，一本是《淮南子》，一本是费尔巴哈的书，还有一本就是海克尔的书，但究竟是哪一本，现在也很难说了，有人说就是《宇宙之谜》，所以"文革"后期这本书被大量印刷。我查了一下，这里提到的《自然创造史》，马君武也有一个译本，倒是全译本，1935年由商务印书馆出版。

　　实际上，海克尔的思想很有影响，他认为人类起源地是在亚洲，具体在印度洋、东南亚一带。我们知道，印度尼西亚曾是荷兰的殖民地，有一位叫做杜布瓦的荷兰学者看了海克尔的书，决心到东南亚寻找人的祖先，要把缺失的一环给补上。为了到印度尼西亚去，杜布瓦读了医学院，不惜签订八年的合同，到印尼去做军医。他在印尼找到了几件猿人的化石，把化石带回了欧洲。但欧洲人看到他的化石，并不相信，认为是猿的化石。杜布瓦是很执着的，依然认为这是猿人的化石。到了后来，北京周口店也有化石发现，1936年，有一个比杜布瓦年轻的、叫做孔尼华的德国人类学家到印尼去发掘化石，也有发现。孔尼华认为，他所发现的材料肯定是人，用今天的术语来说，叫作直立人——这个术语就是杜布瓦定的。根据孔尼华和魏登瑞的合作研究，这些化石已经是人，而不是猿了，但杜布瓦依然坚持认为这是猿人。从这件事可以看到，从事研究是需要一代又一代人努力的。最近我还看到，在印尼工作的美国学者乔昆（R. L. Ciochon）等去年在《人类进化学报》上发表论文，介绍新发现的一百五十万年前的爪哇人的化石。有一本书《龙骨山：冰河时代的直立人传奇》就是他和另一位学者合写的，复旦的陈淳老师和他的学生译了出来，由上海辞书出版社出版。这些材料都有助于从考古学和人类学的角度来说明语言起源问题，材料是越来越多了，慢慢可以取得比以前更加深入的认识。

刚刚您谈的是语言起源问题，语言起源是在离我们比较遥远的史前时代，而文字的产生只有几千年历史。我们如何释读古代的语文？

徐文堪：古代语文的释读也是很引起人们关注的一个问题。我们要释读中国古代的文字，如甲骨文、金文等，有一个前提，就是按照汉字的规律来释读。其他中国境内发现的少数民族语文，如西夏文、契丹文、女真文等文字，记录的就不是汉语了，但由于受到汉文化的影响，还是汉字的衍生文字，还是汉字那种方块字的形式。在释读这些文字的时候，最开始我们也是不认识的，但因为汉文化的影响，其中有不少与汉文化相关的内容，如年号、帝王称号等，肯定是依照汉文化的习惯。这些来自汉语的借词可以作为突破口，把这些专名辨认出来，整个文献也就慢慢可以通读了。有的时候还有汉语和少数民族语文对照的材料，西夏人自己就编过《番汉合时掌中珠》这一类词典，也是按照中国传统汉文词典那种方式来编纂的，从中可以得到很多线索，我们可以用这种办法来通读少数民族语文。

事实上，要解读一种未知的文字，和解读一种以前不知道的语言，这两者是有区别的。比方说，我们要解读甲骨文，是在肯定它是汉语的前提下、按照汉语的方式来解读。如果说记录的根本就不是汉语，那可能就困难得多了，因为没有什么线索。刚才举的契丹、女真、西夏等少数民族文字都属于汉字这个系统，西南和南方有些少数民族还有越南也模仿汉字造了他们自己的民族文字，越南有喃字，壮族有古壮字，还有白族的白文等等，都是汉字系统的。云南纳西族很著名的东巴文，不属于汉字系统，留下的写本很多，大约始于南宋，但到近现代当地仍有人能读。至于新疆，也就是古代狭义的西域，有很多语文都不是汉字系统的。我们知道，19世纪末、20纪初，有很多外国的探险队、考古队到中国新疆、敦煌活动，他们发现了大量各种语文的文献，当然其中最多的是汉文的，其次是藏文的，还有其他许多语文的文献，如突厥文、中古伊朗语、吐火罗语的文书。新疆发现的语种就特别多，当时去的，英国有斯坦因，法国有伯希和，俄国有奥登堡，日本有受大谷光瑞派遣的橘瑞超，瑞典有斯文·赫定，德国有勒柯克和格伦维德尔，这些大家都是耳熟能详的。德国获得的非汉文文书实际上是最多的，有几万件，现在主要藏在柏林。当时他们统计，说是有十七种语言、二十四种文字；如果现在更精确地统计的话，可能还不止这个数字。这说明，丝绸之路这个地方确实是各种文化相互交流的十字路口。

那么，通过怎样的方法来破译解读这么多古代语文呢？

徐文堪：这里有两种情况。有的语言是原来知道的，但可能文字不认识；也可能有的文字是认识的，但所记录的语言不认识。

比方说，记录古代突厥文的突厥碑铭在现在的外蒙古、叶尼塞河流域、中亚，一直到东欧等地，都有发现，碑上的文字是所谓如尼文，文字是不认识的，但语言肯定是突厥语。19世纪末俄国、芬兰的学者在蒙古发现古突厥文之后，不少学者都在想办法解读，最后成功解读的是一位名叫汤姆森的丹麦学者。汤姆森是怎么解读的呢？我们知道，有关古代突厥人的汉文记载有不少，比如突厥首领的名字等。这个突厥碑也有汉文，但汉文内容和突厥文不一样。汤姆森先读出了一个人的名字，叫"阙特勤"。接着他又读出了"突厥"这个族称，以及突厥语的词"腾格里"——意思是天。汤姆森本就是个很有经验的语言学家，以此为线索，再看碑的行款，慢慢地梳理，就迎刃而解了，把碑文读出来了。再举个季羡林先生的例子。季先生在德国学过吐火罗语。虽然过去人们不知道存在这种语言，但写吐火罗语的字是印度的婆罗迷字，也就是说文字是认识的，只是文字所记录的吐火罗语这种语言人们不知道。德国学者在读吐火罗语的时候，一来文字是认识的，二来大部分内容是佛经——如果是佛经的话，一定有很多的梵文借词，这是很容易辨认的。一个有经验的印欧语言学家接触了这些材料后，以梵文、佛经中的内容为线索，大致就可以读出吐火罗语文书的内容。接下来还可以通过与其他印欧语言对比，慢慢弄懂吐火罗语的词汇和语法。季羡林先生的老师西克（E. Sieg）先生就是通过这种办法成功地解读吐火罗语的。释读古代语文，方法大体就是这样，从已知到未知，寻找突破口。

这方面最著名的例子是商博良解读古埃及的罗塞塔石碑。商博良所解读的，是公元前196年的一块三体石碑，上面有两种字体的古埃及语，还有一种是古希腊文，可以用来对勘。而且古代埃及语言也有遗留，埃及居民虽然以信伊斯兰教为主，但也有说科普特语的基督教徒，实际上，科普特语和古代埃及语是有关的。这样，罗塞塔石就被商博良读出来了。再要深入研究，就要把古代文字所记录的语言的语音、语法搞清楚，能够编出语法书和词典来。我们现在读西夏文，内容固然是可以了解了，但还要构拟语音，要看西夏语究竟属于汉藏语的哪个语族，过去说是与现代的彝语比较接近，根据新的研究，可能跟四川一带的羌语更接近，羌语支中还有一种语言叫木雅语，说这种语言的木雅人现在属藏族，可能与西夏人有关，但还不能确定。总之，要搞清楚它在相关语言中的系属，和其他语言进行比较，这就需要做更多的工作了。我们现在对西夏文的释读研究，还没有完全做到这一步。

对有些语文的释读，似乎到现在仍没有一致公认的结论？

徐文堪：这是因为比较难找到突破口，没有什么对比的材料，读起来比较困难。有一个著名的例子，古代印度河流域的文明也留下了不少铭文，有印章一类的古物，一百年来不断有人在读，到目前为止，还没有公认的结论。第一个原因是，记录的语言究竟是什么不清楚。它肯定不是梵语，那个时候，雅利安人还没有来到印度。那是什么人呢？有人说，是南印度的达罗毗荼人。有一些印度的和其他国家的学者就按照达罗毗荼语来解读，也发表了很多著作。2009年在《科学》上就发表了几位学者的文章，他们肯定这种文字记录的语言是达罗毗荼语。他们也用了计算机科学的方法，拿来和其他语言，包括程序语言做比较。还有一位很有名的芬兰学者也赞成这个观点。这是一种意见。有一位美国的印度学家，他是哈佛南亚系的讲座教授，研究梵文和吠陀，还有一位美国的计算机科学家，叫史伯乐（R. Sproat），以及另一位学者共三人，他们在2000年以后提出了一个观点，认为这根本不是记录语言的文字，而是一种刻画符号。这个问题，双方正在辩论。这位史伯乐，是研究计算机和人工智能的，对中文有相当认识，他和中国学者也合作过，做过有关中文的计算机处理的工作。所以，他的著作《书写系统的计算理论》里，有大量篇幅讲到了中文、日文。

您刚才提到了不少外国学者，目前我国有哪些学者在做古代语文的释读工作？相关的研究水平如何？

徐文堪：咱们这里有一些中青年学者也做了很多工作，但大家都不太了解。北京藏学研究中心有位年轻的博士叫罗鸿，他没有到国外去留学过，是我们自己培养的博士。他目前所做的主要工作是读西藏的梵文写本。我们知道，西藏有一大批梵文写本，这是很宝贵的资源。他的研究范围，包括密宗的文献，经律论中律的文献，还有语法的文献——我们知道，因为佛教的关系，藏语的传统语法受到了印度的影响。罗鸿博士虽然发表的著作不多，但是水平很高，也得到了国际知名学者的肯定，认为他已经达到国际先进水平。他虽然是汉人，但懂藏文、梵文、蒙古文，翻译了迦梨陀娑的诗歌《云使》，还用英文出版了校订写本的专书，但这些工作在国内似乎并没有引起多少人的关注。

还有一份用希伯来文记录的波斯语书信，是唐朝9世纪的写本，在新疆民间发现的，实际上，这和斯坦因20世纪初在丹丹乌里克发现的写本可能是同一件东西。有两位年轻的学者，张湛、时光，把它读出来了。张湛是哈佛伊朗学的在读博士生，时光是北大年轻的波斯语老师。这些年轻的学者的工作，都值得给予充分的肯定。

我们的邻国，俄罗斯、日本，还有以色列，对语言学的研究都非常重视，韩国近年来也在奋起直追，相对来说，我国还有差距。例如，《维摩诘经》的梵文原本已失传，只有在其他梵文佛经原典中发现一些引文。1999年，日本大正大学的几位学者在西藏拉萨布达拉宫阅读抄本时突然发现该经文的梵本。当时他们没有声张，相约严格保密，不向任何人透露，至2001年获得了抄本的影印件后，才向新闻界公布了这一重要发现。随后，日本方面在 2004 年出版了梵藏汉对照本，2006 年出版了校订本，中国学者黄宝生先生据此在 2011 年出版了梵汉对勘本。对中国学界而言，此事实在是令人遗憾。

语言研究水平也是国家软实力的体现，这不仅涉及前面已经谈到的人文学，作为认知科学的重要组成部分，与现代科技的前沿领域也紧密相关。今年是计算机之父图林（A. M. Turing，1912—1954）诞生一百周年，他有一段名言："我们可以期待，总有一天机器会同人在所有的智能领域里竞争起来。但是，如何开始呢？这是一个很难决定的问题……有一种办法也应加以考虑，就是为机器配备具有智能的、可以用钱买到的意识器官，然后，教这种机器理解并且说英语。"从某种意义上来说，人工智能的未来，取决于对自然语言的处理。

编补：

文中提及的乔姆斯基关于人类语言机制先天性的理论，请参阅力提甫·托乎提《语言机制的先天性与民族语言研究》，载《民族语文》2012 年第 6 期，第 3—12 页。

（原刊于《东方早报·上海书评》2012 年 3 月 10 日）

谈《现代汉语词典》及词典的编纂

郑诗亮　董成龙　记录整理

　　前不久，有上百名学者"上书"新闻出版总署、国家语言文字委员会，举报《现代汉语词典》（以下简称《现汉》）收录"NBA"等二百三十九个西文字母开头的词语，违反了《中华人民共和国国家通用语言文字法》。您怎么看这个问题？《现汉》收录西文字母开头的词语，是否违法？

　　徐文堪：我认为《现汉》第六版这一内容并不违法。《中华人民共和国通用语言文字法》在 2000 年 10 月 31 日由第九届全国人民代表大会常务委员会第十八次会议通过。时任国家主席江泽民以第三十七号主席令颁布该法，规定 2001 年 1 月 1 日起施行。这部法律的核心精神是国家推广普通话和规范汉字，它的第十一条规定："汉语文出版物应当符合国家通用语言文字的规定和标准。汉语文出版物中需要使用外国语言文字的，应当用国家通用语言文字作必要的注释。"

　　字母词不是在该法颁布之后才产生的，上世纪 90 年代的时候就已经有很多字母词了。比方说，当时很多出国留学的人要考 GMAT，这就是一例英文缩写，它是人们口语中经常使用的字母词。说话聊天，用 GMAT 比较顺畅自然，硬要用对应的汉语翻译就比较别扭，反而阻碍了沟通效率。又比如，外国人在中国参加汉语水平考试，它的缩写是 HSK，这也是通行的习惯用法，NBA 就更不必说了，这个缩写，广电总局曾规定在电视转播中不得使用，而应称为"美职篮"，但很多专业人士和广大网民都认为不妥，现在也推行不下去了。既然字母词在日常生活中广泛存在，有些人可能比较习惯，另一些人可能不太习惯或不明白意思，所以就需要有人相应地编写工具书。我知道的最早的这方面的工具书，是上海辞书出版社在 2001 年出版的《字母词词典》，作者是语言文字专家刘涌泉，他曾经担任过中国社科院语言所副所长。此后学界又有相关文章和若干种字母词词典。有趣的是，刘先生在 2009 年的时候又出版了《汉语字母词词典》。我在汉语大词典出版社工作时，也曾复审过一部字母词词典。

　　字母词有很多种形式，有时是英文缩写，有时是汉语拼音缩写，有时是汉英混搭，是否都叫字母词（字母词的定义和范围），要不要字母词，在什么范围内使用字母词，这些都存在争论。为了便利起见，人们一般把上述几种缩写都视作字母词。因为字母词使用起来比较方便，又有很多是已经约定俗成的，因此不能禁止使用；但有的时候也得规范字母词的使用，不能滥用。比如，一家影响很小的机构任意地制造和传播字母词，反而造成沟通成本的增加。在这种情况下，就要运用《国家通用语言文字法》进行规范。

《现汉》从 1996 年的第三版开始以附录的形式收入了一些西文字母开头的词。现在根据《国家通用语言文字法》，如果在汉语文出版物中使用外国语言文字，就应该用国家通用语言文字做必要的注释，《现汉》就是在做注释工作，它把常见的字母词收入其中，有助于贯彻《国家通用语言文字法》，并不违法。

另外，《现汉》是规范性词典，从注音、收词、释义到例证，虽然未必全部恰当，但全书都在努力贯彻《国家通用语言文字法》。学者可以对是否使用字母词有不同意见，可以写文章讨论、商榷，但举报就没有必要了。

9 月 4 日的《文汇报》刊登了一篇《左看右看字母词》，作者是此次举报活动的发起人之一。

徐文堪：这篇文章的几个主要观点我都不能同意，正好借它谈一些我对字母词的看法。作者说，大多数中国人不认识字母词，即使有几亿人学英语，也还有几亿农民不懂英语。我认为这与事实不符。举例来说，现在的农民看电视，也用手机、电脑，有很多机会接触字母词，看电视至少就知道台标 CCTV 是指中央电视台，并不能说农民对字母词一无所知。这位作者又说，在汉语中夹杂英语会让汉语变成不汉不英的语言，说话的时候不断在两种语言之间跳来跳去，影响交流的效率。但使用字母词的主要原因，恰恰是为了提高交流的效率。NBA 谁都知道是什么意思，非要简称为"美职篮"就很别扭了。

他还说，汉英夹杂影响语言的美观，外国人就不在英语书刊中夹杂汉语。这也不符合事实，我手边就有一本关于丝绸之路的论文集 *The Silk Road: Key Papers*，随处可见大量汉语夹杂在英语里面，我们还可以再看一本叫作《佛教东渐》的日文书，书中假名、英文和汉语夹杂在一块，看上去也并没有让人觉得不美。实际上，几种文字混排在外文书中很常见。最后，这位作者说，使用字母词会从根本上危害汉语言的安全，再过几百年，中国人就不喜欢汉语喜欢外语了。许多语言中都有大量外语借词，韩语中就有大量的汉语借词，比例大概要占百分之六七十，韩语不也好好的吗？韩剧也还是这么流行。他又认为吸收外来词不可避免，应该由国家把所有外文字母词翻译过来。这个工程实在太浩大了。因为每年产生的新词，特别是专科新词，数量实在太多。虽然我们有科学名词审定委员会做这个工作，但不可能把所有的外来词都翻译成汉语，对理工科还有医科的学生、老师来说，数学、化学公式也都只能直接用外语。退一步说，就算翻译，也很难做到信达雅。比如，laser 其实也是个缩写，台湾音译为镭射，大陆一般意译成激光，据说这是钱学森翻译的，这样译就很好，Operational Research 译成运筹学也很好，但类似这样的翻译极少。如果每年都要把成千上万的词译成汉语，实在太费时费力，且根本无法保证翻译质量。欧盟现在有 27 国（2013 年克罗地亚加入后将成为 28 国），过去没有这么多国的时候就专门成立翻译机构，花了无数的钱，但效果并不很好，到现在还是没能解决问题。更何况，汉语与外语互译比欧洲语言之间相互翻译要复杂得多。我国各个少数民族从汉语吸收新词，也是直接借入，而不是通过翻译。

也有人提出机器翻译。机译是人工智能的一个重要方面，机器翻译的前提是实现人工智能。这件事上世纪50年代就有人在做，原来的设想是很快就会成功，但实际上直到现在全世界范围内都没有取得实质突破。今年是人工智能之父图灵诞生一百周年，图灵说过，人工智能成功的标志是，人机对话，但是人分不清和他对话的到底是人还是机器。目前，我们离真正的人工智能还遥不可及。

此文作者还主张对公共出版物进行监管，这在技术操作上很难进行。他主张对专用领域和通用领域进行划分，但这样的划分也很困难，比如"DNA"，如何划分，算"专用"还是"通用"，各人的标准是不同的，无法用行政手段加以统一。

另外，他有些误解，比如说中国的丝绸，英语将其翻译为silk，其实英语并非直接来自汉语，silk是从拉丁语来的，而拉丁语又是从希腊语 Sēres 来的。

中国古代在翻译中有很多是音译的，二十四史中有大量少数民族的词，都是音译的；佛经中也大量用音译，如"般若"。甚至还有整部书都是音译处理的，《蒙古秘史》一书没有蒙文，全是汉字音译，只有旁译用汉语词作了些解释，实际上就是用汉字转写。因为用字是有规律性的，可以将其还原为蒙文。这在很大程度上是不得已而为之，并不是真正意义上的翻译。现

元和汪榮寶
仁和葉　瀾　編纂

新爾雅

上海文明書局發行

三版

發出電氣者謂之感應發電機。　玻璃罋內外貼附錫箔插立玻管繫於金屬針而蓄貯電

氣者謂之蓄電瓶。　用數箇蓄電瓶而以金屬線連繫之者謂之電池。　取多數菱形之錫

箔爲螺旋狀並列黏附於玻璃管中以一端近於聚電部而續々發光點者謂之電光管。

以金屬插入於液體中其凸出之部分屬即金謂之陰電性。　其沈入之部分體即液謂之陽電

氣性。　以第一類之電氣發動體二箇與第二類之電氣發動體聯合爲一物者謂之互爾

華尼電涵。　以玻璃管含稀薄之空氣連結於感應發電機轉則其陰極發幽微染青色之

光謂之陰極光。　其陽極發射桃紅色之光氣者謂之陽極光。　若管中空氣稀薄至氣壓百

萬分之一則陽極光消滅而從陰極之表面發射直角之光線者謂之陰極放射線。　取發

陰極放射線之管通過強壓之電擊以極不透光之黑紙包之再於極暗處置塗藏化白金

拔倫謨 Barinmplatmeyranir (Barpley4 + 4H2O) 之立板試以各電擊而發生螢石光 (Eluaresceny) 用以照出各

種之陰影像者謂之X光線。　放電通於空氣則發火光而生起空氣之動搖此際傳達於

以太而爲波動電氣波動之進行毫不受戶壁之障碍因而用感應發電機增強其電擊而

一方用強電力之通信管使電氣波動強過之時吸收於電氣磁石而傳導於打鐘器者謂

光緒二十九年七月發行

光緒三十二年四月三版發行

必翻存書
究刻案經

定價大洋六角

作者　　　　元和汪榮寶

發行者　　　仁和葉瀾

　　　　　　黏古鏡

總發行所　　海棋盤街文明書局

印刷人　　　日本東京淺草黑舟町二十八番地
　　　　　　榎本邦信

印刷所　　　日本東京淺草黑舟町二十八番地
　　　　　　東京並木活版所

在自然不需要这样做了。

有没有汉语词典收录西文开头字母词的先例？

徐文堪：晚清有一位日本留学生汪荣宝（1878—1933），他在日本早稻田大学读过书，回国后做了小京官，后来还做过驻比利时、瑞士、日本等国的公使。在光绪二十九年（1903 年）与叶澜合编了《新尔雅》，有"释法"、"释教育"、"释格致"等篇目，其中就收录了"X 光"这个词。汉语词典收录西文开头字母词，这是最早的一例。汪荣宝是对语言文字很有贡献的学者，例如，他还写过一篇音韵学论文（关于音韵学，可能他一生就写过这一篇论文，但影响巨大）；1923 年，胡适在《国学季刊》创刊号上刊登了一篇钢和泰（过去都说他是俄国人，实际上他是爱沙尼亚人）的论文《音译梵书与中国古音》，这篇文章说，通过从梵文翻译的中国汉语词的例子可以研究中国的古音，当时产生了相当大的影响。汪荣宝接着在另外一个杂志上发表了论文《哥戈鱼虞模古读考》，根据外文和汉文的对音来研究古音，引发了一场关于音韵学的辩论，章太炎反对他，钱玄同、林语堂等人都写文章支持他。这场论战，对中国传统音韵学的现代化起到了很大作用。当然，章太炎在语言文字学方面也有很大贡献，如台湾现在还用的注音符号，主要就是他制定的。

有关于词典编纂的专门学问吗?

徐文堪:以前编词典主要靠经验,在上世纪70年代西方的 Lexicography 逐渐兴起,也就是国外的"词典学",我们这里往往叫"辞书学"。有一位捷克裔美国学者叫兹古斯塔,他在"布拉格之春"事件后到了美国,在伊利诺伊大学当教授,后被选为美国文理科学院院士。1971年他出版了《词典学概论》,这是词典学成为一门学问的重要标志之一。这本书已经有了中译本。中国最早出版词典学著作的是胡明扬等先生,胡先生主持编写的《词典学概论》出版于上世纪80年代,可见在这方面我们与西方相比,起步不算太晚。

《上海书评》曾刊登《现汉》书评,引起热议,我们应该如何评价《现汉》?它有哪些缺陷和不足?

徐文堪:《现汉》从1956年开始编写,至今出到第六版。最初编写时有这样一个背景——1949年之后我们强调语言的规范化,1955年还开过一个关于现代汉语规范化的学术会议,当时提到文字改革,具体是三项工作:一、推广普通话,二、简化汉字,三、制定汉语拼音方案。推广普通话就要和汉语规范化结合起来。普通话是以北京语音为标准音,以北方话为基础方言又加以规范的通用语言,它不是单纯的方言。当时的中科院语言研究所主持编写词典,最初是吕叔湘先生主持,接着由丁声树先生主持,1965年完成了词典的初稿,不过只是内部发行,没有公开出版。"文革"时,词典受到了批判。"文革"后,编纂工作又陆续恢复，至今出到第六版。因此，我们评价这部词典，要先读读前言、凡例，了解本书如何收词，如何定位，才便于评价。总的来说，我觉得这是一部好词典。当然，不排斥其中还会存在各种问题；随着历次修订，词典的质量还在不断提高。

对语文词典的评价，最重要的是立目（收词）、释义、例证等几个方面。《现汉》强调规范，所以收词时强调的是较常见的词，数量较少。《现汉》对词的解释虽然准确，但有些词检索率不高。第六版修订的幅度还是比较大的，剔除了很多陈旧的词，过去漏收的词又重新补入。第五版还作了一项尝试，就是标注词性，标注的时候还注意到词和非词的区别。顾名思义，《现汉》是实用的工具书，所以在以词为主的基础之上，还要收录一些词组、短语甚至名句。汉语和外语不同，后者自然分词（书写时，词与词之间是分开的），汉语中词和非词的界限就不很明显。朱绩崧先生文章中提到"北京人"的释义问题（指今年8月26日《上海书评》文章《[北京人]只"指北京猿人"吗？》——《上海书评》编按），这个问题其实已经解决了，因为"北京人"是"北京猿人"的简称，在这个意义上是个词；而作为区别于"上海人""广东人"的"北京人"则是一个"词组"。因此，作为主要收录词的《现汉》就只将"北京人"释义为"北京猿人"。

《现汉》还要收录专科词，语文词典对专科词的解释要区别于专科词典中的解释，语文词典对专科词的选择范围也与专科词典不同。以"北京人"为例，《辞海》的性质是语文兼百科，以百科为主，它也收录了"北京人"，但它的释义是指曹禺的一

29

个剧本《北京人》，这个明显不属于《现汉》的收词范围；当然《辞海》还有"北京猿人"这个条目。

又如，"鸡蛋"是一个词，外语词典肯定会收这个词。《现汉》之所以没有这个词，因为它无须解释，就是"鸡下的蛋"。但"鸭蛋"不同，"鸭蛋"除了是"鸭子下的蛋"之外，还有"零分"的引申意思。《现汉》对"鸭蛋"的处理办法就和对"北京人"的处理办法不同了。它处理"鸭蛋"时作出两个释义：一个是"鸭子下的蛋"，另一个是"借指零分"。可能编者考虑过，"鸭蛋"因为第一层含义与第二层含义有相关（鸭蛋的形状与零分的形状相似），所以列了两个意思。这些都是可以讨论的。如果要编写大型历史性的词典，就要源流并重，举出例证，要具体写出"鸭蛋"作为"零分"意义的理据何在，举出最早采用这种用法的作品。不同类型的词典有不同的释义办法，究竟怎么做合适也是可以斟酌的。

《现汉》的例证都是自造例，即不注明出处，这是由词典的性质和体例决定的。不过这些自造例都是有出处的。语言所过去积累了一百多万张卡片，语料很充分。现在有了电脑之后，又补充了很多材料。如果编大辞典，就不能用自造例，而需要书证，说明引自何书，特别需要注明该词在文献中看到的最早例证。如"鸭蛋"作为"零分"的意思最早见于何书。又如，计算机（computer）在上世纪40年代在宾夕法尼亚大学诞生，当时中国的报纸等出版物肯定有报道，但在汉语中究竟如何称呼，这也是需要查考的。古代、近现代的词都要查考。《牛津英语词典》之所以被大家盛赞，是因为它追溯词源。编写历史性词典往往都是很漫长的，像牛津英语词典——也就是 *OED*——至今一百五十多年，现在还在编第三版；格林兄弟开始编纂的德语词典，直至冷战时期东德和西德合作，总共一百多年才勉强完成。西班牙语历史性词典至今也未完成。印度也在编梵文的历史性词典，至今也未完成。

最初编纂词典时强调它的规范性，现在仍然强调它的规范性，这也是可以讨论的。就编纂词典而言，始终有规范派和描写派两派之争。现在倾向于描写派的主张较多。过去，法兰西学院几百年以来的一项任务是规范法文，它通过编写词典定出规范。法国人在全球化时代也不大喜欢说英语，他们对自己的语言看得很重。现在，年轻人也逐渐接纳英语了。英美编的词典就比较强调描写而非规范，但凡出现新词就收入词典。《现汉》在上世纪 50 年代强调规范，就当下而言，我认为该词典要反映现代汉语的基本面貌，注音、释义、例证，都需要考虑。注音的问题，在近期讨论中没有涉及，我在此就不谈了。是否以后固守规范性词典的词典性质，是可以考虑的。《现汉》虽然是规范性词典，但也不属于学习型词典，并不特别注重讲词语的具体用法。它是供中等以上文化水平的人使用的参考书。如果是这个类型的话，似乎没必要特别强调规范性原则。而且现在的规范也和上世纪 50 年代的规范有很大差别了。

国外的词典，比如《牛津英语词典》已经实现数字化、网

络化，但《现汉》还没有。

徐文堪：前面说到《现汉》的不足之处，这也可以算一个。把词典数字化、网络化之后，人们可以随时随地浏览并提出意见，在吸收读者各方面意见和新研究成果的基础上，不断修订提高。如果把《现汉》上网，集中各方的智慧，相信两三年就能修订一次，这样的效率是传统编纂手段无法比拟的。因为词汇是语言几个要素中变化最快的，新词会不断产生，旧词会不断被淘汰。《现汉》也就能及时反映汉语词汇的这些变化了。

技术上讲，词典电子化、网络化没有障碍。但就像世纪出版集团的陈昕先生说的那样，问题关键在于，到目前为止，国内出版社没有找到电子出版物的盈利方式。

国外专业性电子出版物，盈利最有保证的是工具书和学术出版物。工具书如《牛津英语词典》的篇幅大，读者也多，因为全世界使用英语的人多。至于学术出版物。如艾斯维尔出版集团，它拥有两千多种学术刊物。学术刊物是相关领域的学者必读的。其中有学界的最新研究动态。它有电子版和纸质版，电子版出版早于纸质版，但价格相差不大。如果在没有订阅的前提下，指定要其中某篇文章，费用会相当之高。集团把旗下期刊打包做成数据库，卖给很多大学或研究机构。这些数据库最初进入发展中国家，包括到中国来，先是用很低的费用甚至免费供人使用。当人们意识到数据库很方便时，便要购买数据库了，当然价格也随之提高了。很多国家，出版机构和高校、研究院所是有矛盾的，也就是在这个意义上讲的。尽管这些作品很专门，印数也少，但仍能够盈利，因为出版机构掌握的资源充沛。而中国的出版社既缺少全球市场，又不像国外大型出版机构那样拥有充沛资源，盈利就成了问题。中国的科学期刊对外发行都是与国外出版社合作，如著名的施普林格公司，委托它们发行。因为没有盈利的模式，就需要编纂机构和出版社两家合作来解决问题。中文数据库我们也有，如中国知网，不是出版社在做，而是一些企业集团在做，它们能够提供中文学术期刊的全文检索数据库，肯定也是盈利的，因为这是高校和研究机构必须要用的。

另外，需要培养人才。吕叔湘先生上世纪70年代就跟我们说过，大学毕业之后，要再读书十年，这样的人才有资格编词典。现在看来，还需要一批掌握现代信息技术的人。国外大词典编辑部都有这类人才。我们需要培养一些懂计算词典学的人才，不仅仅能够建立语料库，还能进一步开发自动分词、进行语法分析的智能软件，一方面能够提高效率，另一方面是对人的工作的有益补充。比较理想的词典编纂者是学贯中西、文理兼通的人才。真正要培养这样的人才很困难。而且编纂词典不会有很多名利，就收入而言最多只是社会上的中等收入，可能到大学里都评不上教授。这是从长远来讲应该考虑的事。

词典收录新词有哪些标准？

徐文堪：因为词的数量非常大，词典的性质各不相同，所以不同性质的词典有不同的收词标准。比如《牛津英语词典》

是历史性词典，收词必须相对齐全，所以它的编写是一个漫长过程。它的首任主编是詹姆斯·默里（James Murray，1837—1915）。有一些书介绍了这部词典的编纂，在2009年就出版了同一本书的两个中译本：《万物之要义——〈牛津英语词典〉编纂记》，另一个译本是《OED的故事》。《牛津英语词典》的编纂从19世纪开始，一直到1933年出版了补编，此后又在1986年出齐了四卷的新的补编。然后又把第一版和补编的数卷合在一起，就组成了《牛津英语词典》的第二版，与此同时开始进行词典的电子化，具体工作是在加拿大滑铁卢大学做的。现在做第三版，目前尚未完成。19世纪60年代做第一版开始，至今一百五十余年的过程，它随时在收入新资料，进行修订。例如《牛津英语词典》首次把google作为一个词收录。目前，可以在网上浏览该词典，不过要收费。

另外，还要考虑所收录词的稳定性，通过不断观察记录，看新词是否有生命力，是否被人们广泛使用。这方面，我国已经在做了，国家语言文字委员会每年都通过语料库收集检测，发布手册公布当年产生的新词，有的新词因为稳定性差，没有多久就被淘汰了。

收词中会遇到哪些禁忌呢？

徐文堪：第一，语言本身是工具，没有阶级性，这一点毛泽东也不止一次讲过。但是，在客观上，很多事情是用语言描述的，语言所反映的观念或代表的事物，在政治上可能有敏感性，需要注意。如"蒋匪"、"共匪"，如果只是从语言学讲，这两个词都是历史上曾经出现并较广泛使用的词。但我目前没有看到过中国大陆的词典收录这两个词。显然，从语词本身，这两个词不是不能收，问题是如何恰当解释。这种问题，国外也遇到过。多年前，《牛津英语词典》收录了一个关于菲佣的词，当时菲律宾总统阿基诺夫人就公开表达了不满，编纂者不得不就此说明，收录本身并不代表认可该词所表达的观念。

第二，与种族歧视有关的词。中国和外国都面临这个问题，如中国历史上对少数民族的称谓，西方社会对黑人等少数族裔的称谓等等。

第三，与性或性行为有关的词，有些比较敏感。比方说可以收录"性交"、"性感"，但收录"口交"可能会遇到麻烦。实际上，这个词本身并不带有淫秽或变态的意思。过去《现汉》解释"同性恋"是变态行为，带有贬义，现在则只是中性地解释为"同性别的人之间的性爱行为"。

第六版修订的主持人、中国社科院原副院长江蓝生女士说不收目前常用的"剩男"、"剩女"，她认为收这两个词可能有对人不尊重之意。具体收词，还是要考虑很多因素的。

我个人认为，能够多收一些语词，就尽量多收一些；尽量多收一些需要查检的词。编词典一方面要考虑到科学性，要谨慎；另一方面还需要考虑到读者查检的需要，这就是词典的实用性。

（原刊于《东方早报·上海书评》2012 年 9 月 16 日）

论印汉翻译史研究和佛教汉语词典编纂

　　佛门典籍浩瀚，特别是历代译经和各类中土撰述，不仅是研治佛学和佛教史的必需资料，也是语言研究的重要语料。百年以来，新的佛教文献不断被发现，如敦煌吐鲁番遗书、房山石经、西夏故地新出佛经、六朝以来散佚佛典、金石碑铭中的佛教资料等等，这对于佛教汉语的研究，起了很大的促进和推动作用。

　　另一方面，19 世纪以来在内陆亚洲各地和丝绸之路沿线如敦煌吐鲁番、黑水城、中国藏区、克什米尔西北境的 Gilgit、尼泊尔、阿富汗、前苏联中亚地区都发现了用各种文字书写的经典残卷和铭刻。据上世纪 20 年代的统计，仅吐鲁番等出土的文献就涉及 17 种语言，24 种文字，实际上还不止此数。当然，这些文献并非全都与佛教有关，但绝大部分都可以称之为"佛教文献"，所使用的语言则有梵语、于阗语、粟特语、大夏语（Bactrian）、吐火罗语和藏语、西夏语、古突厥语（回鹘语）、蒙语等等。这些新材料的发现和研究，开创了语文学（以及语言学）和佛教学的新纪元。

所谓"佛教汉语"，也曾被称为"佛教混合汉语"（Buddhist Hybrid Chinese，或 Buddhist Hybrid Sinitic），是指汉译佛典使用的与其他中土文献有显著差异的汉语，其特点表现在一是汉语与大量原典语言成分的混合，二是文言文与大量口语、俗语和不规范成分的混合。正由于佛教汉语是语言接触的产物，所以它在汉语语言史的研究中具有独特的价值。

一个多世纪以来，与汉语史研究最有关系的梵学与佛学研究，首先是在梵汉（印汉）对音方面。由于藏文的翻译佛典忠实于原文，与梵文本可以直接对应，所以也很早引起学者的注意。1923 年，胡适翻译了爱沙尼亚学者钢和泰（Baron Alexander von Staël-Holstein，1877—1937）的名作《音译梵书与中国古音》（The Phonetic Transcription of Sanskrit Work and Ancient Chinese Pronunciation），发表在《国学季刊》第 1 卷第 1 期上（第 47—56 页），强调研究古译音对于中国音韵沿革史、印度史、中亚史的重要意义。受其影响，汪荣宝发表了《哥戈鱼虞模古读考》，这是国内学者第一个应用汉梵对音来考订中国古音的论文，由此引起了古音学上空前的大辩论，同时也为拟测汉字古音开辟了一条新途径。从上个世纪二三十年代开始（如果再往前追溯，则可以早到 19 世纪），经过国内外学者的不懈努力，梵汉对音材料的运用成为汉语音韵学研究中行之有效的一种重要方法。而且随着新材料的发现和运用，揭示了早期佛经翻译的原本并不都是梵文本，其中有些是从中亚语译本转译的，并有相当数量的中世印度语成分和印度西北俗语成分。例如见于支娄迦谶（Lokakṣema）所译最早大乘佛经的"弥勒"一词，并非基于梵语词形式 Maitreya，而是来自吐火罗语 Maitrāk，Metrak 或大夏语的 Mētraga-。

除了梵汉（印汉）和藏汉对音外，研究者还逐渐把视野扩展到中国古代汉语与其他少数民族的对音文献中，如西夏语和各种阿尔泰语的记音资料。这就使传统的汉语音韵学从观点、材料、方法到目的都发生了根本变化，取得了可喜的成果。

上述对音研究之外，更值得注意的是近年来对汉译佛典的语法和词汇的研究。早在上世纪 40 年代，吕叔湘先生就发表了一系列论文，开国内利用佛典语料研究汉语历史语法和词汇演变的先河。日本学者太田辰夫在 1958 年出版的《中国语历史文法》（1987 年译为中文出版）进一步系统利用汉译佛典语料来研究汉语历史语法。荷兰学者许理和（Erik Zürcher 1928—2008）在其1977 年发表的著名论文里再一次从语言学角度强调了中古汉译佛经的重要性，并对他自己考订的 29 部"可靠的"东汉译经中包含的一些词汇语法现象，比如词的构成、动词补语、代词系统等等进行分析，其结论比较可信。而自 1980 年以来，尤其是上世纪 80 年代中期以后，在中外学术界的共同努力下，佛教汉语的研究成果逐渐丰富，为整个汉语史研究带来一系列新的发现；自上世纪 90 年代以来，梵汉（印汉）对勘等方法被更多的学者认同和采用，可能使佛教汉语的研究出现新的突破。

对梵汉（印汉）进行比较和对勘的工作，西方和日本学者进行较早，但中国和印度学者也取得了一定成绩。在当代中国学者中，可以举出吕澂、林藜光、季羡林、王森、巴宙、张琨、金克木、于道泉、周达甫、吴其昱等先生的名字。如林藜光（1902—1945）曾对《诸法集要经》（*Dharmasamuccaya*）的梵本进行校订，厥功甚伟；王森（1912—1991）在1948年与印度学者师觉月（P. C. Bagchi）合作，校订世亲《俱舍论颂》的梵、藏、汉文本。近年来则有蒋忠新、段晴、朱庆之、陈明、王继红、朱冠明、叶少勇、范慕尤等诸位学者和台湾学者如万金川、陈淑芬等。北京大学还在2003年启动了重大项目"基于梵汉对勘的佛教汉语研究"。而兼具佛教学和汉语语言学丰富知识的日本学者辛嶋静志教授在上世纪80年代末以来的工作，在这方面迈出了坚实的步伐，取得了超越前人的成绩，值得我们特别重视。

总之，要弄清佛教汉语的特点和性质，必须参照梵语佛典以及藏译佛典。近20年的不少论著已经有力地证明了这一点。限于篇幅，这里不拟一一介绍。下面仅仅举出几个例证，以说明佛教汉语研究中的新收获。

现在一般把"大乘"、"小乘"、"佛乘"等的"乘"读为chéng，如《汉语大词典》"乘"字条的释义："佛教比喻能运载众生到达解脱彼岸的种种教法。如言小乘、大乘。"同时引隋慧远《大乘起信论义疏》上之上作为例证和依据："所言乘，运载为义……言行乘者自运运他，故名为乘。"辛嶋先生对《法华经》各梵语写本的异同，梵本与竺法护译《正法华经》、鸠摩罗什译《妙法莲华经》之间的不同处进行了详细的分析，在 1991 年指出：mahāyāna（"大乘"）、hīnayāna（"小乘"）、buddhayāna（"佛乘"）等词是由原来的 mahajñāna（"大智"）、hinajñāna（"小智"）、buddhajñāna（"佛智"）等词产生的，梵文原文中 yāna 并无"运载"、"乘载"之义，而是有"移动，步行，旅行；道路，途径；马车、船等运载工具"等意思，在佛教中具体指六波罗蜜等修行或佛的教法，至于"运载、承载"之义则是后来在中国出现的误解。因此，"大乘"、"小乘"、"佛乘"等的"乘"在汉语中应该读为 shèng。

《汉语大词典》把五代齐己诗《荆门寄题禅月大师影堂》"泽国闻师泥日后，蜀王全礼葬余灰"里的"泥日"一词解释为"泥洹日，涅槃日"。其实，这里的"泥日"应该读作"泥曰"，是梵语 nirvṛti（灭度，涅槃）或者 nirvṛta（得灭度）的中世印度语形式的音译。把《正法华经》与《妙法莲华经》和 Kern—南条校刊的梵文本一对照就非常清楚。因此，在考察与佛教有关的汉文典籍里意思不明的词汇时，正确地进行华梵（华印）对勘实有其不可忽视的作用。

在汉译佛典里，句末用"已"的例子十分常见。这种"已"的用法相当于现代汉语"看见了他就开始哭"的"了"，是一种时态助词。如西晋竺法护译《正法华经》中的"适见佛已，寻时即往"（《大正藏》第九卷 90b16）等等，不胜枚举。但在佛典以外的中土文献里这种"已"的用法极为罕见。这使人联想到这一用法与原典有直接的关系。若进行汉梵对比，就可以发现这些"已"大多数与梵语的绝对分词（或称独立式；Absolutive，Gerund）相对应。上面所举的"适见（佛）已"与梵语 dṛṣṭvā 相对应。在梵语里绝对分词一般表示同一行为者所做的两个行为的第一个，相当于汉译佛典的"……已"。把绝对分词翻译成汉语时，汉译佛典的译者往往使用"已"一词，这就造成了汉译佛典里表示"……了以后"的意思的"已"大量出现。

有的学者认为，犍陀罗语很可能曾是印度西北部及中亚地区佛教徒的共同语言，它在中亚所起的作用可以与欧洲中世纪拉丁语的作用相比。例如，汉译《长阿含经》（伟陀耶舍约译于410 年至 413 年间）在 Friedrich Weller 和 Ernst Waldschmidt 仅仅检验了少量文本，H. W. Bailey 和 John Brough 举出一些与犍陀罗语特征相符的音译词之后，屡屡被认为是从犍陀罗语原本译出的。但是，辛岛先生重新分析了见于汉译本的总数达 500个左右的复合音译词，发现其中有的词具有犍陀罗语特征，如"弥沙"（佛教混合梵语为 Miśrikā-），"沙"显示了梵语的 -śr-到 ṣ（ṣ）- 的变化，这是犍陀罗语特有的，但还有大量词语呈现其原语具有多样性的特征，所以辛岛先生在 1994 年出版的专著中得出结论：汉译《长阿含经》原文是梵语化因素、俗语和地域方言以及犍陀罗语的混合。

以上例证说明，我们需要这样一种研究，即在汉语学和印度学、佛教学等跨学科的研究成果的基础之上，对每一部早期汉译佛典的词汇、语法、音译词进行研究，并以每一部佛典的研究为基础，对不同译者、不同时代的汉译佛典的词汇、语法进行研究。根据这一精神，辛岛先生在 1998 年完成了《正法华经词典》的编纂出版工作，在 2001 年完成了《妙法莲华经词典》的编纂出版工作，现在正以同样方法编写《道行般若经词典》、《大阿弥陀经词典》。《道行般若经》、《大阿弥陀经》等最早的汉译大乘佛经，无论对研究汉译佛典的词汇、语法还是探讨大乘佛教的起源，都极为重要。在《道行般若经词典》中，将收集历来汉语词典中未收录的词汇、佛教用语、音译词以及口语词等。每一个条目都附录与此相对应的梵本，包括校刊本及阿富汗新出土的公元 1 世纪的残卷、藏译本及六种不同时代的"异译"本中的词汇。同时，作者还在撰写《道行般若经校释》，对这部最早的汉译大乘经典作详细的文本分析，说明支娄迦谶译本和梵、藏文本及异译本的差异。

辛岛先生打算还要以同样的方法对《大明度经》、《小品般若波罗蜜经》、《长阿含经》等编纂专书词典。这些都是有梵、藏文本或巴利文本可作对比研究的经典。列入计划的另一项工作是编写一部《东汉非大乘汉译佛经的语文学研究与词典》（*A Philological Study and Glossary of Non-Mahāyāna Translation from the Eastern Han*），希望在数年内完成。

除辛岛先生外，其他各国如新西兰、美国、德国、奥地利、英国、比利时、意大利都有学者卓有成效地运用梵、巴、藏、汉对勘的方法对汉译佛经进行研究，发前人之所未发。如美国学者那体慧（Jan Nattier）在其最近出版的专著《早期（东汉三国时期）汉译佛经指南》（2008）中运用汉文资料如《出三藏记集》、《高僧传》、《众经目录》、《历代三宝纪》等，参以梵、巴、藏等语文的译籍，对安世高、支娄迦谶、安玄、严佛调、支曜、康孟详、维祇难、支谦、康僧会、白延、康僧铠和其他译师及其翻译作品进行了比较系统的研究，富有学术价值。

早在上世纪 50 年代，已故周达甫（夫）先生就曾两度撰文（《略论中国佛典翻译》，《现代佛学》第 2 卷第 2 期，1951；《怎样研究梵汉翻译和对音》，《中国语文》1957 年第 4 期），提出进行国际合作，开展印汉翻译的研究。概括起来，他建议的研究工作主要有以下各项：

1. 编制佛教经典梵本的索引，加上古代的汉译和藏译，这种索引就是《梵汉词典》或《汉梵词典》的"长编"，再扩大把巴利语、犍陀罗语、古代中亚的几种语文以至西夏、蒙、满、傣文等包括进去，就成为一部比较完备的《印中词典》或《中印词典》。

2. 与上一项相辅而行，把编索引的材料积累起来，参照波你泥和近现代学者撰写的梵语、巴利语语法与百余年来关于汉语史、藏语文、印度—伊朗语文学研究的新成果，编一部《印汉翻译语法》。

3. 为了配合上述两项工作，编一部《法宝勘同新录》，把汉、藏、梵、巴等语的校本、刻本、写本和现代各国学者的研究成果都列进去。

如果再往上追溯，曾长期在中国任教和做研究的德国学者李华德先生在（Walter Liebenthal）1935—1936 年出版的《华裔学志》（*Monumenta Serica*）第 1 卷第 1 期上就发表了两篇论文，提出编制汉梵比较引得和编纂《汉梵词典》的问题。他以钢和泰在 1926 年出版的《大宝积经迦叶品梵藏汉六种合刊》（上海：商务印书馆）为例，分析了梵文与汉语表达的差异以及在对勘中可能遇到的各种问题，如关于汉译佛典时对梵文形态成分的对译，汉语"当"表示将来，"所"表示完成被动分词（perfect passive participle），"有"表示后缀—in，以及"在 / 於……中"表示梵文的依格（loctive）等等。又如译者在翻译中常常会添加一些解释或补充性的成分，文中分为不同类型加以分析，对理解汉译佛典的语法结构颇有帮助。

钢和泰去世后，李华德在 1937 年 6 月 27 日致信叶理绥（英利世夫 Serge Elisseeff）教授，就哈佛燕京学社所属北京中印研究所的工作提出具体建议：

首先，已故钢和泰教授业已开始的索引编撰应该继续下去——编辑单独的汉梵比较索引，或者根据我在《华裔学志》第 1 卷第 1 期上撰文提出的计划，应该把范围扩大。

要在现有的双语文献索引基础上编纂一部词典是一项大工程—据 La Vallée-Poussin 教授的估计，大概要花二十年时间……因此，可以鼓励学生承担某部文献的索引编撰……研究所本身则负责通信联络、卡片复制、归档、登记管理等工作，速度会缓慢但日积月累一定会到五百万张卡片，研究所还负责准备和编辑最后的书稿（引自王启龙《钢和泰学术年谱简编》，第 292—293 页）。

现今距李氏提出这一设想已超过 70 年，而理想中的《中印词典》还没有问世，这不免使人感到遗憾。上面已经提及，从事佛教汉语的研究和词典编纂，必须具有跨文化和跨语言的学术背景，并且把印度学、佛学、中亚学和藏学及汉语语言学这些专业的训练结合起来，方能取得超越前人的优异成绩，确非易事。但当今资讯科学和语言资讯处理技术的进展，又为佛教学、语文学、词典学探索的科际整合创造了必要的条件。因此，必须建立专门的研究中心，与世界各国学者通力合作，开发大规模并可实现全球资源共享的语料库，以期再用二三十年的时间，约在李氏上述文章发表一百周年之际，编出一部真正反映现代学术水平的佛教汉语词典。除日本、印度和欧美学者外，近年来海峡两岸的新一代学者也正在为此积极努力，相信通过语言工具的完善和方法的更新，其前景是无可限量的。

（原刊于《第 18 届世界翻译大会论文集》，北京：外文出版社，2008 年）

编补：

文中提及的有关问题，请参阅蒋绍愚、胡敕瑞主编《汉译佛典语法研究论集》，北京：商务印书馆，2013 年。

《汉语大词典订补》后记

　　《汉语大词典》是由 1975 年 5 月 23 日至 6 月 17 日在广州召开的中外语文辞典编写出版规划座谈会提出，经国务院批准，由有关部门和省市组织编写的大型汉语语文词典。这部词典的编纂方针是"古今兼收，源流并重"，强调"语文性"和"历史性"。在近二十年时间里，先后有来自山东、江苏、安徽、浙江、福建和上海的一千多位语文工作者和各方面人士从事编写及资料工作。许多著名学者和教育界、文化界、出版界的前辈参与了总体设计。《汉语大词典》在 1978 年列入国家重点科研项目。1979 年组成了编辑委员会和学术顾问委员会（前身为编写领导小组），1980 年在上海成立了专职办事机构汉语大词典编纂处。在汉语大词典工作委员会领导下，经过全体编写人员坚持不懈的努力，第一卷于 1986 年出版。至 1994 年，全书出齐。《汉语大词典》正文为十二卷，共收词三十七万五千余条，约五千万字，插图二千二百五十三幅。另有《附录·索引》一卷。

　　从总体上说，《汉语大词典》以其释义准确、义项齐备、书证翔实、体例严谨，能够反映汉语词汇发展演变的面貌等特点而成为我国汉语语文词典史上的一座里程碑，出版后受到国内外汉语学界和广大读者的好评，对于提高中华民族的文化素质，发展社会主义的教育、文化、科学事业，促进国际间的文化交流和相互了解，发挥了应有的积极作用。同时，《汉语大词典》编纂工作本身，也为建设现代化的中国辞书事业，积累了宝贵的经验，培养了有用的人才。《汉语大词典》编纂处在全书问世后的十多年间，还与各省市老、中、青作者以及日本、美国学者合作，先后在《汉语大词典》基础上，编写、出版了《多功能汉语大词典索引》、《汉语大词典词目音序索引》、《汉大成语大词典》、《汉语大词典简编》、《现代汉语大词典》、《汉大汉语规范大字典》、《中国典故大辞典》等较大型的汉语语文工具书。此外，通过与香港商务印书馆等单位协作，《汉语大词典》的数字化也有进展。所有这些，都取得了良好的效益。

但是，历史已经证明，编纂一部大型的、高质量的语文大词典，是一项全民族要为之作出世代努力的伟大事业，绝不可能"毕其功于一役"。以《牛津英语词典》为例，此书乃举世公认的历史性语文词典的典范，其编纂项目发起于1857年，至1928年才得以大功告成，历时七十一年。全书十二卷出齐时，闻名遐迩的主编詹姆斯·默里（James Murray, 1837—1916）爵士早已去世。五年之后即1933年，大词典补编一卷问世，主要目的是为了把那些后来出现、未及收入词典的词汇补充进去。二十多年后，新西兰裔词典编纂家罗伯特·伯奇菲尔德（Robert

Burchfield，1923—2004）继任词典主编，他主持了《牛津英语词典》四卷本补编的编写工作，于1972年到1986年陆续出版，共增补了五万个词条。20世纪80年代中期，在IBM公司资助下，加拿大安大略省滑铁卢大学的众多专家在约翰·辛普森（John Simpson）博士等人领导下，将《牛津英语词典》及其补编重新编排，于1989年出版发行了二十卷本的《牛津英语词典》第二版。后来这部大词典又进行了数字化，为读者提供在线查阅。现在，《牛津英语词典》修订版即第三版的编纂工作正在积极地进行中，估计于2037年完成。《汉语大词典》"收词原则"和"编写体例"的制定，都借鉴和吸取了《牛津英语词典》的学术成果。作为一部既 以其大型又以其高质量取胜的汉语语文词典，《汉语大词典》自然也需要不断打磨修订，方能臻于完善。

在过去的二十多年中，国内外汉语和各专门学科的研究者、使用者在对《汉语大词典》的成绩充分肯定的前提下，也从各个方面指出书中存在的错误与缺陷，据不完全统计，公开发表的有关论著即达一万三千种左右。汉语大词典编纂处自身也在历年工作中积累了相当数量的相关资料。自2005年以来，我们组织人员对《汉语大词典》全书进行通读，整理、归纳学术界研究成果和读者意见，历经五年，编写成《汉语大词典订补》，收词三万多条，希望为全面修订《汉语大词典》创造必要的条件。《订补》着重解决的，主要是成于众手的大型汉语语文辞书往往存在的一些通病，如收词立义有缺陷、书证晚出、注音未当、体例不统一、前后不一致、编排印刷有错误等，同时酌情增收一部分应该予以补充的新词新语。在接下来的全面修订工作中，除以上这些方面外，我们考虑还应该着重注意下列问题：

第一，要继续广泛积累资料，并有计划地建立为《汉语大词典》修订工作服务的汉语历时语料库。

《汉语大词典》注意资料的收集和积累。参与《汉语大词典》编写的五省一市人员曾从万余种古今图书报刊中收词制卡，总计资料卡片达八百多万张，从中精选出二百多万条第一手资料，作为大词典确定词目和建立义项的根据。但在对词典进行订补的过程中，发现由于当时历史条件的局限，仍然存在资料不足的缺陷。为此，我们有针对性地着重从出土简牍帛书，佛教典籍，历代碑刻墓志，敦煌吐鲁番文书，元、明、清通俗小说和戏曲作品中增补足以反映各个时代语言状况的资料，收获颇丰。有些语料价值较高的文献，如《论衡》、《三国志》及裴注、《世说新语》及刘注、《颜氏家训》、《水经注》、《齐民要术》、《高僧传》、王梵志诗、敦煌变文、《祖堂集》、《朱子语类》、《金瓶梅词话》、《型世言》、《醒世姻缘传》等等，《汉语大词典》编写时虽亦注意及之，但还有不少遗漏，此次重新阅读和检索，增补了一批词目、义项和书证。当今由于语料库语言学（corpus linguistics）迅速发展，对词汇及意义研究的作用日益明显，世界各国在进行较大型的语文词典编写时，都依托专用语料库（specialized corpus）。《汉语大词典》的修订和今后长期的编纂工作，也应以此为目标，力争在较短时间里建成规模较大、检索便利、切合实用、技术手段先进的古今汉语语料库，并且不断予以完善和更新。

第二，要注意吸取国内外语言学、词典学和各门相关学科的研究成果，积极进行理论思考和创新。

上世纪90年代以来，国内外的语言学、词典学研究都有很大进展，呈现出万紫千红的新局面。作为专业的词典编纂工作者，不能对此不闻不问，而应该认真学习，并且在实践中努力运用和根据语言事实进行验证，把求实与创新紧密结合起来，使编纂水平不断有所提高。

例如，当前语言研究的热点之一是"语法化"（grammaticalization）。语法化是人类各种语言发展过程中普遍存在的一种现象。考察汉语发展史，汉语词汇中的虚词一般都是由实词转变而来的，也就是说，某个实词或因句法位置、组合功能等的变化而造成词义演变，或因词义变化而引起句法位置、组合功能等的改变，因而失去了原来的词汇意义，在语句中只具有某种语法意义，变成了虚词。近年来学界对汉语词汇语法化过程的研究和探讨十分兴盛，日益深入，使我们从共时和历时结合的角度，对汉语词汇的历史演变有了更深刻的理解。作为一部大型历史性汉语词典的编者，自然应该时时刻刻关注这方面的进展，并将成果尝试运用在具体词条的释义之中。

又如，我们在解释词语时，经常使用"比喻为"、"后以喻"等字样，这种释义方式就涉及语言学中的"隐喻"（metaphor）理论。隐喻也是一切语言普遍存在的现象，按当代认知语言学的理念，它不仅仅是一种修辞手段，而且是语言研究的中心问题，反映人类根本的思维方式，构成我们心智的中心问题。无论是抽象的理性思辨，还是具体的情感表达，都离不开隐喻，就像清人沈德潜在《说诗晬语》中所说："事难显陈，理难言罄，每托物连类以形之。郁情欲舒，天机随触，每借物引怀以抒之。"例如"病毒"一词原指比病菌更小的病原体，现在也指以破坏其他软件为目的，且能自身复制传播的计算机软件，能使计算机或计算机网络无法正常运行。计算机"病毒"就是一个隐喻性的概念。有科学家认为，自然语言理解的最大困难，也是最高境界，就是达到对隐喻意义的理解，因此隐喻理论受到当代认知科学、脑科学、人工智能、计算机科学等相关学科研究者的重视。隐喻在语义表达上既然如此重要，自然应该加强研究，使读者通过恰当的词典释义，对这一语言现象获得更准确的认识。

19世纪特别是1840年鸦片战争以来，中国社会经历急剧的变革，各种新事物、新概念层出不穷。社会生活和人们思想的深刻而巨大的变化推动汉语词汇不断更新、发展，从而为现代汉语词汇的形成奠定了基础。近十多年来，国内外学者对近现代汉语中反映新事物、新概念的词语的产生和演变过程从宏观到微观都作了不少研究，并使其中相当一部分词语的源流更加清楚。特别是对近代中国、日本、欧美之间的词汇交流的研究，成绩最为显著，已经成为一门专门的学问，引起语言学和科学史、社会史、思想史、观念史研究者的关注。还有学者建立并利用相当规模的语料库，以关键词如"权利"、"个人"、

"公理"、"民主"、"社会"、"科学"、"经济"、"革命"等术语的统计分析为基本素材，探讨与它们对应的近现代观念在中国的引进、演变以及定型过程。这些方面的研究成果，我们都应该注意鉴别和吸取。确定一个词语产生的年代和始见例证，了解其消长的过程，对于语言史和文化史都是大有裨益的。陈寅恪先生曾经说过："依照今日训诂学之标准，凡解释一字即是作一部文化史。"我们对汉语词语的考释和探索，也应该体现这一精神。

第三，要好好研究改革开放以来产生的新词新语的收录和释义问题。

20 世纪 80 年代以来的 30 年间，是汉语词汇发展最快的时期。由于改革开放的不断深入，新事物、新概念、新词语不断涌现（其中也包括一些旧词语的"复活"），反映出社会生活的变化和人们思想空前活跃。与此同时，对新词新语的研究也日益发展，各种新词词典陆续出版，大量以新词新语为研究对象的论文、专著不断发表。2005 年起国家教育部门每年公布《语言生活绿皮书》，其中就收有当年的新词和流行词。不少读者特别是青年读者往往欢迎词典多收新词，这是出于查阅的需要，诚如陆谷孙先生所说："今时流辈以查得率判别一部词典的优劣，无可非议。试想，人查词典求解，十九不得，对书何来信心？"但《汉语大词典》究竟不同于新词词典，如何在一部历史性的语文大词典中有选择地对新词新语的产生、使用、定型进行记录，实为一大难题。现成的答案是没有的，只有在广泛收集资料的基础上，通过编写实践，对这种语言现象从词汇学、词典学、语言接触、语会语言学等多个角度进行定性定量的研究，才能逐步得到解决。

以上所谈，只是一些初步设想，也可以说是努力的目标。"高山仰止，景行行止，虽不能至，然心向往之。"我们的学力和水平都极其有限，面临的困难和挑战也很严峻，尽管可能"不能至"，还是会尽最大努力，一本奉献精神，以期不断为祖国、为世界的辞书大厦添砖加瓦，不辜负时代和广大读者的厚望。

《汉语大词典》全书出版工作告竣后，学术顾问委员会首席学术顾问、中国语言学一代宗师吕叔湘先生（1904—1998）和学术顾问张政烺、陈原、周祖谟、俞敏、姜亮夫诸先生，编辑委员会主编、著名语言学家和出版家罗竹风先生（1911—1996）和副主编陈落、徐复、蒋礼鸿、蒋维崧诸先生都先后逝世。还有部分工作委员会委员、编辑委员会委员和编写人员，为此书开创作出贡献的各界人士也相继离世。我们在此表示最深切的悼念。明年即 2011 年是罗竹风先生诞辰百年纪念，谨将《汉语大词典订补》一书献给他，以告慰这位可敬前辈的在天之灵。

在对《汉语大词典》进行订补的过程中，曾经参考了许多有关论著，其中有论述大词典的专书，如王宣武先生著《汉语大词典拾补》（贵阳：贵州人民出版社 1999 年版）、雷昌蛟先生著《〈辞源〉、〈汉语大字典〉、〈汉语大词典〉注音辨证》（贵阳：贵州人民出版社 2005 年版）、王锁先生著《汉语大词典商补》（合肥：黄山书社 2006 年版）等等，应予说明。湖南师范大学李维琦教授惠赐所著《佛经释词》《佛经续释词》《佛经词语汇释》，对增补佛教汉语词汇很有帮助，特此致谢。日本创价大学辛岛静志 教授很关心大词典的增补修订，在他所编著的《正法华经词典》《妙法莲华经词典》《道行般若经词典》中，特以大词典为立目的参照系，提出许多宝贵的意见和建议，我们也表示深切感谢。

在搜集有关资料的过程中，得到上海师范大学徐时仪教授、北京师范大学王鸿滨博士、中国广播电视出版社李亚明博士等的大力帮助，他们为此进行了专题研究，在不到一年时间里，提供了经过整理的数千份材料，对订补工作起了很大的促进作用，令人感念。浙江大学愈忠鑫教授、中共浙江省委党校祝鸿杰教授用书面形式提供了修订意见，在此也表示感谢。

多年以来，许多海内外读者以各种形式对《汉语大词典》提出了修订意见，在这次订补过程中也已尽量吸取。其中有的条目，如关于古今名物的一些专科词等，涉及的问题往往比较复杂，尚待进一步研究，所以此次未作改动，留待全面修订时再进行处理，特予说明。

最后，热忱欢迎各界专家和各位读者继续不断地提出意见，群策群力，使《汉语大词典》修订工作做得更好。

2010 年 6 月

（原刊于《汉语大词典订补》，上海辞书出版社，2010 年。

以"汉语大词典编纂处"名义发表）

汉语词源词典的编纂

    词源词典，亦称"语源词典"，是以阐述某种或某系语言词语的历史来源及其词形、读音、语义等的发展演变为主要内容的工具书。在国外，这种词典的编纂是与历史比较语言学兴起以来的词源学（etymology）研究密不可分的。德国语言学家费克（August Fick，1833—1916）主要研究印欧语词源学，首创印欧基本词汇的综合研究，所著《印度日耳曼语言比较词典》（1868 年，1890—1909 年修订）是对印欧语各个分支的词语进行系统研究的前所未见的著作。进入 20 世纪，出现了许多精心编写的高质量的词源词典，包括罗曼语、日耳曼语、波罗的－斯拉夫语、希腊语、拉丁语、印度－伊朗语、赫梯语等等。如 M. Mayrhofer 于 1956—1980 年出版的 4 卷本《梵语词源词典》（*Kurzgefasstes etymologisches Wörterbuch des Altindishen*, Heidelberg: Carl Winter）完成了前所未有的开创工程，在出版周期内不断完善，不断从书刊评论中汲取有用材料，其新的扩充本出版于 1986 年至 2001 年（3 卷）。在非印欧语系的语言的词源词典方面，也出现了堪称典范的巨制，如 Burrow 和 Emeneau 在 1961 年出版的《达罗毗荼语词源词典》（1984 年第 2 版）等。

在中国，对汉语词源的研究开始得很早。如东汉刘熙撰《释名》27 篇，以音同、音近之字解释意义，推究事物所以命名的由来，其中虽有穿凿附会之处，但对于研究词源仍具有参考价值。到了近代，章炳麟（1869—1936）继承和发扬了清代学者的治学传统，著有《文始》等书，对探求汉语语源作出了贡献。杨树达（1885—1956）以汉语形声字的"声"为线索，进行汉语语源学的研究，已经具有自觉的词源意识，他在所著《积微居小学述林》的自序中说："我研究文字学的方法，是受了欧洲文字语源学的影响的。少年时代留学日本，学外国文字，知道他们有所谓语源学。偶然翻检他们的大字典，每一个字，语源都说得明明白白，心窃羡之，因此我后来治文字学，尽量地寻找语源。往年在《清华学报》发表文字学的论文，常常标题为语源学，在这以前，语源学这个名词是很少看见的。"沈兼士（1887—1947）总结了传统的训诂学理论，益以新知，特别是就汉语的"语根字族"进行研究，创获颇富。闻宥（1901—1985）毕生致力于汉藏语系语言的研究，在运用汉语以外的材料探索汉语词源方面有开创之功。这种研究方法，当代学者如张永言等很好地进行了继承和发展。王力（1900—1986）所著《同源字典》（1982）则采用以音韵通训诂的理论方法，把 3000 多个汉字按音近义同的关系分列在 1000 多个同源字组中，以表明汉语词汇系统形成的历史来源和汉语词语之间的音义联系。

还应该指出的是，19世纪在欧洲逐渐确立了编纂语文词典的历史主义原则，这与上述基于历史比较语言学的词源研究和词源词典是相辅相成的。所谓历史主义的编写原则，是指对收录的词语作详尽的历史描述，即从词形、含义、用法等角度，全面揭示词语的起源、历史演变和现状。按这一原则编写的词典，称作历史性词典。1812年，德国学者 Franz Passow 在《论希腊语词典的目的、结构与增补》一文中，第一次在欧洲词典编纂史上阐述了历史主义的基本观点，特别强调按年代顺序运用书证说明词语的历史沿革的重要性。德国学者格林兄弟认真实践这一理论，他们所开始的32卷本的《德语词典》(*Deutsches Wörterbuch von Jacob Grimm und Wilhelm Grimm*)，出版周期长达100多年（1852年5月—1961年1月）。荷兰、瑞典等国迄今仍在进行以某一民族语言为基础的卷帙浩繁的历史性词典的编纂工作。但这种词典的代表作，当推詹姆斯·默里 (James Murray, 1837—1915) 开创的《牛津英语词典》(OED)。这部词典在19世纪50年代由英国语文学会发起编纂，至1928年始完成，分12卷出版。1933年重印时增加补编1卷，共13卷，收词四十余万条。1972—1986年又陆续出版《牛津英语词典补编》4卷，主编为伯奇菲尔德 (R. W. Burchfield)。1989年出版第二版。目前正在进行第三版的编纂工作，主编为约翰·辛普森 (John Simpson)。这部词典成为各国大型历史性词典的楷模，对于词源词典的编纂也起了很大的推动作用。

在我国，20 世纪二三十年代就有以黎锦熙（1890—1978）、钱玄同（1887—1939）等为首的一批学者筹划编写一部气魄宏伟的《中国大辞典》，其编写原则仿照《牛津英语词典》，即"依史则"（on historical principles）三字。它规定："每一个词（包单字说），都要顺着它的时代叙明它的'形'、'音'、'义'变迁的历史。"可惜的是，由于当时条件的限制，这样一部历史性词典未能最终完成，但它产生的影响是深远的。

到了 20 世纪 70 年代，编纂历史性语文词典的任务再次提上议事日程，并且结出了丰硕的果实，这就是分别于 1986—1990 年出版的《汉语大字典》（8 卷）和 1986—1994 年出版的《汉语大词典》（13 卷）。这两部巨型汉语语文工具书在源流并重、古今兼收的编纂方针指导下，在资料建设方面下了很大的功夫，其资料收集的范围超过了历代辞书，因而在词语的溯源方面有了很大的突破。即以《汉语大词典》而论，在解释词语时尽力探求其本义，阐明其语源，充实释文内容。如"匹"字，《孟子·告子下》："有人于此，力不能胜一匹雏。"杨伯峻《孟子译注》以"匹"为量词，而《礼记·曲礼下》："大夫雁，士雉，庶人之挚匹。"郑玄注："说者以匹为鹜。"《玉篇·鸟部》亦云："鸣，鹜也，一作匹。"是为"匹"同"鸣"（鸭）之明证。再证以现代汉语东南沿海地区方言及傣语、瑶语、侗语、黎语及其他邻近语言，则古汉语"匹"与这些语言中训"鸭"之 [bit]、[bet]、[pit]、[pet] 等同源，"一匹雏"即谓"一只小鸭"。《汉语大词典》吸取了古今学人的训释成果，为"匹"训"鸭"提供了有力的证据。又如"浑脱"一词，中外不少学者都以为是从蒙古语吸收的外来词，但美国学者 H. Serruys 和国内学者张永言否定旧说，通过精密考证，认为"浑脱"是个纯粹的汉语词，原意是"整个儿地剥脱"，所以用它来指以整张剥下的动物皮制的渡水浮囊、容器或帽子等等。《汉语大词典》以此说为据，将"浑脱"的源义释为"原指北方民族中流行的用整张剥下的动物的皮制成的革囊或皮袋。可用作渡河的浮囊，亦可作为盛放水浆饮料的容器"，并设立由此引申出的其他四个义项。这样处理，比较符合现代词源学研究的原则。

语文词典所收词语的溯源，必须通过例证来体现，"没有书证的词典是一具骷髅"。《汉语大词典》根据体现源流、提示用法、辅助释义、提供知识的要求，选用了近 200 万条经过核对的资料（绝大多数是第一手资料），作为这部词典的例证，从而保证了词典为广大读者释疑解惑的价值。正如王力所说：编写词典时，"人们如果能把每个字的每个意义都指出始见书，功劳就大了，对汉语词汇发展史的研究就立了大功了。"这也是我们历来努力的目标。从我们今天的认识来说，探求汉语语源不仅须通古音，还要进行汉藏语、汉台语以至华澳语等的比较研究，但由于这方面的研究还处于开始阶段，我们在汉语词语的探源方面还有一定的局限性，现在在词典编纂方面的溯源工作可以以查明各个义项的始见书和说明词语的理据为主。

汉语训诂学的基本方法是"因声求义"、"以形求义"，这是由于词语的音义之间和形义之间存在理据。词源学认为：

语言的起源问题主要是原始语根的起源问题，而这一问题由于语言历史的悠久和资料的缺乏，比较难于处理。但在编纂词源词典时无法完全回避。例如"飞（蜚）廉"一词，指风神。《楚辞·离骚》："前望舒使先驱兮，后飞廉使奔属。"王逸注："飞廉，风伯也。"亦为商纣的谀臣之名。《孟子·滕文公下》："驱飞廉于海隅而戮之。"赵歧注："飞廉，纣谀臣。"据研究，"风"的上古音有复辅音声母，应为 plum（比较四川彝语 brum[风]），正是"飞"、"廉"二字的合音；而这个事殷纣的谀臣，据《史记·秦本纪》说，其特点是"善走"，那么他的这一绰号正是形容他能够跑得飞也似快。当然，许多词语的理据已被历史湮没，目前对单纯词、合成词理据的研究也相当薄弱，因此在编纂历史性语文词典特别是词源词典时，应该加强这一领域的研究。王宁认为："汉语双音节的构词法，仅从形式上去研究很难得出准确的结论；仅就使用意义而言，两个语素属于什么结构也很难判定，必须追溯到原初构词的理据。"所以，在探索词源时，对汉语的构词法也需要进行深入的研究。

由于严格意义上的汉语词源词典尚付阙如，我们认为可以在已有研究成果的基础上作一些尝试。所以，自 2001 年开始，由中国社会科学院江蓝生、白维国牵头，得到美国朋友梅维恒（Victor H. Mair）等赞助，组织了一批来自全国各高校和科研机构的汉语词汇学、词典学工作者，着手编写《现代汉语词源词典》。这部词典的收词立目和释义主要参考《现代汉语词典》，这是因为《现汉》是一部代表国家水平的高质量的中型语文词典，而且经多次修订，在其语文性、科学性、实用性方面有了很大的进步，是其他同类词典无法取代的。经过三年多的艰苦努力，《现代汉语词源词典》的编写已经有了较大的进展，取得显著成绩。通过实践，我们对汉语词源词典的编写有以下一些初步的认识：

第一，在词语及其各个义项的始见书的搜检方面要有新的突破。如上所述，《汉语大词典》和《汉语大字典》以其释文准确、义项齐备、书证翔实、从整体上历史地反映了汉语词汇发展演变面貌等特点而成为我国辞书史上的里程碑，但不可否认的是，《大词典》中尚有不少词条所举例证过晚，也有一些词语应该举例而未能举出例证，我们本着"前修未密，后出转精"的观点，尽可能将书证的时代提前，将缺漏的书证补齐，相信在这方面的努力也可以为《汉语大词典》的修订积累资料和起一定的促进作用。

第二，词源词典的编纂必须建立较大规模的计算机语料库(computer corpora)。《汉语大词典》等大型工具书编写时，由于客观条件的限制，资料搜集和检索等工作主要是靠手工进行的，这就不可避免地具有很大的局限性。我们在编写《现代汉语词源词典》时，由于检索手段有了很大进步，对出自古籍的词语的探源工作已经较有把握。如能对语料进一步进行计算机处理，则将取得更好的效果。这一问题的根本解决，则需要建立大型的开放性的现代化语言资料自动处理中心，实现联机、网络和远程检索及资源共享。在当今的信息化时代，这绝不是一个遥远的梦想。

第三，要特别重视近现代汉语新词的溯源工作。在实际的编写工作中，我们感到 19 世纪初至 20 世纪末所出现的大量新词新义的探源工作极为重要，当前可供检索的语料库则相对较少。但近年来这方面的探索已日益引起国内外学者的关注，相继出版了 Federico Masini、沈国威、内田庆市、荒川清秀、周振鹤、熊月之、王扬宗、朱京伟及 Koos Kuiper、黄河清等各位先生的论著。德国的埃尔兰根大学正在进行专门项目"近现代汉语学术用语研究"的工作，并且广泛搜集了各方面的相关资料，准备编写溯源性的词典。在日本关西大学文学部中国语中国文学科成立了近代东西言语文化接触研究会，着重从事 16 世纪以降中、日、欧语言接触的研究，取得不少成绩。在国内，香港中国语文学会曾组织编纂一部《近现代汉语新词词源词典》，参考了 200 多种文献，收词 5275 条，于 2001 年出版。德国学者李博（Wolfgang Lippert，1932— ）的著作《汉语中的马克思主义术语的起源与作用》（1979 年）的修订中文版已于 2003 年出版。这些都是十分可喜的现象。但是，由于近现代汉语文献如各种报章杂志、档案文件、文学学术译著、早期词典等数量庞大，当前的探源工作还是一种初步的尝试，有待今后深入开展。

第四，要关注汉藏语同源词的研究和汉语古今外来词的来源研究。这也是编纂汉语词源词典的题中应有之义，涉及与汉藏语、阿尔泰语以至印欧语的历史语言学及历史学、考古学、人类学、民族学、社会学等方面的问题，如汉语中"江"、"河"

二词的词源，就有分别借自南亚语和蒙古语与汉语本身固有词两种说法。前已述及，由于这些问题很复杂且尚无定论，这里暂不展开。

总之，汉语词源学研究和词源词典的编纂，目前已经有了一个良好的开端，但还有大量的工作要做，特别是汉语词源的理论研究相对薄弱和滞后，应该努力加强这方面的探讨。国外的一些新的理论，也应该及时吸收和借鉴，如已有国内学者介绍的剑桥大学诸葛漫（Ghil'ad Zuckermann）博士提出的 FEN（Folk-Etymological Nativization，暂译为"本土化理据论"）理论对于借词词源的研究就很有意义，值得我们注意。

我们希望，在新世纪里，经过坚持不懈的努力，以二三十年的时间，编出真正意义上的较大规模的《汉语词源词典》，使之成为百余年来几代学者辛勤劳动的一个总结和辞书史上的一座新的里程碑。

主要参考文献

丁邦新等编：《汉藏语同源词研究（一）》，南宁：广西民族出版社，2000 年。

埃里克·P.汉普：《关于词源学》，载汪榕培等编译《九十年代国外语言学的新天地》，沈阳：辽宁教育出版社，1997 年。

李博著，赵倩等译：《汉语中的马克思主义术语的起源与作用》，北京：中国社会科学出版社，2003 年。

马西尼著，黄河清译：《现代汉语词汇的形成——十九世纪汉语外来词研究》，上海：汉语大词典出版社，1997 年。

王艾录等：《语言理据研究》，北京：中国社会科学出版社，2002 年。

王力：《理想的字典》，载《龙虫并雕斋文集》第 1 册，北京：中华书局，1980 年。

徐文堪：《略论〈汉语大词典〉的特点和学术价值》，《辞书研究》1994 年第 3 期。

张洪明：《汉语"河"词源考》，《浙江大学学报》（人文社会科学版）2004 年第 1 期。

张永言：《词汇学简论》，武汉：华中工学院出版社，1982 年。

朱京伟：《近代日中新语の创出と交流》，东京：白帝社，2003 年。

Hartmann，R. R. K. and James，G. *Dictionary of Lexicography.* Bejing: Foreign Language Teaching and Research Press，2000.

Ghil'ad Zuckermann，*Language Contact and Lexical Enrichment in Israeli Hebrew.* London / New York：Macmillan，2003.

编补：

关于汉语词源的探索，最近加拿大大不列颠哥伦比亚大学高嶋谦一教授认为基本上有两种方法，其一是类似印欧语采用的比较法，其二是内部比较法。甲骨文约出现于公元前 1230 年，但我们对上古音和形态的构拟并不能认为比甲骨文更早，因此可将词源学定义为单个词语最早可证意义之研究，以及同根词语间的语词关系之研究。虽非全部，但在很多情况下，须从古文字学界面和词源学界面探求汉语词汇，做到两者兼顾。请参看 Ken-ichi Takashima，Etymology and Paleography of the Yellow River HÉ 河，*Journal of Chinese Linguistics*（《中国语言学报》），Volume 40，Number 2 （2012），269-306.

（原刊于《辞书研究》2005 年第 2 期）

谈早期西方传教士与辞书编纂

近年来，明、清时期西方来华传教士编纂的各种汉语和西方语言对照的词典日益引起学术界的关注，国内学者也发表了不少论著，但有些文章的论述似尚可商榷，有些资料尚须补充。下面仅以利玛窦、罗明坚所编《葡汉词典》等为例，介绍一些新的研究成果，供读者参考。

意大利天主教耶稣会史学家、汉学家德礼贤（Pasquale D' Elia, S. J., 1890—1963）于 1934 年在罗马耶稣会档案馆中发现了一组手稿（编号 Jap.-Sin., I, 1998），他称之为《葡汉词典》。手稿共 189 页，长 23 厘米、宽 16.5 厘米，写在中国纸上。手稿第 32 页至第 165 页是一部葡萄牙语和汉语对照的词表，其编排方式分三栏：第一栏是葡语词条，第二栏是汉语的罗马字母注音，第三栏是汉字。例如：

Aguoa	scioj	水
Aguoa de poso	cin scioj	井水

Aguoa do rio	ho scioj	河水
Aguoa da chuva	yu scioj	雨水
Aguoa salguada	yen scioj	盐水
……	……	……

　　根据手稿的纸张、笔迹和内容等进行考证，可以推测这部词典的主编者是罗明坚（Michele Ruggleri，1543—1607），合编者是利玛窦（Matteo Ricci，1552—1610）。编纂年代是二人初入中国广东肇庆传教的时期，约为1584—1586年间。这部词典以罗马字注汉字音，可能是最早以拉丁字母拼写汉语的尝试之一，可以视为以后利玛窦《西字奇迹》拼音方案和金尼阁（Nicholas Trigault，1577—1628）《西儒耳目资》拼音系统的前身。根据美国乔治城大学杨福绵教授（已故）的研究，从语音、词汇、语法诸方面加以论证，可以看出这部词典反映了以南京话为基础方言的明代官话。

　　整个手稿大约有6000多个葡萄牙文词条，但相应的汉语词条只有5461个，有540多条葡语词汇未填汉语对应词，这可能是由于有些葡语词条一时找不到恰当的汉语译法。比如上举葡语"水"的词条中有一条是Aguoa benta，即"圣水"（英语Holy water），当时罗、利二氏到中国不久，这个宗教名词尚未翻译，所以只好暂付阙如。至于以葡语为原语，这是因为葡语是大航海时代欧洲及亚洲葡萄牙殖民地的共同交际语，到印度、中国和日本等地传教、经商的人士一般都通晓葡语的缘故。

这部词典的前后都有附页，包括学习汉语用的笔记、词汇、天干地支、15 省的名称、天文知识及天主教教义、简介等杂项。其中第 3a 页至 7a 页的罗马字标题为 Pin ciù ven tà ssì gnì，德礼贤把它的汉字释为《平常问答词意》，其实应作《宾主问答辞义》或《宾主问答私拟》。这是一本帮助新到中国的传教士学习汉语会话用的小册子，因此在对话的各个句子前面都标有"主人曰"、"客曰"、"童曰"、"问曰"、"答曰"等字样。"主人"指传教士，"客"指来访的中国文人或官员，"童"指传教士的童仆。《宾主问答辞义》完全用罗马字汉语拼音书写，没有汉字，所以有不少词句较难辨认，日本学者古屋昭弘对这一文献作了考释研究，见其《明代官话の一资料》，载于《东洋学报》第 70 卷第 3—4 号（1989 年）。

有的文章说：利玛窦后来又与另一个意籍耶稣会士郭居静（Lazzaro Cattaneo，1560—1640）联手编纂了一部中文书名为《西文拼音华语字典》的汉语音韵词典，为来华传教士学习中文带来很大方便。这也是一种不很准确的说法。

事实是这样的：利氏晚年著的《利玛窦中国札记》（即《中国传教史》）第四卷第三章最后一段记述传教士们编字典的事，其中提到两个人，一个是钟鸣仁修士，又名钟巴相，中国澳门人；另一个即郭居静，字仰风。郭神父是一位优秀的音乐家，善于分辨各种细微的声韵变化，精确地辨明声调的高低。于是他们拟定了五个符号来区别声调，一个符号来表示送气。利玛窦命令全体耶稣会士都一律采用这几个符号，不得擅自增减更改，以免造成混乱。会士们将统一的标音法用于已编的字典，及将来要编的其他字典。郭居静与利玛窦合撰"音韵字典"，可能就是指这一记述。据柏应理（Philipus Couplet，1624—1692）神父说，郭居静撰有 *Vocabularium ordine alphabetico europaeo more concinnatum, et per accentus suos digestum*，这个拉丁文书名译出来就是："按欧洲拼音字母表排序并按声调分部的词汇表"。季尔赫尔（Athanasius Kircher，1602—1680）1667 年在阿姆斯特丹出版的名著《中国图志》里也说道："我有一部为我们使用的汉语词典手稿，俟筹得印刷之资，即可出版。"有人认为，所指的就是郭居静等编的这部词典。

德礼贤则认为利氏所述的词典即他发现的《葡汉词典》，这显然不妥当。因为《葡汉词典》的标音比较粗糙，声母的送气音和不送气音不加区别，而且没有声调的表示方法，与利氏的记述不相符合。利氏所说的词典的手稿本是否曾经出版，现在是否存在，这些问题目前还无法回答。不过，存在一些追寻的线索，椐某些记载，裴化行神父（Henri Bernard, S. J., 1889—1975）等曾于 1933 年在北京图书馆发现一部《葡汉词典》手稿。该手稿编号是 MS.22.658，共 8+624+34=666 页，32 开本，既没有作者的名字，也没有成书年月及地址等。这部词典可能是根据利、郭的《葡汉词典》编成的。但要解决这个问题，首先必须在北京进行查找，如果找到，然后才能进行比较和考证的工作。

还有学者又称：万历三十三年（1605 年），利玛窦独立完成《西字奇迹》一卷的编撰，这也是以拉丁语和汉字注音的字典，列声母 26，韵母 43，次音 4，声调符号 5。这段话有若干处值得进一步研究。

利玛窦晚年（1606 年）在北京时，曾经赠程大约（字幼博，别字君房，1541—1616 ？）四篇用罗马字注音的文章，程氏把这四篇文章收入了他编的《程氏墨苑》的第六卷下而刊行于世（1609 年）。这四篇文章的前三篇是宣传天主教教义的，最后一篇《述文赠幼博程子》则是利玛窦谈自己对语言文字看法的论文。这四篇罗马字注音文章，连同几幅木刻宗教画，1927 年北京辅仁大学曾用王氏鸣晦庐藏本影印出版，取名《明季之欧化美术及罗马字注音》。文字改革出版社于 1957 年重印，改名《明末罗马字注音文章》。

据说利氏还刊行过一本《西字奇迹》，但几十年来遍寻未见。这个谜直到 20 世纪 80 年代才被揭破。1983 年台湾学者鲍保鸹在梵蒂冈图书馆发现了这部书（编号 Racc., Gen. Oriente, 231.12），全书 6 页，刊行于 1605 年，内容只是三篇罗马字注音文章，且和《程氏墨苑》所收罗马字注音文章中前三篇完全相同。约与此同时，北京的尹斌庸（已故）也根据伯希和（Paul Pelliot, 1878—1945）在《中国书目》（*Bibliotheca Sinica*）卷 5 第 3677 页上提供的线索，依靠美国朋友梅维恒（Victor H. Mair）教授的帮助，从梵蒂冈图书馆得到了《西字奇迹》的缩微胶卷。从上述情况可以肯定，利玛窦的《西字奇迹》是他的拼音方案定案之后，应用这个方案来书写的"注音读物"，而不是"以拉丁语和汉字注音"的词典。

早在 70 多年前，罗常培（1899—1958）先生根据利玛窦的这四篇注音文章和金尼阁 1626 年在杭州刊行的《西儒耳目资》，对利氏、金氏方案作了详细的介绍和研究，归纳出"利—金方案"的声、韵、调的写法。读者如有兴趣，可以参阅《中国大百科全书·语言文字卷》的"西字奇迹"条（第 415—416 页），更详细的考释则见于罗先生的著名论文《耶稣会士在音韵学上的贡献》。

罗常培先生正确地指出：

[耶稣会士]对于伦理、论理、舆地、理化、生理、农业、水利、制造各方面，都有相当的贡献：凡是留心明、清之交的学术思想者，大概都知道。只有他们对于中国音韵学的贡献，反倒被其他方面的成绩所掩，不大引起人们的注意。据我观察：利玛窦的罗马字注音跟金尼阁的《西儒耳目资》在中国音韵学史上，跟以前守温参照梵文所造的三十六字母，以后李光地《音韵阐微》参照满文所造的"合声"反切，应当具有同等的地位。因为他们：

1. 用罗马字分析汉字的音素，使向来被人看成繁杂的反切，变成简易的东西；

2. 用罗马字母注明季的字音，使现在对于当时的普遍音，仍可推知大概；

3. 给中国音韵学研究，开出一条新路，使当时的音韵

71

学者如方以智、杨选杞、刘献廷等，受了很大的影响。

不仅对音韵学研究，明清之间耶稣会士、奥古斯汀会士、多明我会士等传教士所编撰的中西文词典和满语词典等，在汉语和中国少数民族语文辞书编纂史上，也占有显著的地位。近年来国内也有新的资料陆续刊布。如1999年国家图书馆在《中国国家图书馆古籍珍本目录》（北京图书馆出版社）一书中发表了一份罗马字母和汉字对照的书影，时间为1588年。这份文献不仅在中国天主教思想史上有重要意义，在中国语言学史研究上也很有价值，有待我们进行深入研究。至于以后新教传教士编写的各种官话和方言词典，更是汉语语言研究史上的重要一页。笔者只是本"述而不作"之意，通过上面的简单考论和下面的文献举要，对新近的研究稍作介绍而已，并以此纪念卓越的语言学家罗常培教授逝世四十五周年，希望海峡两岸学者继踵罗氏，共同努力，把这个领域的研究不断推向前进。

参考文献举要

1. 鲍保鹄：喜见利玛窦神父的《西字奇迹》孤本，《教友生活周刊》1983年11月10日，6。

2. 方豪：《中西交通史》（下册），长沙：岳麓书社，1987。

3. 利玛窦著，何高济等译：《利玛窦中国杂记》，北京：中华书局，1983。

4. 鲁国尧：明代官话及其基础方言问题，《南京大学学报》1985，4.47–52。

5. 陆志韦：金尼阁西儒耳目资所记的音，《燕京学报》1947，33：115–128。

6. 罗常培：《语言与文化》，北京：语文出版社，1989（1950）。

7. 罗常培：耶稣会士在音韵学上的贡献，《历史语言研究所集刊》第一本，第三分：267–388，1930。

8. 吴孟雪等：《明代欧洲汉学史》，北京：东方出版社，2000。

9. 吴义雄：《在宗教与世俗之间：基督教新教传教士在华南沿海的早期活动研究》，广州：广东教育出版社，2000。

10. 杨福绵：利玛窦对中国语言学的贡献，（香港）《公教报》1983 年 1 月 7 日及 14 日。

11. 杨福绵：罗明坚、利玛窦《葡汉词典》所记录的明代官话，《中国语言学报》1995，5，35–81。

12. 尹斌庸：《西字奇迹》考，《中国语文天地》1986,2,6—8。

13. 尹斌庸：利玛窦等创制汉语拼写方案考证，《学术集林》4（上海远东出版社），1995，341–353。

14. 张奉箴：利玛窦及金尼阁的中文拉丁注音，《纪念利玛窦来华四百周年中西文化交流国际学术会议论文集》，台北：辅仁大学出版社，1983，88–96。

15. 张国刚等：《明清传教士与欧洲汉学》，北京：中国社会科学出版社，2001。

16. 张铠：《庞迪我与中国——耶稣会"适应"策略研究》，北京：北京图书馆出版社，1997。

17. 张西平等：《西方人早期汉语学习史调查》，北京中国大百科全书出版社，2003。

18. Paul Pelliot：*Inventaire sommaire des manuscripts et imprimés chinois de la Bibliothèque Vaticane*. Edited by Takata Tokio. Kyoto，1995.

19. Boleslaw Szczesńiak：The beginnings of Chinese lexicography in Europe with particular reference to the work of Michael Boym（1612-1659），*JAOS* 67，160-165, 1947.

20. B. Theunissen：Lexicographia missionaria linguae Sinensis 1550-1800，*Collectanea Commissionis Synodalis* 16，220-242，1943.

21. John W. Witek，An Historical Assessment of Matteo Ricci's Portuguese-Chinese Dictionary，"明末以来中西文化研讨会"论文，香港，1996。

22. John Witek and Joseph Sebes（eds.）；*Monumenta Sinica*，Vol 1（1546-1562），Rome：Institutum Historicum Societatis Iesu，2002.

23. Paul Fu-mien Yang：The Catholic missionary contribution to the study of Chinese dialects，*Orbis* 9：1，158-185；163-165, 2002.

编补：

本文发表后，出现了不少相关论著，如姚小平《早期的汉外字典——梵蒂冈藏西士语文手稿十四种略述》（《当代语言学》2007 年第 2 期）和《罗马读书记》（北京：外语教学与研究出版社，2009 年）等，请参阅。

（原刊于《辞书研究》2004 年第 5 期）

马礼逊及其汉语研究

马礼逊（Robert Morrison, 1782—1834），英国传教士。1782年1月5日生于英国若森伯兰郡莫佩思的一个农民家庭。3岁时，其父携全家迁往纽卡斯尔，父亲从事鞋坯制作。他从小聪明好学，1804年进入伦敦传道会（London Missionary Society）受训，原本想到非洲或印度传教，但入学后不久就接到派往中国传教的通知，因而积极为去中国作各种准备。他曾随一个来自广州的中国人容三德（Yong Sam-tak）学习中文，又学习了医学和天文学知识。1807年1月31日，他乘船离开英国取道美国去中国，于9月4日抵达澳门。因新教传教士不受该地天主教士的欢迎，于是立即前往广州。当时清政府已经颁布了禁教令，禁止外国人在华传教。为求能在中国居留下来，几经折腾，只好加入英国东印度公司，后被聘为广州商馆中文翻译。在中国期间，他努力学习中国语言和文化，以惊人的毅力主译了全部《圣经》，编纂了篇幅达六大卷的《华英词典》，完成了行前伦敦传道会交给他的任务。此外，他还写作出版了大量中英文著作。1813 年伦敦会派遣米怜（William Milne，1785—1822）来华协助马礼逊，1815 年米怜赴马六甲开辟传教基地和设立印刷所，并且出版了第一份中文刊物《察世俗每月统记传》。1817 年是马氏到中国开教十周年，格拉斯哥大学根据他在中国翻译《圣经》和编纂词典所达到的学术水平，授予他名誉神学博士学位。1823 年 12 月至 1826 年 9 月，马氏回英国休假，带走他搜集的大量中文书籍。他在华 25 年，除 1816 年为阿美士德勋爵率领的来华英国使团担任翻译，得以游历中原大地外，都是在广州和澳门度过的。马氏晚年仍身兼二职，继续传教和担任通译，并开始用中文编撰《圣经注释》。1834 年 8 月 1 日晚，马礼逊在广州病逝，享年 52 岁，安葬于澳门基督教坟场。

由于马礼逊在中国基督教史上具有重要的地位，也是中西文化交流的开拓者之一，他所留下的著作在中国近代学术史上广为人知，影响深远。此外，他还创办了具有现代特色的报刊、医馆和学校，把西方文化事业引进中国，并将中国文化介绍到西方国家，所以在中国近代新闻史、印刷史、教育史上也不能忽视他的作用。但是，作为汉学家的马礼逊，与早期其他英国汉学家相似，原非学院中人，而多为传教士和外交官出身，自学成才，这与约略同时的法国汉学家如雷暮沙（Jean-Pierre Abel-Rémusat，1788—1832）等取向不同。因此，马氏的汉学研究主要不是出于学术方面的兴趣，而是与其传教活动紧密相连并为之服务的。这从他编纂的《华英词典》和两部语言学著作《通用汉言之法》、《英国文语凡例传》里都清楚地体现出来。

正如当代德国著名汉学家傅海博（Herbert Franke，1914—2011）所说，我们所见到的19世纪大英帝国的汉学研究，有三种密不可分的动机，即贸易、外交及新教的传教活动。

马礼逊所编的《词典》（*A Dictionary of the Chinese Language*，1815—1823）确是一部划时代的作品。全书共三部六卷。第一部有三卷，收汉字四万多条，依《康熙字典》的214部部首排列，单字字条下再列复词词条，例证采自汉文儒家经典、史书、佛经、政府律令、通俗小说、坊间启蒙书等等，内容丰富，包罗万象。第二部共二卷，中文称谓是《五车韵府》，第一卷是供查检用的词典，第二卷为各类检字表。第二卷内容虽较第一卷少，收字约12674个，但以罗马字母顺序编排，例句以当时通用的活的口语为主，查找方便，极其实用，不仅为19世纪学习汉语的西方人提供了方便，也成为后来学习英语的中国人和日本人的参考书，因而广受欢迎，在1865年、1879年和1907年三次再版，日本的德川幕府也在马礼逊书出版后立即购买并组织人员翻译。第三卷书名为《英汉字典》，内容包括英汉对照的汉语单字、词汇、成语、句型等，解释颇为详尽，例句都有汉译。整部《词典》以八开大本印刷，6册共4775页，是在中国出版的第一部大型双语词典。

马礼逊在编纂词典时参考了哪些中西文书刊，这些书对他的词典编纂有何影响，他对前人的成果如何取舍，这些问题都值得深入探讨。

马礼逊在《词典》的前言和日记、书简中经常提到罗马天主教传教士的词典，他在来华前从英国皇家学会的藏书中手抄了一份。这本词典原先属于英国著名东方学家威廉·琼斯（William Jones，1746—1794）所有，在法国考狄（Henri Cordier）所编《西人论中国书目》（*Bibliotheca Sinica*）中有比较详细的记述。该词典的作者是17世纪在中国从事传教活动的意大利神父叶尊孝（Basilio Brolloda Gemona，1648—1704）。他受方济各会派遣来中国，在山西去世。他于1694年编了按部首排列的汉语–拉丁语词典，共收汉字7000个左右；1699年他又将该词典按罗马字母重新排列，并将汉字增加到9000多个。该书编成后据说很受当时传教士和汉语学习者的欢迎，多次被抄录，马礼逊的手抄本就是众多抄本之一。叶尊孝本人曾经有出版该词典的计划，终因出版费用过大而未果。一百多年之后法国汉学家德金（C. L. Joseph de Guignes，1759—1845）以此书为蓝本在1813年出版了著名的《汉字西译》。

经对比，马礼逊的《五车韵府》中有不少例词和例句取自叶尊孝的书，如在"告"字头下，两书都收了"原告"、"被告"、"告状"、"告假"、"告示"、"告祖"等词，但马氏并不是简单袭用，他在例词和例句中加上了自己独特的内容，特别是许多呈现出当时时代特点的用语，如在"公"字头下收列了"公司"、"公司船"、"英吉利国公班衙"等词语。此外还增加了许多四字成语（如"车"字头下的"车载斗量"）和常用俗谚（如"尺"字头下的"尺有所短，寸有所长"）。与叶尊孝的词典相比，马礼逊还在例词例句的拼音后面加上了汉字，使查阅者既能学汉语发音，又能学汉字书写。所有这些，都使马氏编的这部词典非常富有实用价值。

马氏词典的第二部分封面印有"五车韵府"的书名，是以《五车韵府》一书即为马氏书的底本。但马礼逊亲撰序言仅提及《五车韵府》作者为"陈先生"而不知其名字及里籍，又把"陈先生"的门人译作"含一胡"（Han-yih-hoo，其实是"胡含一"，即胡邵瑛的别字）。数十年来对马氏词典有所论列的中外学者论著不知凡几，但对这一问题都无力解决。直至2007年，香港大学冯锦荣先生发表长文《陈荩谟（1600？—1692？）之生平及西学研究——兼论其著作与马礼逊〈华英词典〉之中西学缘》（载香港大学《明清史集刊》第九卷，2007年，第209—262页），广征博引，比较圆满地破解了上述疑谜。这无疑是对马氏书研究的一大贡献。

根据冯先生的研究，陈荩谟字献可，原籍嘉兴府秀水县，出生于北京。他早年究心于音韵之学，后从黄道周游，又精心研究历算、测量等西学，在中国科技史和中西文化交流史上自有其地位。其韵学著作《元音统韵》二十二卷初名《皇极统韵》，其中《皇极统韵通释》一卷、《类音检字》一卷于清顺治年间初刻；约于康熙三十年（1691年）完成《元音统韵》。康熙五十三年，范廷瑚受陈荩谟学生胡邵瑛临终之托，把《元音统韵》补订稿本与吴任臣《字汇补》六卷共二十八卷（仍以《元音统韵》为书题），出资予广东书商慎思堂梓印。约于康熙末年至雍正（1723—1735）年间，胡邵瑛的后人在《元音统韵》

版木上进行挖改，改题《五车韵府》，凡十卷，仍由慎思堂刻印。乾隆二十七年（1762 年），《五车韵府》又有江苏松江县玉衡堂新刻本。

把马礼逊编撰的《五车韵府》与陈荩谟《五车韵府》的内容进行对比，目前只有少数学者做了一些初步工作。研究中发现，除陈氏书外，马礼逊还在许多方面参考了《康熙字典》。但应该指出的是，马礼逊在词典释义方面并不仅仅依赖《五车韵府》和《康熙字典》，而是进行了新的归类和划分，这与马氏广泛的中文阅读、自己学习的积累、在中国的日常生活体验是分不开的。至于马氏书的例证的出处与内容，并不以传世汉文古籍为主，而是以时代性强的词汇、短语、俚俗语为主，这是与陈书和《康熙字典》明显有别的。这正表明了马礼逊《五车韵府》一书的原创性和编纂此书的实用目的。

除了这部规模巨大的《词典》，马礼逊还在 1815 年用英文写了一本汉语语法书《通用汉言之法》(*A Grammar of the Chinese Language for the use of the Anglo-Chinese College*)，于 1816 年刊行。此书是 19 世纪初西方人所写汉语语法的代表著作之一，在这之前的西文汉语教材和语法书，大都出于天主教传教士之手，使用的语言多为拉丁语或西班牙语等，马氏书的问世使这种状况得到改变，故实有承上启下之功。该书共有 284 页，除卷首序文、目录、勘误表，正文为 240 页。书中所有例句都用汉字，并附英译文，每一个汉字也都标上读音，包括声调。全书包含拼写法（Orthography）、词类论（Etymology）、句法论（Syntax）、韵律论等四部分，其语法体系主要参照莫雷（Lindley Murray）在 1795 年出版的《英语学校语法》(*English grammar, adapted to the different classes of learners*)，但也注意说明汉语的特色，指出英汉两种语言语法的异同，特别是提出了"时态符号"（signs of tense）的概念，帮助以英语为母语的汉语学习者弄清楚汉语的一系列时间副词。书中对汉语量词的解释亦颇有特色。所以，马礼逊编写的这部书也主要是出于实用目的，马氏本人对此也一再强调。但书中的很多汉语例句使人感觉是把英文表现方式直接译成汉语，显得生硬而不自然，甚至不通顺。

应该指出马礼逊在用英语编写汉语语法时，也参考了 17—18 世纪的耶稣会著作。马氏在马六甲创办的英华书院于 1831 年出版了清初因礼仪之争被迫迁居澳门的耶稣会士马若瑟（Joseph de Prémare，1666—1736）所著《汉语札记》(*Notitia linguae Sinicae,* 1729) 的拉丁文文稿，并给予高度评价，就是明证。

马礼逊还编写了第一部中英文对照的英语语法书《英国文语凡例传》(*A Grammar of the English Language. for the use of the Anglo-Chinese College*)，1823 年由东印度公司出版部出版于澳门。书中介绍英语语法的主要内容也分四部分，"谓之 Orthography，Etymology，Syntax，and Prosody，即是字头论，字从来论，字成句论，字音韵论"。他首先介绍了 26 个英文字母及其发音，接下来简明地讲解了英语中的名词、代名词、冠词、动词、形容词、副词、分词、介词、连词、感叹词等 10 类词，谈论的重点是名词；至于对英语句法和音韵知识的介绍则很简单，但在句法部分对英语标点符号的用法也略有说明。全书 97 页，是马礼逊专为英华书院学生学习英文语法准备的教本。作为一部引导母语为汉语的学生学习英语的实用入门语法书，本书的内容略显粗疏，但这也是英语语法知识传入中国之初难以避免的。在此书的解说例句中，马氏有意地引录了一些基督教的内容，说明他始终没有忘记自己的传教使命，这一点也是应该指出的。

马礼逊在 1828 年还出版了一部《广东土话字汇》（*A Vocabulary of the Canton Dialect*，此书于 2001 年由英国的 Ganesha 出版社重印发行，书前附有 Kingsley Bolton 的文章 "The Life and Lexicography of Robert Morrison"）。全书分为三部分，共 637 页：第一部分为英汉字汇，第二部分为汉英字汇，第三部分为成语词组。本书的粤语拼音的最明显的欠缺是不标声调和声母不分送气不送气。马氏本人在 1815 年曾经这样说过："字调和送气比较次要。所涉的区别确实存在，然而，这些区别不但书写上用不着，连讲话让人听懂也非必要，即使地道讲那种话的学者有时都不熟悉。"可见他对声调和送气的处理并非偶然，而是他看法的反映。但此书对于研究近二百年来粤语语音和词汇的历时变化是很有用的，值得方言研究者重视。

最后略谈一下马礼逊的《圣经》翻译。完成《圣经》的汉语翻译被认为是马氏一生中最重要的成就。马氏在谈到自己的翻译原则时曾说：

在我的译本中，我力求忠实、明达和简易。我宁愿采用常用字而舍弃罕见的经典字。我努力避免使用异教哲理和异教经籍中的术语，我宁愿被人视为俚俗不雅而不愿令人难以理解。在难懂的段落，我用我能达到的最优雅、最忠实、最不古怪的词给出教义的通俗表达。

但问题在于新教来华之前，已经有其他翻译《圣经》的尝试。1805 年时，刚成立的英国圣书公会（British and Foreign Bible Society）就已经对一份天主教译本手稿深感兴趣，这份手稿是由公理会牧师威廉·莫斯理（William Moseley）于 1801 年在大英博物馆中发现的。一直以来，人们知道巴黎外方传教会传教士白日升（Jean Basset，约 1662—1707）曾经翻译新约圣经或其中部分，然而直至 1945 年才证明大英博物馆的上述手稿就是白日升的译本。马礼逊来华前，曾在莫斯理的引见下，认识了上文提到过的容三德，容三德协助马礼逊抄录了博物馆中的白日升手稿，名称为《四史攸编基利斯督福音之会编》。分析马礼逊的译文，可以看出他的翻译深深受惠于白日升的译本，而且参考了其他一些天主教传教士的译稿。马礼逊对白日升译稿的改译，有的地方反而退步，甚至改得不通顺以致令人费解。白日升译稿与马礼逊译本的关系，为《圣经》解释学提供了一个样本。

虽然马礼逊因《圣经》翻译赢得了极大声誉，但较他更早，英国浸礼会传教士马士曼（Joshua Marshman，1769—1837）等就在印度的赛兰坡从事《圣经》汉译。1822 年，第一部完整的中文圣经在该地以五卷本印行。马士曼译本与马礼逊译本之间的关系，一直是圣经汉译史上讨论的题目。但值得注意的是，尽管译者都用力甚勤，这两部译本都只能说是由不能胜任把《圣经》翻译成中文的人所翻译的颇为草率的作品。

附记：

为纪念马礼逊来华 200 周年，北京外国语大学中国海外汉学研究中心和香港大学图书馆与澳门基金会合作，在 2008 年由大象出版社出版了《马礼逊文集》（14 卷本），具体内容如下：

1.《华英词典》影印本，6 卷。

2.《通用汉言之法》、《英国文语凡例传》二书影印合为一卷。

3. 由马礼逊夫人艾莉莎·马礼逊编成的《马礼逊回忆录》（*Memoirs of the Life and Labours of Robert Morrison*），2 卷影印，另有 2 卷中译排印，共 4 卷。

4. 米怜的《新教在华传教前十年回顾》（*A Retrospect of the First Ten Years of the Protestant Mission to China*），影印本 1 卷，另有 1 卷中译排印，共 2 卷。

5.《马礼逊研究文献索引》，1 卷。

由于马礼逊研究，包括对其汉学著作的研究中还存在大量有待解决的问题（如马氏词典注音的音系问题，美国柯蔚南 [W. South Coblin] 教授探索有年，其成果尚未全部发表），而马氏所著书原本现又成为罕见珍本，这部《文集》提供的资料是极其宝贵而有益的。

编补：

有关马礼逊生平及其事业的中西文资料、论著极多，近年出版的较易入手的中文著作如：谭树林《马礼逊与中西文化交流》，杭州：中国美术学院出版社，2004 年；苏精《中国，开门！ 马礼逊及相关人物研究》，香港：基督教中国宗教文化研究社，2005 年，均可参阅。对马礼逊的汉语语法论及其翻译观，日本学者内田庆布教授（Uchida Keiichi）曾撰文予以讨论。此外，请读者参看杨慧玲女士的新著《19 世纪汉英词典传统——马礼逊、卫三畏、翟理斯汉英词典的谱系研究》，北京：商务印书馆，2012 年。

（原刊于《传统中国研究集刊》第六辑，上海：上海人民出版社，2009 年）

关于近现代汉语新词词典的编纂

在汉语词汇的发展史上，外来词语曾经起到重要的作用。这是一个无可否认的事实。1942年，毛泽东在他的著名演讲《反对党八股》里，批评某些党的干部语言枯燥、不善于做宣传工作。他主张运用古人语言中有生命力的东西，学习人民群众的语言，还要从外国语言中吸收需要的成分，使汉语更为丰富。作为例证，他提到了"干部"一词，这个词就是从日语中借来的。毛泽东明确地指出："我们还要多多吸收外国的新鲜东西，不但要吸收他们的进步道理，而且还要吸收他们的新鲜用语。"

中国语言学的一代宗师吕叔湘先生（1904—1998）说过一段很精辟的话：

> 两千多年以来，从有书面记载的汉语历史看，汉语词汇各个时代发展很不平衡。有时几百年发展很快，有时又较慢。好像隋唐时代发展快，宋朝就慢些，晚近发展又快了。什么时候发展快，为什么快；什么时候发展慢，为什

么慢，应该好好研究。其中有外来文化的影响……也需要专门研究。

吕先生所讲的"晚近"，从两千多年的时间跨度来看，我们以为可以指 19 世纪和 20 世纪。在这两百年中，特别是 1840 年鸦片战争以来，中国社会经历了急剧的变革，各种新事物、新概念层出不穷。社会生活和人们的思想发生深刻而巨大的变化，这些变化推动汉语词汇不断更新、发展，从而为现代汉语词汇的形成奠定了基础。其中，外来词语的引进起了显著的作用。

近现代汉语吸收和产生反映外来的新事物、新概念的词语有不同的方式。第一种是直接引进印欧词语，包括音译和意译，意译中仿译的方式比较常见，例如：沙发（safa）、苏打（soda）、绷带（bandage）、下意识（subconscious）、阶级斗争（klassenkampf）。第二种是自创新词，例如"面包"这种食品在中国本是没有的，但传入中国后大约在 19 世纪就产生了这个词，1822 年马礼逊编《华英字典》即已收入；这类词在翻译时还往往有意运用汉语中已有的词作为构词要素，而且一直沿用下来，如 20 世纪 50 年代创造了"运筹学"一词，用来与英语的 operational research 相对应。第三种是从日语借入，这类词大部分以日语原词的形式出现在汉语里，而且往往至今还有旺盛的生命力，但实际上这些词有的并不产生于日本。19 世纪—20 世纪初中国出版了许多英华、华英词典，这些词典和其他各种中文著作孕育了一批近代新词，这些词语随着英华、华英词典和各类西学著述被引进到日本，并在使用中得到补充和完善，又经过英和词典的过滤，然后传回中国，成为汉语中的通用词语。研究这些词语的源流演变，对于了解中、日、欧之间的语言接触是很有意义的。

近现代新词的溯源工作，因为时间较近，保留了较多的文献和实物，而且对于老一辈人来说往往还有实际感受，所以理应较易着手。但是长时期以来，这项工作一直受到忽视。上世纪 50 年代，由于汉语规范化工作和制定拼音方案的需要，对借词和新词等问题进行了一些讨论。1958 年，高名凯和刘正埮两位先生合著《现代汉语外来词研究》出版（北京：文字沿革出版社）。同一年，王立达发表论文，对汉语中来自日语的词汇进行分析，并附源于日语的各种类型借词的表格。改革开放后，高名凯、刘正埮、麦永乾、史有为合编《汉语外来词词典》出版（上海：上海辞书出版社，1984 年），这部词典收入许多古今汉语中来自外语和民族语言的借词，对大多数日语借词都举出了外语原型，在一部分例子下也提供了中文资料以证明这些词归根到底来自汉语，实际上是义译词。近 20 年出版的一些关于汉语外来词的专著和知识性读物也讨论到近现代新词的产生和流变问题。但总体来说，20 世纪 90 年代以前，尚无系统研究近现代汉语新词的专著。

对这一领域的探索，意大利汉学家马西尼博士（Federico Masini）作出了重要且具开创性的贡献。他的专著《现代汉语词汇的形成——十九世纪汉语外来词研究》于 1993 年出版 [1]。这本书的重点，是研究大量借词、译词、新词的引进与创造对于现代汉语词汇的影响。书中还附有一个包含500个左右词目的词表，每个条目都给出了英语对应词和一些相关资料，包括词源以及分类等等。该书得到香港中国语文学会和姚德怀先生的帮助和支持，由黄河清先生译成中文，1997年由汉语大词典出版社出版[2]。与此同时，国内学者如周振鹤先生和一些欧洲、日本学者及学术机构也已开始关注这个领域，并取得了一些有意义的成果。同是在1993年，香港中国语文学会创办了《词库建设通讯》，至2000年共出版22期。这为近现代新词的研究以及这些词语的词源探索提供了一个园地。在这些工作的基础上，黄河清先生在香港中国语文学会的资助下，逐步建立了一个"近现代汉语语源数据库"，并在2001年从该语料库选取了5000多条目，编成《近现代汉语新词词源词典》，由汉语大词典出版社出版。这虽只是一种尝试，但书出版后得到了各界的好评，并在2002年重印，这对于作者和出版社来说都是极大的鼓舞。

语料库的建设和资料累积的工作在书出版后仍在继续。实际情况已经证明，对近现代新词的研究，在汉语词汇史、西学东渐史、中日欧文化交流史和中国科技史等领域，都是极有意义的。要使这方面的研究与探索的成果为广大读者了解和接受，除撰写论文外，最有效的方式还是编纂词典等工具书。经过与上海辞书出版社的协商，黄、姚两位先生于2007年开始从事《近现代辞源》的编写工作，这本由黄河清编著、姚德怀审定的词典已于 2010 年 6 月出版问世。

　　《近现代辞源》并不是《近现代汉语新词词源词典》的续编，而是一本新编的工具书。从收词量来说，全书共收 9500 多条目，立目和例证均来自作者自建的语料库（该语料库收词至今已达 76000 多条）。从收词范围来看，《辞源》与《词源词典》有所不同：后者收两类词，即现在仍在使用的现代汉语词语和现在已经不用但过去曾出现过的词。前者则只收录现代词，历史上曾经使用过的词语不作专条收录，只在相关词条里提及。这样做的原因是历史词数量庞大，如"手电筒"一词，曾经有过手电、电筒、电棒、蓄电筒、手电灯、电灯等名称，所指为同一事物；又如"黑猩猩"，这原是一日语词，大约于 20 世纪初传入中国，此前用过"青朋子"、"伸般西"、"秦盘吉"等音译词，均来自英语 chimpanzee。《辞源》收录"手电筒"、"黑猩猩"，各种异称在释义中适当提及，不再立目。对于一部中型词典来说，这样做可以避免烦琐，节省篇幅，更加切合读者的实际需要。

　　《辞源》对于近现代新词词源信息的提供，希望达到理想的境界。但由于要面对的词语成千上万，情况极其复杂，加上材料和能够吸收利用的学术成果有限，词典体例本身也有一定局限性，无法像专题论文一般详尽无遗，而只能主要通过书证来体现。作者尽可能引用早期例证，甚至是始见例证，并标明具体年份。当今出版的汉语词典（包括规范性词典和学习型词典）往往都有词目、注音、释义和例证，但对于词源词典来说，书证最为重要。先要知道某个词语有没有合适的书证，然后再来确定这个词语能否立目。如找不到书证，也就意味着没有词源信息，这样的条目即使收列，也与词源词典的性质不符，因此不能收录。所以，书证实为词源词典的核心。依靠语料库，《辞源》从总体来说在这方面比较成功。例如：汉语中有关社会主义的词语与日语有紧密联系；马克思主义传入中国不单是始自"十月革命一声炮响"，具体落实到语言词汇上，日语倒是其理论基础的一个重要来源；就拿"共产党、共产主义"的概念为例，日文先是在1870年加藤弘之的《真政大意》里出现音译词，后经过"共同党（1878）、贫富平均党（1879）、通有党（1879）、共产论（1881）"等译法后，在1881年植木枝盛的文章（《爱国新志》34号）里出现"共产党"一词，随后在1882年城多虎雄"论欧洲社会党"（《朝野新闻》）里同时出现"共产党、共产主义"等字样。而在《共产党宣言》传入中国之前，已有众多的社会主义文献由日语翻译成汉语。《辞源》中"共产党"条下引1903年侯世绾译《社会主义》第九章："古代之基督教对于众人皆有同胞兄弟之情，其能感发人心，实由此也。而其信士所奉行者，恰如今日之共产党共有财产。"此例所引之书，当可列入最早出现"共产党"字样的汉语文献。

书名"近现代辞源"所指称的"近现代"，是指近现代历史时期，与语言学家所说的"近代汉语"、"现代汉语"这种语言史的概念有所不同。《辞源》收录的词语主要是19世纪初至20世纪中期的汉语受外来文化特别是西方文化影响而产生的词语和少量的本族新词。由于溯源的需要，也酌情收录一些明末清初出现的词语（多见于入华传教士的著述）。至于"受外来文化特别是西方文化影响而产生的词语"，实际上大部分就是外来词。然而对什么是外来词，历来有不同的观点。为了避免这些理论上和名称上的纠缠，词典选用了"新词"这个名称，实际上包括了音译词和意译词。

《近现代辞源》全书共 150 多万字，词目按音序排列，后附《主要引用文献目录》《西学东渐大事记》和"词目笔画索引"，是一部内容丰富、资料翔实、查检便利的优秀工具书，也是研究近现代语言接触的重要参考资料。但翻阅全书，感到所收词语一部分例证还存在时代偏晚的现象，如"签到"引的是 1935 年期刊例证，"签收"引的是 1947 年例证，"前方"首引 1936 年毛泽东著作的例证，"农药"和"农历"引的都是 1958 年出版的《新知识词典》的例证，出现这种情况，主要还是由于语料库中资料尚不够丰富和全面所致。近现代产生的新词散见于各类文献，这些文献包括汉译《圣经》、外语课本和词汇集、会话集，早期出版的各种外汉、汉外词典，当时出版的报刊、游记、出使记、条约集、教科书和文学作品等等，数量庞大。黄河清先生为编写《近现代汉语新词词源词典》《近现代辞源》而自建语料库，并且不断予以充实，使之逐渐完善，至今已 18 年。但与浩如烟海的相关文献比较，该语料库仍嫌单薄。笔者希望把建立近现代汉语新词语料库的任务纳入国家社科规划，作为一个重大项目，经过充分讨论和论证，及时启动，在 5 年左右的时间建成，并以适当方式，方便全国甚至全球研究者使用。为此，还应该系统调查清代至民国初年的西学著译情况，编制一部比较完善的书目，并且著录版本和收藏信息，为工具书的编写提供资料保证。总之，相比较而言，我们的辞书编纂从理论到编写手段和工艺，较世界先进水平还有不小的差距；当今世界各国各类辞书包括词源词典的编写，对现代信息科学技术的依存度是很高的，我们也应该向这个方向努力。

近年来，还有一批国内外从事史学研究的学者，从"概念史"角度对近现代产生的汉语新词进行研究，他们的工作属于语言学和史学、社会学、哲学的交叉领域。其中不少学者如冯天瑜、金观涛、刘青峰、黄兴涛、孙江、方维规、沈松侨、章清等先生的著述颇有参考价值，对于这类研究成果，词源词典编写者也应注意吸收和借鉴。

目前黄河清先生正在从事收词 5 万条以上的大型近现代汉语新词词源词典的编写，争取在 2014 年之前完成。预祝他在这个领域不断探索，不断前进，取得更大的成果，并且促进近现代汉语新词的研究，使之提升到一个新的高度。

注释

[1] 原著书名：*The Formation of Modern Chinese Lexicon and Its Evolution Toward a National Language: The Period from 1840-1898*, Journal of Chinese Linguistics，Monograph Series Number 6，1993.

[2]　中译本对原著书名略作变动，由黄河清翻译。这个译本经原著作者马西尼博士修订。

（原刊于上海市辞书学会秘书处编《辞书论集》（二），

上海：上海辞书出版社，2012 年）

张永言《语文学论集》读后

张永言先生的论文选集《语文学论集》已由语文出版社出版。笔者通读了全书，深感这是一本将我国传统语文学和现代语言学结合得较好的学术著作，值得语文学工作者参考。

著者在《后记》中说，研究汉语史特别是汉语词汇史，所向往的目标是继承传统的雅诂之学，而在视野和材料上又能有所拓展和延伸。在以前出版的两本专著《词汇学简论》（1982）和《训话学简论》（1985）里，张先生既继承了我国传统语言学的丰富遗产，又突破前人局限，扩大研究范围，以大量方言、民族语言与外国语的材料和汉语古文献相印证，解决了不少旧时学者未能解决的训诂问题，受到国内外学者的重视和好评。这本《论集》所收的二十篇论文，既有通论性的，如《汉语词汇》、《汉语外来词杂谈》、《关于词的"内部形式"》；也有专论性的，如《上古汉语有送气流音声母说》、《上古汉语的"五色之名"》、《郦道元语言论拾零》、《〈水经注〉中语音史料点滴》；还有一组论文对一些古汉语词语进行了精辟的考释，如《两晋南北朝"书""信"用例考辨〉、《词语杂记》、《李贺诗词义琐记》、《读〈敦煌变文字义通释〉识小》。在过去研究一直比较薄弱的汉语语源学方面，收入本书的《语源小札》、《"沐猴"解》、《说"淘"》《"浑脱"语源补证》诸篇都具有资料丰富、分析细致的特点，体现了作者的深厚功力。此外，还有几篇内容充实的书评：《古典诗歌"语辞"研究的一些问题——评张相著〈诗词曲语辞汇释〉》、《论郝懿行的〈尔雅义疏〉》、《读王力主编〈古代汉语〉札记》以及《〈说文通训定声〉简介》。通观全书，著者治学的一贯精神是注意事实，充分占有材料，掌握前人和中外学者的研究成果，所以结论公允，说服力强。

这本《论集》涉及汉语史的许多问题，限于篇幅，不可能逐篇介绍。下面只能选取若干篇，举出一些例证，对著者的学术成果稍作述评。

《尔雅义疏》是所有《尔雅》注本中最详瞻的重要著作，历来为学者所重视。张先生在《论郝懿行的〈尔雅义疏〉》一文里，对《义疏》作了较详尽的分析，指出在郝氏所标举的以声音贯串训诂和据目验考释名物这两大目标中，由于郝氏具有实事求是的科学批判精神，对考释草木虫鱼鸟兽做得很出色，胜过以往各家的注释；但在以声音贯串训诂方面，虽然郝氏作了很大努力，但因为他对声韵学特别是古音学过于生疏，处理问题又不够审慎，所以失误甚多，没有达到预定的目标。对《义疏》其他诸方面的得失，文中也有中肯的论述。因此，这篇文章是我们研读《尔雅义疏》时重要的参考材料。直到最近，有些论文和专著对《义疏》的评价仍然偏高，如说"郝书实能兼取众长，蔚为闳篇。尤以'因声求义'、'音近义通'之法以治《尔雅》，其绩实迈古人，训诂之道大备"[1]，这种说法似欠允当。

上古汉语某些鼻音和边音声母字（m-，n-，ȵ.-，ŋ-，l-）跟清喉擦音声母（晓母）字 h-（x-）通谐的问题，汉语音韵学一向未能解决。其中最突出的 m- ～ h- 的现象早就引起了注意和讨论。高本汉把一些跟 m- 相谐的 h- 母字的声母构拟为"擦音＋流音"式的复辅音 xm-。李方桂先生假定为 mx 或 m̥ -。董同龢先生受李方桂所调查的贵州苗语里有 m̥ - 声母的启发，否定了高本汉的构拟，在上古汉语的声母体系中正式设定了一个 m̥ -。但正如林焘先生在 1949 年所指出[2]，如果只给上古音拟出一个清唇鼻音单 m̥ -，可是并没有 ȵ-!-ṉ.-- 这一类音跟它相配，这不合乎一般语言的语音系统的规律性，似乎过于特殊。张先生在 1956 年写成《上古汉语有送气流音声母说》，不仅从谐声关系、古书异文和古字通假上找到不少例证，而且运用 1955 年《苗语方言调查报告》的材料与汉语相印证，说明上古汉语的送气流音声母不仅有 mh，而且有 nh 等等与它相配，形成一个完整的系统，从而圆满解释了 m- n- 等跟 h- 通转的现象。可惜的是，本篇全文到 80 年代才正式发表（刊于《音韵学研究》第 1 辑，中华书局 1984 年出版）。

对汉语词族（word families）的研究，过去有些中外学者曾经做过，但或者由于对有关上古汉语同义词的文献掌握不充分，甚至存在不少误解，或者由于对汉语以外的亲属语言所知太少，无法进行比较研究，所以其成果都显得有较大的局限性，不大能令人信服。张先生的长文《上古汉语的"五色之名"》选取了上古汉语表示色彩概念即黑、白、赤、黄、青五色的词，还广泛搜罗见于文献的可能与色彩有关的各种名物词（如动物、植物、矿物等），一一进行分析，并与汉藏语系诸语言和南亚语系的语言进行比较，或可以视为当今汉语词族研究的代表作。[3]除了色彩，对其他词的义类（semantic groups）也应该进行这样的整理，以此作为进行上古汉语同义词的各种研究的张本．所以，张先生的这篇文章是具有示范作用的。

所谓词的"内部形式"，是指用作命名根据的事物的特征在词里的表现，也就是词的理据或词的词源结构。词的"内部形式"问题要研究的是词的语音形式和意义内容的关系问题，或者说用词表示概念的方式问题，目的在于阐明事物的"得名之由"，帮助我们认识语言里词与词之间的联系以及词义演变和词汇发展的一些规律。[4]张先生多年来对此十分注意，他在《关于词的"内部形式"》一文里，阐述了研究词的内部形式的理论、意义和方法，并且通过同族词或同根词的比勘和亲属语言中同源词的参证，考索了古汉语中一些词语的内部形式，如指出"铜"的内部形式为"红色"，"皅"的内部形式为"白色"，"望洋"的内部形式（语源义）是迷迷糊糊或模糊不清的样子，"飞廉"（风伯，"风"的前上古音 *plum。是"飞""廉"二字的合音）的内部形式是"（疾）风"，等等。可以说，这篇文章提出了结合新的语言学方法发扬传统训诂学的一个重要课题，也是作者结合汉语实际，尝试从事有中国特色的词汇学研究的一个例证。

在词语考释方面，收入《论集》的各篇胜义纷陈，不可能一一介绍，只能举两个例子说明。

"信"的"书信"义究竟起于何时，语言学界曾进行过讨论。张先生在《关于两晋南北朝的"书"和"信"》一文中，通过细致的辨析，指出六朝时"信"的主要意义为"使人，送信人"，"家信"指家中的信使或家里的信息，"书信"则指传书的信使，此说确定不移。[5] 可能作"书信"讲的"信"，张文找到一例，即梁元帝萧绎《玄览赋》中的"报荡子之长信，送仙人之短书"。在结集时新增的"补记"里，又引后秦佛陀耶舍共竺佛念译《佛说长阿含经》卷十三第三分"持此信授彼，持彼信授此"，说明汉译佛典可证东晋时"信"已有"书信"义，但这种用法还很少见。这样，这个有争议的问题就基本上解决了。

北京图书馆藏敦煌写本"成字96号"《目连救母变文》背面，有一件向来受到学者们注意的文书，上写法律德荣唱"紫罗鞋两"，僧政愿清唱"绯绵绫被"等等字样，曾被认为是唐代僧人"唱曲""演唱"所得布施与分配的账目。从20世纪30年代到80年代，好几位国内外不同学术领域的专家都沿袭了这个错误，把这件敦煌资料看作一篇"唱曲账"。其实，早在1950年，美籍学者杨联陞先生就已指出 [6]，这个唱字并非一般"歌唱"的"唱"，而是佛寺特殊用语"估唱""唱衣"的唱，意为"唱卖"或"拍卖"。张先生于1975年发表专文（《论集》中作

为《词语杂记》一文的第二条），在国内第一次对这个问题作了考辨，不仅纠正了以往几十年的错误，而且在敦煌写卷中找出好几条关于唱衣的史料，并对照原件，将过去诸家误读的"僧|政愿|清唱"改读为"僧政|愿清|唱"。文章发表后受到好评。

在汉语词源学的研究方面，收入《论集》的各篇特别注意通过参较亲属语言和邻近语言的材料，考订词的确切意义，追溯汉语古籍中包含的若干非汉语成分，从而使历来的疑难涣然冰释[7]。如范成大《秋雷叹》诗题下自注有"孛辘"一词，义为"雷"，此词可与古词"焚轮"参较。孙炎注《尔雅·释天》"焚轮谓之颓"训为"回风"，闻一多先生则谓"焚轮"盖即"丰隆"之转，颓应指雷。张先生比照《尔雅·释器》"不律谓之笔"的辞例，参考藏语'brug（兼有"旋风"和"雷"二义），并指出藏语中也有'br- > ḍ- 式音转，从而说明汉儒旧诂和闻氏新解不但并行不悖，而且可以互相补充。又如古汉语的"沐猴"一词，四十多年前闻宥先生曾提及"沐"相当于缅文语 mjōk，但未加申论，张先生对此进行了探考，指出"沐猴"是一个由非汉语语素加汉语语素构成的合璧词，语素"沐"为藏缅语成分 m（j）uk- 猿/猴的记音字，实为不易之论。属印欧语系的吐火罗语文献也有这个借词（吐火罗语 A mkow，吐火罗语 B moko-）[8]，当来自藏缅语。这个例子说明了我国古代各民族之间在语言上的相互交流和彼此借用。

张先生在进行词源研究时，除了从语言角度立论，还往意搜集古今各种文献的旁证材料，涉及名物、民俗、民族融合、各族文化交流等各个方面。如"浑脱"一词的语源，长时期来中外学者都一直以为它是从北方民族语言吸收的外来词。[9]直到1981年，美国蒙古学家塞瑞斯（Henry Serruys）才指出"浑脱"的语源义为"完整地剥脱（动物的皮）"，是一个纯粹的汉语词。[10]但塞氏在论证"浑"和"浑脱"的词义时，仅据旧《辞海》释"浑"为"全"，旧《辞源》释"浑脱"为"囫囵"以立说，论据比较单薄。张先生在《"浑脱"语源补证》一文里，引用大量资料，说明"浑"的意义为"完整，整个儿"，"浑脱"的内部形式是"整个儿地剥脱"，所以这是一个理据明白的纯粹的汉语词而不是译音的外来词。陈寅恪先生曾经说过："依照今日训诂学之标准，凡解释一字即是作一部文化史。"[11]《论集》对汉语词语特别是其语源的考释也体现了这一精神。

还应指出，《论集》虽是著者过去已发表的文章的选集，但在收入本书时都作了校订，并在附注里增补了新的文献，吸取了新的研究成果。有几篇除对内容进行修订外，又加上"补记"。如上举《词语杂记》"唱"字条涉及敦煌佛教社团中的僧政（正），"法律"，请读者参看张广达、荣新江两先生的近作《有关西州回鹘的一篇敦煌汉文文献》（《北京大学学报》1989年第2期）；《"轻吕"和"乌育"》一文谈及"径路"（"轻吕"）语源，请读者参看高去寻先生1960年用英文发表的专文（《中亚杂志》第5卷第3期）；《汉语外来词杂谈》"兰阇"条补充介绍法籍学者吴其昱先生1976年用法文发表的专文（载《纪念普实克教授中国历史和文学论集》）的主要内容，等等，各篇所附的注释尤多精审，对正文中涉及的一些细节问题也不放过，如指出西汉杨雄之姓当从木，不从扌（第45页，引用从清代到当今国内外的有关文献达五种）；三国吴陆机之名当作"机"，作"玑"者非（第45页）；参考各家之说，定郦道元生年为470年左右（第148页，第151页）。这种谨严的学风和研究问题的彻底性，也是语文工作者应该取法的。

在阅读《论集》过程中，笔者对某些枝节问题稍有疑问，顺便提出来就正于张先生。

《汉语词汇》一文在谈到宋元时代渗入汉语的蒙古语外来词时，曾举"好歹"的"歹（殆）"字为例。多年前李思纯先生主张"歹"是蒙古语[12]，近年张清常先生在《漫谈汉语中的蒙语借词》（《中国语文》1978年第3期）文中仍认为"歹"在蒙古语本是"不好"之意，作为汉语词就表示阴险狠毒，为非作恶。主张蒙语说者都根据南宋彭大雅、徐霆《黑鞑事略》所云：鞑人"言及饥寒艰苦者谓之殆"，原注："殆者，不好之谓。"但正如方龄贵先生所指出[13]，汉文著录和字书中都以"歹"字训蒙语"卯兀"（ma'u，亦作"卯温""卯危""毛温"等，即"不好"）；如果"歹"是蒙古语，则何以用蒙语训蒙语，殊不可解。所以这种说法的根据不够充分。

与传统字书注为"五割切"或"牙葛切"，释义为"残骨也"的"歹"有所不同的"歹"字在《敦煌变文集》里出现过两次[14]，即《维摩诘经讲经文》的"且希居士好调和，不得因循搅病歹"和《父母恩重经讲经文》的"若是长行五逆歹人，这身万计应难觅"。龙晦先生曾据此推测[15]，唐代的"歺"字在民间已从原来的"五割切，残骨也"分化出来，转为"多乃切"，或读如"多"，其意也与今天不殊。日本学者太田辰夫教授在《关于汉儿言语——试论白话发展史》一文里引《黑鞑事略》和文天祥《指南录》卷三及郑思肖《心史》中的"歺"（"觩"）字，认为此字到宋末仍须反复说明，所以在宋代是不普遍使用的"汉儿言语"（所谓"汉儿"、是北朝以降北方中国的汉人或汉化了的北方民族之称）。到了元代，"歺"字就极普遍地使用了[16]。国此，"歺"的来源须另考，似乎不宜把它看作是汉语中的外来词。

《汉语外来词杂谈》"罛罟"（"罟罟"）条引白鸟库吉和伯希和之说，谓此词当是 külkül 的译音（《论集》第 241–242 页）。按"罟罟"是有地位、有身份的蒙古妇女戴的一种头饰，蒙古语作 boghtaq（孛黑塔）[17]，至于汉语"罟罟"一词的词源，它是蒙古语中哪个词的对音，与《蒙古秘史》中的"客古里"（§56，旁译作"鬓挲"，意为前额发，脑鬓、顶毛等）以及《高丽史》卷二八"怯仇儿"（keqör ~ geköl）是什么关系，现在还不大清楚，国内外都没有定论。

[补记] 这篇书评写完后，得读郑炳林、梁志胜两先生最近发表的《〈梁幸德邈真赞〉与梁愿清〈莫高窟功德记〉》（《敦煌研究》1992 年第 2 期）。根据此文的研究，北图"成字 96 号"（8444）写本背面的"僧政愿清"与敦煌遗书中屡见的"愿清"

确是同一人。愿清是曹氏归义军时期敦煌名僧，其僧职历法律、僧政至都僧政、都僧统。有兴趣的读者可以参阅这篇文章，特别是第 67—69 页。

编补：

1. 张永言先生的《语文学论集》第二版（增补本）于 1999 年出版（北京：语文出版社）。

2. 文中提及的吴其昱先生于 2011 年逝世（1915.9.18—2011.1.4）。关于其生平和学术成就，请参阅谢和耐（J. Gernet）先生的纪念文章，载 *Journal Asiatique* 299. 1 （2011）：1-4.

3. 唐代和唐以后语言中，"信"还有"礼物"一义，艾俊川先生有详细考证，见其《释"王信金钱"》，收入《文中象外》，杭州：浙江大学出版社，2012 年，第 194—202 页。

注释

[1] 钱剑夫《中国古代字典辞典概论》，北京：商务印书馆，1986年版，第143页。

[2] 林焘《〈上古音韵表稿〉书评》，《燕京学报》，第36期，第314–315页。

[3] 参阅冯蒸《论汉语和藏语进行比较研究的原则和方法—西门华德〈藏汉语比较词汇集〉评析》，《词典研究丛刊》10，成

都：四川辞书出版社，1989 年版，第 190–191 页。

[4]　张永言《词汇学简论》，武汉：华中工学院出版社，1982 年版，第 27 页。

[5]　参阅江蓝生《魏晋南北朝小说词语汇释》，北京：语文出版社，1988年版，第232–233页。

[6]　Lien-sheng Yang, Buddhist Monasteries and Four Money-raising Institutions in Chinese History, *Harvard Journal of Asiatic Studies*, Vol.13, Nos. 1-2, 1950.中译文题为《佛教寺院与国史上四种筹措金钱的制度》，收入《国史探微》，台北：经联出版事业公司，1983年版，第281–284页。

[7]　参阅马学良主编《汉藏语概论》（上），北京：北京大学出版社，1991年版，第40–41页。

[8]　Václav Blaźek, The Sino-Tibetan Etymology of Tocharian A mkow-, B moko- "Monkey", *Archiv Orientální*, Vol. 52, No.4, 1984.

[9]　如羽田亨《舞乐之浑脱》，中译文载杨炼译《古物研究》，上海：商务印书馆，1936 年版。

[10]　H. Serruys, Hun- t'o：Tulum, Floats and Containers in Mongolian and Central Asia, *Bulletin of the School of Oriental and African Studies*, Vol. 44, pt.1, 1981.

[11]　转引自沈兼士《"鬼"字原始意义之试探》，载《沈兼士学术论文集》，北京：中华书局，1986 年版，第 202 页。

[12]　李思纯《元史学》，上海：中华书局，1926 年版，第 136 页。

[13]　方龄贵《阿禧公主诗中夷语非蒙古语说》,《思想战线》,1980 年第 4 期, 第 58—59 页; 又《元明戏曲中的蒙古语》, 上海: 汉语大词典出版社, 1991 年版, 第 249 页。

[14]　王重民等编《敦煌变文集》(下集), 北京: 人民文学出版社, 1957 年版, 第 558 页, 第 693 页。

[15]　龙晦《唐五代西北方音与敦煌文献研究》,《西南师范学院学报》, 1983 年第 3 期。此文收入任半塘编《敦煌歌辞总编》附录, 上海: 上海古籍出版社, 1987 年版, 第 1829—1832 页。

[16]　太田辰夫《汉语史通考》, 江蓝生、白维国译, 重庆: 重庆出版社, 1991 年版, 第 201 页。

[17]　额尔登泰、乌云达赉、阿萨拉图《〈蒙古秘史〉词汇选释》, 呼和浩特: 内蒙古人民出版社, 1980 年版, 第 151 页; S.Cammann, Mongol costume-historical and recent, in D. Sinor （ed.） *Aspects of Altaic civilization*, Bloomington, Indiana, 1963, 161-162; L.V. Clark, The Turkic and Mongol Words in William of Rubruck's Journey, *Journal of the American Oriental Society*, Vol.93, No.2, 1973, 183-184.

（原刊于《中国语文》1993 年第 1 期）

关于"身毒"、"天竺"、"印度"等词的词源

《词库建设通讯》总第 8 期《"汉语外来概念词词库"词条选刊》，在检索词 Sindhu 条下的"讨论"中引已故岑麒祥先生的话说：

> "身毒"、"信度"、"贤豆"、"痕都"、"天竺"、"天笃"、"天毒"、"捐毒"和"印度"等都是指的同一地区或国家，可是"身毒"和"信度"来源于梵语的 Sindhu，"贤豆"和"痕都"源出于古波斯语的 Hendhu，"天竺"、"天督"、"天笃"和"天毒"来自古波斯土语的 Thendhu，而"捐毒"和"印度"却与拉丁语的 Indus 有关。（《汉语外来语词典·序言》）

按，这段话问题颇多，未可信据。

中国古代称印度之名，并非直接源于梵语 Sindhu。Sindhu

一词，本义为河流，后又专指今之印度河。公元前 6 世纪，操伊朗语的波斯人从西北方入印度，首遇此河，便以河名命名其地。由于梵语与伊朗语语音中存在 s-h 相交替的现象，而古代伊朗语中没有 dh 一类的送气浊辅音，所以 Sindhu 一词在伊朗语中被读为 hindu。后来 hindu 一名因 h 弱化而成为 Indu (Indus)。我国汉文史籍称印度的译名虽然很多，但在五代以前，主要有三种写法，即身毒、天竺和印度。"身毒"见于《史记·大宛列传》及《西南夷列传》，并非直接来自 Sindhu，而是以伊朗语为中介的。此名系公元前 2 世纪张骞在大夏 (Bactria) 时听说的印度名称，所以它的来源只可能是古代伊朗语的 hinduka。"身"字在古汉语中是颚音送气音，不是齿音送气音，汉代发音近似 *hēn 或 hīn。至于"天竺"，需要略加说明：早在 1954 年，包拟古 (N. C. Bodman) 在研究《释名》的专著中就已指出"天 > 显 hen"的现象，所以其汉代读音有 hen 和 t'an 两读。《释名·释天》："天，豫、司、兖、冀以舌腹（指舌面音 x）言之。天，显也，在上高显也。清、徐以舌头（指舌尖中音 t）言之。天，坦也，坦然高而远也。"当"天"读作 hen 时，"天竺"可以构拟为 *hen-tūk，也正好与古代伊朗语 hinduka 对应。今天通行的"印度"一名，是由玄奘率先使用的。它绝不是像岑先生所说的那样与拉丁语有关，而可能是玄奘入印前在突厥汗国里听到的，来源于当时役属于突厥的龟兹国人的语言。考龟兹语即吐火罗语 B 有 yentukeṃne 一名，其中 kem 的意思是"土地、国土"，ne 是龟兹语单数依格的标志，《大慈恩寺三藏法师传》卷二和《宋高僧

109

传》卷三译作"印特加",可能是"印度"一名之所本。正是根据这些理由,我在审定《汉语大词典》第二卷"天竺"条时指明其语源为古代伊朗语。

又据印度学者 B.N. Mukherjee 研究,直到约公元 125 年时,"身毒"和"天竺"仅指印度河下游地区;至公元 3 世纪中叶,已指南亚次大陆北方的大部分地区;至公元 7 世纪上半期,更用以通称整个或绝大部分的次大陆(参看 Mukherjee, Chinese Ideas about the Geographical Connotation of the Name Shen-tu, *East and West*,38,1988,297-303)。

对印度的古代译名,数十年来不断有中外学者进行探索,现将主要文献开列于下,以便参考:

1. 吴其昌:《印度释名》,《燕京学报》第 4 期,1928 年。

2. P. C. Bagchi(师觉月),Ancient Names of India, *Monumenta Serica*(《华裔学志》),13,1948.

3. E. G. Pulleyblank(蒲立本),The Consonantal System of Old Chinese, *Asia Major*,New Series,9,1962,117.

4. ——————,Stages in the Transcription of Indian Words in Chinese from Han to T'ang. *Sprachen des Buddhismus in Zentralasien*,herausgegeben von Klaus Röhrborn und Wolfgang Veenker, Wiesbaden,1983,76-77.

5. 季羡林等:《大唐西域记校注》,北京:中华书局,1985 年,第 162–163 页。

6. 钱文忠:《印度的古代汉语译名及其来源》,《中国文化》

110

第 4 期，1992 年。

7．徐文堪：《汉语外来词的词源考证和词典编纂》，*Sino-Platonic Papers*，36，1993，1-13。

8．徐时仪：《印度的译名管窥》，《华林》第 3 卷，北京：中华书局，2004 年。

（原刊于《词库建设通讯》第 10 期，1996 年）

关于越南语的系属

　　5 月 26 日的《上海书评》刊登了罗新先生的新作《当人们都写汉语时》，从语言深度接触的角度讨论了有关中国和东亚族群历史的若干问题，读后颇受启发。不过文中提及越南语的系属，罗先生认为是南亚语和侗台语的过渡类型，这与当今世界语言学界的主流观点不符，所以笔者想在这里略作说明。

　　关于越南语的谱系分类，过去曾经存在许多争论。由于越南语与汉语和侗台语都有密切联系，有学者主张越南的主体民族京族所说的语言属汉藏语系壮侗语族。但经过近数十年的研究，基本可以肯定越南语（京语）属南亚语系越芒语族越语支。我国有些出版物上至今仍称越南语系属不明，这也是一种滞后的说法。

　　上古时期的越南语很可能具有与南亚语系其他语言相同的特征，如拥有丰富的复辅音、没有声调等，但由于越南语地处东南亚"语言联盟"之中，受到周边语言的影响，特别是汉语的强烈影响，在形态上变成了一种有声调的孤立语。罗先生文中举出的一些越南语的例证，正说明了这一点。

20 世纪初以前，越南社会各阶层都使用汉文。一些重要的越南史籍，都是用汉文编写的。现存最早的有喃字的碑刻是 1209 年刻制的。所谓"喃字"（"字喃"），就是利用现成汉字或汉字的部件组成新的本族汉字，作为借用汉语汉字的补充。有几个短暂时期，越南以喃字为正式文字，跟汉语汉字并行，多数时期喃字用于民间，不作为正式文字。

越南语现今使用的书写系统称为"国语字"，采用拉丁字母。这种拼音文字是以法国传教士罗德（Alexandre de Rhodes，1591—1660）设计的方案为基础创制的。1884 年，越南成为法国的"保护国"，法国开始在越南南方推行拉丁化拼音文字，后来传播到越南全国。1945 年越南独立后，这种文字成为法定文字，不再使用汉字。

越南语与汉语系属不同，但在其发展过程中受到汉语的极大影响，尤其是在词汇方面，据统计，越南语中的汉语借词高达百分之六十以上。这种借词还具有多个层次，如唐代前后借入的"汉越语"这一层次，与汉语的切韵音就存在整齐的对应，对于中古汉语语音的研究具有重要的价值。关于汉越语和汉字在越南语中的地位及作用，可以参看范宏贵（1934— ）教授等著《越南语言文化探究》（北京：民族出版社，2008 年）。

我国分布在广西的少数民族之一京族也使用越南语。最近读到中国社会科学院民族学与人类学研究所负责少数民族语言研究的黄行先生的论文《语言多样性——中国少数民族语言面面观》（载香港《语文建设通讯》第 103 期，2013 年 5 月），其中有这样一段话："中国的南亚语系语言主要属孟高棉语族佤—德昂语支，近年来调查了若干种越芒语族巴琉语支的语言……越语支语言只有京语（越南语）。"可见把京语即越南语归入南亚语系，也已经成为我国语言学界的共识。

（原刊于《东方早报·上海书评》2013 年 6 月 2 日）

人类起源问题上的中国声音

在中国，人类学研究包括比较传统的体质人类学、考古人类学、语言人类学和新兴的分子人类学等等，总体上还说不上是显学，关注者寥寥。去年暑假期间在昆明召开的国际人类学与民族学联合会第十六届世界大会，好像也没有引起媒体的热议。但是去年春到今年初不足一年时间里，却有两项中国学者为主要参与者的成果被《自然》杂志作为封面文章登载，这自然是令人高兴的事。

2009 年 3 月 12 日，《自然》杂志刊登了南京师范大学沈冠军教授和中国科学院古脊椎动物与古人类研究所高星博士等人撰写的论文，并把该文冠以《更寒冷时代的北京人》之标题，作为封面故事在显著地位向读者推荐。论文作者历时五年，利用铝铍同位素质谱测量法，对周口店遗址出土的石器和石英砂样本进行研究，证明北京人的生存年代最早可以上溯到七十七万年前，而不是在这之前普遍认为的五十万年前。

2010 年 2 月 11 日，《自然》杂志又以同样规格刊登了丹麦哥本哈根大学艾斯克·威勒斯勒夫（Eske Willerslev）教授和中国深圳华大基因研究院王俊、李英睿、郭小森等多人署名的论文《一位灭绝的古爱斯基摩人的古人类基因组序列》（参加这项工作的除中、丹两国外，还有美、英、法、德、俄、澳大利亚和爱沙尼亚等国的学者）。此文对丹麦的一个考古队在格陵兰岛一处永冻层属萨卡克文化（Saqqaq Culture）的遗址（距今约四千年）发现的古人类头发中提取的 DNA 进行全基因组测序，得出的结论是古萨卡克人在亲缘关系上与西伯利亚东部的恩加纳桑人（Nganasans）、科里亚克人（Koryaks）和楚科奇（Chukchis）人相近，而与印第安人和因纽特人（即爱斯基摩人）关系较远，他们大约是在五千五百年前从西伯利亚穿过白令海峡迁徙到格陵兰的。虽然论文的标题沿用了人们比较熟悉的"古爱斯基摩"（Palaeo-Eskimo）这样的字样，但实际上古萨卡克人是与因纽特人不同的另一支由亚洲迁至美洲的黄种人。有关详情，还可以参阅张田勘先生发表在今年 3 月 18 日《南方周末》上的文章《美洲人起源问题新发现》。

沈冠军教授等对北京人年代的新测定目前还有些争议，而且多少会涉及现代人类的非洲单一起源说与多地区起源说之间的论战（笔者赞同非洲起源说），限于篇幅，这里不作讨论。笔者感兴趣的是中国学者通过对古萨卡克人基因组测序工作的积极参与（据称测序任务的百分之九十以上是由中方华大基因研究院完成的），在美洲原住民起源问题的研究上有了初步的"话语权"，这是具有重要学术意义的。

语言学家王士元先生曾把人类学（其中包括考古学和体质人类学）、遗传学和进化语言学（evolutionary linguistics）称为观察人类过去的三个窗口。厦门大学邓晓华教授和王先生合著的《中国的语言及方言的分类》（中华书局 2009 年版）一书，就是利用计算语言学手段及分子人类学和词源统计法等方法，试图对汉藏语系的语言和方言的发生学关系作出测定和分类。从今天的学术标准来看，对世界上任何人群起源的研究都离不开语言学的探索，包括现存语言和已经灭绝的语言。根据美国已故著名语言学家格林堡（J. Greenberg，1915—2001）的分类，美洲语言可以分为三大类，即美洲印第安人说的"美印语"（Amerind）、爱斯基摩人和阿留申群岛人所说的"爱斯基摩－阿留申语"以及加拿大和美国西北海岸印第安人所说的纳－得内（Na-Dene）语。

英年早逝的俄国天才语言学家谢尔盖·斯塔罗斯金（Sergei A. Starostin，1953—2005，也是汉学家，他在上世纪 80 年代与美国汉学家白一平 [William Baxter]、中国学者郑张尚芳不约而同地提出相似的汉语上古音构拟方案，在汉语音韵学研究史上是千载难逢的佳话）曾主张"汉－高加索语系"的概念，把汉藏语、北高加索语和叶尼塞语（古代匈奴人可能说与此有关的语言）包括在内，后来又把巴斯克语、布鲁沙斯基语、苏美尔语等系属不明的语言材料加进去，从而形成"得内－高加索语系"，为汉语和汉藏语具有更远古的语源关系提供了进一步的线索。笔者认为：上述古萨卡克人说什么语言也值得研究。美国西华盛顿大学的 Edward J. Vajda 教授等正在从事西伯利亚语言及其与美洲语言之间的联系的研究。这些语言学家都非常关注和重视分子人类学的有关新进展。而在我国，却几乎没有什么语言学家讨论这些大问题，跨学科研究的条件基本也不具备，这是与 21 世纪的学术前沿相脱离的，实在令人遗憾。

美洲人和亚洲人在起源上有联系，作为东亚人，我们当然更关心亚洲人群的起源问题。这方面的研究近年来也大有进展。去年 12 月 12 日出版的另一国际顶级科学杂志《科学》发表了复旦大学副校长、中科院－德国马普计算生物学伙伴研究所所长金力教授等来自中国、印度、日本、韩国、新加坡、泰国共十一个国家和地区的科研人员共同参与的"泛亚 SNP 计划"，历经四年取得的研究成果，颇引人注目。这项研究显示，现代亚洲人的祖先走出非洲后，都是先到印度，又从印度进入中南半岛，然后到达东亚大陆，再由南往北迁徙，到达阿尔泰地区和西伯利亚。如果用树状图来表示人群的遗传结构，最根部的地方是最古老的人类群体，越往枝梢处越年轻。谱系树的根部是亚洲小黑人群体，即尼格列陀人，再分出南岛人（或称马来－波利尼西亚人），再从中分出南亚人（或称孟－高棉人）；谱系的上面则是侗傣人、苗瑶人，再上面是汉藏人，最上面则是从中国北方到西伯利亚和中亚的阿尔泰语族群，因此，阿尔泰人群其实是"最年轻的"（参阅 2010 年 1 月 27 日《文汇报》的报道）。

这幅亚洲现代人起源和迁徙的图景里也包含了说形形色色语言的不同族群。即以南岛人（Austronesians）为例，他们的语言属南岛语系，其分布地区东至太平洋东部的复活节岛，西跨印度洋的马达加斯加，北到中国台湾，南到新西兰，包括中国台湾、菲律宾、马来西亚、印度尼西亚、密克罗尼西亚、波利尼西亚等地。如果再加上这一地区说不属南岛语系语言的人群，如巴布亚新几内亚的各个族群，则语言的数量当达两千种以上，彼此之间的关系也异常复杂。近年来对南岛语和相邻地区语言的研究有长足进展，澳大利亚、新西兰、日本、欧美各国和我国台湾的学者都作出了很大的贡献。其中的主流观点是把台湾视为南岛语的"原乡"，与此相应的则是南岛人迁徙和分布是"走出台湾"（Out of Taiwan）的过程的假设。是耶非耶，我们认为应该从学术角度作深入探讨。这种说法，与澳大利亚考古学家贝尔伍德（Peter Bellwood）和美国夏威夷大学语言学家白乐思（Robert Blust）的研究密不可分。贝尔伍德是"农作－语言扩散假说"（The farming-language dispersal hypothesis）的主要倡导者之一，认为史前农业的扩张与人的基因和语言相伴随，南岛语族的起源地应在中国大陆东南，台湾则是史前南岛语族居民往外迁徙的第一站，以后在此分化并继续扩张。白乐思以一人之力完成了关于南岛语系语言的综论性著作，厚达近九百页，已在去年正式出版。反观中国大陆，对南岛语的研究还没有很好地开展。也是在去年出版的吴安其先生的著作《南岛语分类研究》（商务印书馆 2009 年版）是一个好的开端，但该书在运用当代海外学者的新成果方面显得不足。中国大陆可能是南岛语、南亚语的"故乡"，中国语言学家应该在这方面奋起直追，并且以自己的研究收获回应和支持遗传学家、分子生物学家们的不懈努力。

在阿尔泰语系的问题上也存在长达近百年的争论。说阿尔泰语的各族主要分布在包括中国北方在内的中亚、北亚地区和欧洲部分地区，其人口如不把日本包括在内，当在一亿以上（如果像有的学者那样，把日语、韩语都划在内，自然更多）。斯塔罗斯金与他的同事们在 2003 年出版了三卷本英文巨著《阿尔泰语语源词典》，反响热烈，赞成者和反对者都有。值得注意的是，就在今年 3 月，美国著名物理学家、1969 年诺贝尔奖得主盖尔—曼（Murray Gell-Mann，1929— ）与两位俄裔科学家联名发表文章，认为阿尔泰语系的假设与印欧语系一样，是真实存在，可以接受的。但不知何故，中国学者在国际学界讨论这些问题时都集体失声，令人惋惜。

即使是在被认为关系到西方文明基础的印欧人起源和分布问题上，中国学者也不能认为与己无关。近年来从新疆（如著名的小河墓地）和西伯利亚等地出土的具有高加索人种即白种人特征的古尸与人骨，其所代表的古代居民当与吐火罗人、吐火罗语有某种渊源关系。虽然近世发现的吐火罗语文献年代相对较晚，但它本身是一种古老的印欧语，可能在印欧语系中只比最早分化出去的赫梯语晚一些。自上世纪 90 年代以来，复旦大学现代人类学研究所和吉林大学边疆考古中心的学者们从遗传学和分子生物学角度作了非常有益的工作，大大有助于以上问题的解决。正如有的学者所指出，正在进行的对"吐火罗问题"的新研究，是弄清楚印欧人"故乡"究竟在何处的关键所在。经过中美双方的共同努力，题为"丝绸之路的秘密"的新疆出土古尸和文物精品展览将于 2010 年 3 月 27 日至 2011 年 6 月 5 日在美国加州、得州和宾州的三个博物馆先后展出，相信也会促进这方面研究工作的进一步开展。

名满天下的美国语言学家和思想家乔姆斯基（Noam Chomsky，1928 — ）近年致力于生物语言学（biolinguistics）的研究，主要关注语言学和脑科学的整合问题，他将在今年 8 月首次访华并出席学术会议。身处 21 世纪的中国学者，应该有大智慧，通过跨学科的努力（语言学、人类学、民族学、考古学、遗传学、人口学、社会学、心理学、认知科学、生态科学、地球科学、计算机科学等学科的整合），对解决中华民族、亚洲各族以至全世界各族及其语言的起源与演化问题作出应有的贡献。

编补：

文中提及的王俊（三十六岁）已被《自然》杂志（2012 年 12 月 27 日）评为 2012 年度世界十大科学人物之一，排名第六。

（原刊于《东方早报·上海书评》2010 年 4 月 9 日）

寻找北京人化石的新线索

北京人化石在 1941 年失踪，是古人类学史上最巨大的原始材料损失。二战以后六十多年来，虽然不断有人进行搜寻，但至今全无结果。令人意想不到的是，最近发表在《南非科学杂志》（*South African Journal of Science*）第 108 卷 3—4 期合刊上的一篇文章，提供了关于化石下落的新线索。

文章刊出后，全球各大媒体都有报道。新华社记者于 3 月 25 日从开普敦发出电讯，称约翰内斯堡金山大学的李·伯杰博士，与中国科学院古脊椎动物与古人类研究所的两位学者合作，进行了一项调查。三位学者根据二战时期美国海军陆战队士兵理查德·鲍恩（Richard M. Bowen）的回忆，猜测北京人化石可能埋藏在中国秦皇岛的一个停车场下。电讯说，根据鲍恩口述，1947 年他在美军设在秦皇岛的"霍尔康姆营地"（Camp Holcomb）参加一场战斗，美军在挖掩体时，挖出了装在木箱里的北京人化石，当时士兵把木箱当成机枪垫，随后鲍恩被俘。战斗结束后，北京人化石可能又被埋回了原地。三位研究者为了证实鲍恩的回忆，前往秦皇岛进行实地考察，并找到了"霍尔康姆营地"，此处现已成为一个建在闹市区的停车场。因此，鲍恩可能是最后见到北京人化石的人之一；在各种各样关于北京人化石的回忆中，鲍恩的叙述可能是"最可信的"。

国内外中文媒体大都依据上述新华社电讯报道此事，但电讯限于篇幅，介绍比较简略。笔者访问了《南非科学杂志》和美国《国家地理》的网站，阅读了研究报告全文，现依据该报告和其他资料，作一些补充。

根据种种迹象，北京人化石确有可能曾运至"霍尔康姆营地"。据美军中士斯耐德（Snider）和杰克逊（Jackson）描述：1941年12月4日，他们奉命用卡车运走两个从北平协和医学院取来的箱子，箱内装有北京人骨头。次日早晨，他们把箱子运往火车站，乘火车将箱子护送至秦皇岛的瑞士仓库。他们在12月5日傍晚抵达秦皇岛，将箱子安放完毕后在仓库附近的"霍尔康姆营地"过夜，第二天乘火车返回。化石本拟用船运往美国，但12月8日太平洋战争突然爆发，日军迅速逼近，此时等候船只运送已不可能，仓促间将其掩埋在"霍尔康姆营地"，是一种合理的推测，就像对印尼爪哇人化石的保护那样：德国人类学家孔尼华（G. H. R. von Koenigswald, 1902—1982）当时负责研究爪哇人化石，他深感战争逼近，担忧化石遭到劫夺，于是将它们精心埋藏到地下，印尼沦陷后，果然日军大肆搜寻化石，孔尼华本人亦遭逮捕，但最终日方一无所获。日本投降后，孔尼华立刻返回埋藏地点取出化石，化石安然无恙。

日前，中国《法制晚报》记者曾连线采访老兵鲍恩之子保罗·鲍恩（Paul Bowen）以及报告第一通讯作者李·伯杰。据保罗说，1947年其父只有18岁，对北京人化石全然不知。直到上世纪70年代，才意识到当时挖到的箱子装的化石可能就是北京人头骨，并画出一张"霍尔康姆营地"的草图，标注出当时挖箱子的位置。保罗曾经给中国的好几所大学发过邮件，询问是否对此感兴趣，但一直没有收到回复。在这种情况下，保罗联系了南非金山大学的李·伯杰博士。

理查德·鲍恩近照

北京人化石可能埋藏地点现状

Lee it was
this Building. 50-150
Feet s/w in the sand.

当时的"霍尔康姆营地"。照片下的文字是理查德·鲍恩所写，描述木箱埋藏的位置。

李·伯杰博士

李·伯杰（Lee R. Berger，1965— ）生于美国，现在南非工作，是非常著名的古人类学、体质人类学专家和考古学家。2008年8月，伯杰9岁的儿子在约翰内斯堡附近的马拉帕（Malapa）洞穴发现了一具男孩的化石。两周后，他本人在同一地方发现了一名成年女性的化石。经过精心研究，伯杰在2010年4月9日的《科学》杂志上发表论文，称这些化石代表的是"源泉南猿"（*Australopithecus sediba*），属南猿和直立人之间的过渡类型。后经澳大利亚墨尔本大学科学家的测算，判定"源泉南猿"是在大约197.7万年前陷入洞穴的。这一重要发现令他蜚声世界。除了在南非的一系列重要工作之外，伯杰还研究密克罗尼西亚帕劳（Palau）岛出土的身材矮小的人属化石，同样引起广泛关注。2010年4月，保罗·鲍恩用电子邮件联系伯杰，告知其父发现北京人化石的经历，以及埋藏地点的大概位置——原来在这之前保罗已借助谷歌地图，分析了他父亲画的草图，得到了埋藏地点的GPS信息。伯杰收到保罗的邮件后，立即联系了在科研工作中有合作关系的两位中国学者，他们是中科院古脊椎动物和古人类所研究员刘武先生，以及副研究员吴秀杰女士。之后的研究报告由他们三人共同署名发表。

伯杰和刘、吴三人在2010年11月来到秦皇岛，打算确认事件的精确地点。这次调查，得到国家地理学会、中华人民共和国科技部和南非国家研究基金等的资助。调查中查阅了1931年和1938年美国海军陆战队的军用地图，并求助于秦皇岛港口史专家王庆普（1944— ）先生。王研究秦皇岛地方史多年，发表了大量论著，如他主编的《秦皇岛港》（北京：人民交通出版社 2000 年版）等，且幼年时与美国士兵有过接触。秦皇岛之行后一年多时间里，又经过大量辅助研究和论证，发表了报告，确认当时美军的"霍尔康姆营地"，现为河北省食品进出口公司秦皇岛分公司的仓库和停车场。

至于 1947 年鲍恩参加的战斗，是共产党领导的部队与秦皇岛的美国海军陆战队的一次武装冲突。鲍恩称：包围秦皇岛的军队是"共产党八路军"（the Communist 8th Route Army）。

伯杰对《法制晚报》的记者说：我们实地探访把目标地区缩小至方圆 200 米的范围内，该范围内的仓库、停车场、公路，如果地基不是很深的话，化石箱子有可能保存完好，而且据了解目标地区很快将被开发，一旦清理、挖掘开始，真相不久就会大白。他称对这一前景十分兴奋。

《新京报》记者采访了报告第二作者刘武先生和秦皇岛市文物局文物管理处罗军主任。刘先生向记者表示，尚有许多不确定性，现在无法考证，只是存在可能而已。罗主任则说："有经纬度的图片和 GPS，但的确是不确定的事情，只是凭借回忆、印象，大概知道是停车库的位置。"他还表示，当时军用测量的经纬度是不是和现在一致也是有问题的。"搞工程的经纬度和文物考古的是不同的。经纬度差一点，那可差多了。"他认为，如果没有可行性的依据，那么大的范围，不可能说挖就开始挖。

正如新华社电讯引述金山大学的声明所说：北京人化石"要么仍然下落不明，要么就埋藏在秦皇岛柏油地面的几英尺之下。"虽然仍有不确定性，但这次的调查结果提供了迄今最明确的线索，使我们看到了找回化石的希望。笔者衷心期待各方通力合作（也可以召开国际学术讨论会进行科学论证），制订出切实可行的方案，破解这一世界科学史上的世纪谜案，以此告慰为北京人的发现和研究作出重要贡献的中外前贤，他们是：杨钟健（1897—1979）、裴文中（1904—1982）、贾兰坡（1908—2001）、吴汝康（1916—2006）、安特生（Johan Gunnar Andersson，1874—1960）、步达生（Davidson Black，1884—1934）、步林（Birger Bohlin，1898—1990）、德日进（P. Teilhard de Chardin，1881—1955）、魏登瑞（Franz Weidenreich，1873—1948），等等。

补记：

文章完成后，笔者很偶然地在先父徐森玉（鸿宝，1881—1971）先生遗留的零星材料中，发现一份著名考古学家李济（1896—1979）先生于1946年3月31日至5月5日赴日本办理追回中国文物的工作报告（复写件），报告中附有《与斯脱特队长（Commander G. L. Stout）谈话记录》，其中提及东京美军总部内设有宣传与教育工作单位，内分若干组，艺术品与纪念物之管理特设一组，主其事者为斯脱特；李济等与斯氏谈及"北京人"化石：

斯脱特队长与布奈克（**D.H.Black**）（此人乃美军总部民用

财产管理组负责发还日军在外劫掠品的工作人员——笔者注）氏两人均云"北京人"之骨殖尚未在东京发现，是否运到日本不详。与此事有关之日人长谷部言人及高井冬二实未访得此项骨殖之所在。但由二人经手已交出周口店之石器与骨器若干，现由总部之资源组（Natural Resources Division）保管，可以随时发还。（据中央社1946年5月17日电讯，周口店出土器物已交回当时盟军驻日中国代表团——笔者注）

长谷部言人（1882—1969）是日本人类学家，曾任东京帝国大学理学部人类学教授、日本人类学会总干事。他和助手高井冬二自1937年至1943年间，在日本驻华北军队帮助下，一直千方百计地寻找北京人化石（据说日本裕仁天皇曾为此亲自下令），但并无结果。上引报告当时只在少数有关人士中传阅，至今未公开，现借此机会发表其中与"北京人"化石有关的部分，亦可佐证化石并未运到日本。

2012年4月2日

（原刊于《东方早报·上海书评》2012年4月15日）

基因、语言和族群起源

　　关于现代人的起源问题，主要的争论存在于多区域性模型和单源模型即源于非洲之间。起源非洲的假说，目前在科学界占主导地位。自 1997 年德国等国科学家对 19 世纪发现的尼人化石作了 DNA 测定以后，意见更趋一致。2000 年对格鲁吉亚和克罗地亚洞穴出土的尼人化石的检测，也得出了相同的结论。但近来时有考古学家和人类学家对"非洲起源说"提出质疑，并有一些新的发现。如英国《自然》周刊在 2001 年 9 月 27 日报道，中、美学者对北京以西 150 公里的河北省阳原县境内的泥河湾盆地小长梁遗址出土的石器进行了古地磁测定，推断其距今 136 万年，从而确知这是目前发现的东北亚最古老的石器。此外，在格鲁吉亚等地也有早于 100 万年且为学术界接受的旧石器文化发现。对西班牙人属先驱种（Homo antecessor）化石的研究，也颇引人注目。有的学者据此认为，"非洲单一起源论"受到挑战，人类从非洲、亚洲等地分别独立起源、进化的学说，较易为人们所接受。其实，我们并不否认世界各地发现的能人、直立人和尼人等也可以归入"人"的范畴，但不能把它们视为现代人（Homo sapiens sapiens）的直系祖先。因为在生物学的分类上，能人、直立人、尼人、现代智人不是同一物种，不同的物种之间，是不会发生自然演变的。

1998 年秋季，中国学者褚嘉佑、金力利用 30 个常染色体微卫星位点，分析了南北人群和汉民族与少数民族的遗传结构，微卫星标记多态性和进化树聚类分析都支持现代中国和东亚人群来源于非洲，并经由东南亚进入中国大陆的结论。由于微卫星位点突变率较高，对研究较久远的人类进化事件和人群迁移有一定的局限性，宿兵等人又利用目前公认研究早期人类进化和迁移的理想工具 Y 染色体 SNP 的 19 种单倍型研究了其在中国人群中的分布，再次证实了东亚的现代人起源于非洲，并由南方进入东亚而后向北方迁移。但是，中国大陆和东亚地区出土的人类化石形态上的连续性，一直被认为是支持现代人类多地区起源假说的有力依据。为研究该地区现代人类独立起源的可能性，柯越海等对来自中国各地的 9988 例男性随机样本进行 M89，M130 和 YAP 三个 Y 染色体单倍型的基因分型，这些突变型均来自另一 Y 染色体单倍型 M168T。M168 是除非洲以外所有现代人及部分非洲人共同具有的一种古老的突变型，在除非洲以外地区没有发现一例个体具有比 M168 更古老的突变型。经检测来自中国各地的近 10000 份样品全部具有 M168 的突变型，也就是全部都携带有来自非洲的"基因痕迹"，因此，Y 染色体的证据并不支持现代中国人独立起源的假说，这也是目前支持现代中国人非洲起源假说的有力的遗传学证据。现在，他们使用的样本已增加到 12127 例，采自中国、东南亚、西伯利亚，进一步证实了全部东亚人群均起源于非洲（*Science* 292，1051—1052，2001）。

至于人类最近的共同祖先生活的年代，按 R. L. Cann 等通过比较许多 DNA 样品，沿着母系血统追溯，可能在 10 至 20 万年以前。若按父系传递的 Y 型染色体追溯，则我们的共同祖先从非洲移居到世界各地是在 35000 年至 89000 年之前。语言的产生，无疑是人类进化历程中的重大事件之一，王士元等认为这一划时代的突破发生在大约 50000 年至 60000 年之前，这一结论跟考古学家的一些已有的发现和推论比较吻合，例如有证据表明人类约在 5 万年前第一次在航海技术上有了突破，能从非洲南部迁徙到澳大利亚。目前世界上最早的洞穴艺术也是距今五六万年前的欧洲洞壁艺术，这表示那时已经有了艺术和宗教的萌芽。以色列海法大学的科学家在干涸的加利利湖床发现了一座几乎完整的村落遗址，距今约 2 万年，从中可以看到当时人类的生活状况，他们居住的小屋间隔最近的不到 2 英尺，可见当时氏族、部落间的关系已经极其密切，也可以推测这些先民已经初步具有了人类特有的表情达意的交际符号系统即语言。

与现代人类起源单源说相呼应，近年来在语言学界兴起了"语言起源一源论"。其实，这种理论早在 20 世纪初就由意大利语言学家 A. Trombetti 提出。至于把语言的各种分支追溯到 15000 年前的新石器时代甚至更早，是在 40 多年前由以

V. Illič-Svityč（1934. 9. 12—1966. 8. 22）和 A. Dolgopolsky、Vitaly Shevoroshkin 等为代表的一批苏联和俄国语言学家提出的。他们认为欧亚大陆的语言同属一个庞大的欧亚超级语系，称之为"诺斯特拉语（Nostratic languages）"。"诺斯特拉"一词源出拉丁语 nostrās，意为"吾（土）"，是由丹麦语言学家 Holger Pederson 开始使用的，用以指称印欧语系和可能同印欧语系有亲缘关系的其他语系的语言。这个大语系包括了阿非罗－亚细亚语（闪－含语）、卡尔特维里语、印欧语、乌拉尔语、达罗毗荼语、阿尔泰语。这一理论引起西方特别是美国同行的兴趣，并且扩大了比较的范围。著名美国语言学家葛林堡（J. Greenberg，1915—2001）曾对非洲语言的分类作出过卓有成效的贡献，并长期与 M. Ruhlen 等致力于美洲语言的研究，将其分为三大类，即美洲印第安人所说的"美印语"（Amerind）、爱斯基摩人和阿留申群岛人所说的"爱斯基摩－阿留申语"以及加拿大和美国西北海岸印第安人所说的 Na-Dene 语。这个假说在 20 世纪 90 年代初期曾获得分子生物学证据的支持，但到了90 年代中期以及随后几年则在遗传学界和语言学界引起了激烈争论，目前尚无定论，但可以肯定的是，美洲印第安人源于20000—40000 年前从西伯利亚进入阿拉斯加的共同祖先，这些人后来可能从阿拉斯加走向北美、中美和南美。葛林堡提出了欧亚超级语系的假说，认为印欧语、乌拉尔语、阿尔泰语、楚克奇－堪察加语、爱斯基摩－阿留申语以及尤卡吉尔语、尼夫赫语（吉尔亚克语）、朝鲜语、日语、阿伊努语彼此之间都有比较密切的亲缘关系，组成一个称为欧亚大语系的语言集团。至于诺斯特拉大语系，按照 Alan R. Bomhard 的说法，应是一个包括欧亚超级语系在内的更大的语言集团。不属于欧亚超级语系，但仍是诺斯特拉大语系的成员有亚非语系、埃兰－达罗毗荼语、卡尔特维里语和古代两河流域的苏美尔语等，它们同欧亚超级语系的成员在较远的层次上也有亲缘关系。

除上述诺斯特拉语系和欧亚大语系之外，俄国学者 S. Starostin 在 20 世纪 80 年代提出了"汉－高加索语系"的概念，把汉藏语、北高加索语和叶尼塞语包括在内。这个语系又可能与美洲印第安语的 Na-Dene 语系有关，故被称为"Dene－高加索大语系"。美国学者 D. Bengtson 最近更把法国和西班牙边界地区的巴斯克语、巴基斯坦的 Burushaski 语及古代的苏美尔语等语言的材料加入进去，从而为汉藏语具有更远古的语源关系提供了进一步的线索。

原来被纳入汉藏语系的壮侗语族（卡岱语），按某些语言学家的看法，与南岛语系有亲缘关系，可以合并为澳台语系，而澳台语系又与南亚语系、苗瑶语具有上位的亲缘关系，Ilia Pejros 等语言学家将其称为南方大语系（Austric）。

在把语言学和考古学的新成果进行整合方面，英国著名考古学家伦弗鲁（Colin Renfrew）在 1987 年出版的著作《考古学和语言》可以视为一个重要的转折点。这本书的主题是探讨印欧语系语言的起源问题，作者认为该语系的语言并不是通过征服，而是随着农业的传播而传播的。农业对人口密度的支持要比采集渔猎经济的支持大许多倍，当农耕占有新的地区时，农民为了建立自己的新家园，必然会使农业在一种"前进波"中渗入新的疆土，从而带动了语言的传播。在印欧语系和南岛语系的由来和扩展、传播方面，近 20 多年来已经做了很多工作。如印欧语系，有的学者主张产生于西南亚洲及其附近，这是一个农业核心地区，从广义上说，该区自东南欧和利凡特地区至印度西北部，可能是印欧语系、高加索语、埃兰－达罗毗荼语和亚非语系的起源地点。澳大利亚学者 Peter Bellwood 认为，南岛语的故乡与东南亚农业核心地带是相一致的，卡岱语也出自这个地带，随着时间的推移，南岛语从亚洲扩展到大洋洲和非洲。上面谈到的关于超级语系或大语系的研究，虽然在语言学界颇有争议，但受到这些考古学家和人类学家及部分遗传学家的欢迎和支持。比如根据遗传关系的鉴定，讲亚非语系语言、印欧语系语言和达罗毗荼语的人群之间有密切的遗传一致性，这显然与"诺斯特拉"假说是一致的。在南岛语系的起源问题上，最近遗传学家通过对 Y 染色体的研究，认为东南亚地区（包括华南）提供了移民的遗传资源，一支迁往台湾，另一支以东南亚岛屿为中转站迁往波里尼西亚。这一新说已经引起了广泛的关注和讨论。

在探索基因、语言和族群起源的相互关系方面，遗传学家卡瓦里－斯福尔沙（Luigi Luca Cavalli-Sforza）作出了重要的贡献。这位任教于斯坦福大学的意大利裔学者在半个多世纪前就已开始考虑一项宏伟的计划：重建人类各民族的起源地及由此而扩展到世界各地的途径。他领导的研究组走遍世界搜集 DNA 资料，通过计算机把它们同历史、考古和语言资料进行比较，从而探索各个民族族群的迁移、基因流和语言的关系。他们的工作证实了：人类基因的地域分布同语言的地域分布之间有着惊人的相互伴随关系；在某些情况下，可以根据人们所使用的语言或所属的语系来辨别其在遗传上所从属的种族。他还提出了人类基因组多样性计划（HGDP），其目标正是要揭示世界上不同民族生理、生化差异的遗传背景，以及群体之间的关系。他在1985年倡导了有关中国人的姓氏与遗传基因之间的关系的研究，并与中国科学家合作进行"姓氏基因"的科研项目，取得了有意义的成果。

对于进化语言学（evolutional linguistics）的研究者来说，卡瓦里—斯福尔沙和葛林堡、伦弗鲁分别是群体遗传学、语言学和考古学三个领域的代表人物，他们的著作值得仔细阅读和研究。

中国学者最关心和最感兴趣的自然是中华民族和汉藏语系的起源问题。从考古学上说，所谓"考古学文化"是不同的族群的共同体在形成过程中所产生的，"文化"应该是表示一定地区内独特地存在着的族群的共同体。古人类学资料已经证明，在现今中国及邻近诸国，新石器时代出现了几个种族与民族的形成中心，如黄河流域的居民属于太平洋蒙古人种东亚族群；山东沿海（大汶口）居民有南蒙古人种向澳大利亚人种过渡的种族特征；甘肃境内的居民则表现出与中央亚洲和西伯利亚东南部相联系的大陆蒙古人种的特征，但也有可能与欧罗巴人种群体有过接触等等。但总的说来，华北与中原的远古部落（很可能说一种原始汉藏语系的语言）与长江流域和南方的侗台语各族、南亚语系各族、南岛语系各族的蒙古—澳大利亚人种（Mongoloid-Australoid hybrid forms）有联系，这必然会在语言上有所反映。汉藏语与侗台语、南亚语、苗瑶语、南岛语有非常密切的相互影响的关系，虽然未必是传统意义上的发生学关系。

如果再往上追溯，根据基因研究，东亚地区南方人群遗传多样性非常丰富，而北方人群则相对较少，在 Y 染色体单倍型上仅拥有南方人群的一部分。由此可以推测，现代人在东亚的最早迁徙是由南向北。我们的非洲祖先到达亚洲后可能首先居住在东南亚一带，而后逐渐向北迁徙，跨过长江、黄河，北及西伯利亚。语言学家把南亚语、澳台语（包括南岛语、卡岱语）、苗瑶语归入南方大语系，我们以为是有道理的。正如 Bellwood 所指出，从东南亚北部大陆北至黄河流域的农业中心地带，不仅是一个农业的故乡，而且是一个语言的故乡。而汉藏语的形成，一方面受到南方诸语的影响，另一方面又与欧亚大陆北方诸族的语言有某种渊源关系。

汉语和藏语的同源关系已为绝大多数语言学家所认可。俞敏教授所说的"汉藏两族人和话同源"也得到了遗传学证据的支持。通过对中国、泰国、缅甸、印度等国说汉藏语系语言的 607 位男性 Y 染色体上微卫星位点的相异研究，可以推测大约生活在距今一万年前黄河中上游地区、具有东亚最早新石器文化的居民是现今汉藏语各族的祖先。后来藏缅语族人群与汉语人群相分离，其中一部分向南迁徙，另一部分则与来自中亚人群的因素相融合，成为现代藏族人的祖先。

大量的遗传学研究成果与"欧亚超级语系"的假设一致。广袤的欧亚大陆一直是各个说不同语言的民族活动的舞台，随着早期牧人的流动，东西方不同文化的相互交流与传播，至少可以追溯到五六千年之前。如西伯利亚卡拉苏克文化同中国商文化的联系，早已为广大研究者所了解。而中国新疆等地区从远古到中世纪早期的人种状况，是欧罗巴型人种占优势。古代印欧系语言，主要吐火罗语言，稍后还有印度—伊朗语族诸语，与主要是蒙古利亚人种类型 诸族所说的汉藏系语言也有联系。中亚居民与东亚北部某些居民在遗传学上存在类似性，这说明中亚地区的资料在研究东亚民族和语言的起源问题上具有极端重要性。根据 1997 年的报道，高加索人可能曾迁移到欧亚大陆极东的地方，甚至远达美洲。至于汉藏语和阿尔泰语系诸语之间，似乎也不能排除存在着一定亲缘关系的可能性。阿尔泰系诸语可能是分化较迟的语言，如果"阿尔泰语系"这一概念可以成立，估计其形成的时间不会超过 4000 年。欧亚大陆还存在一些相对孤立的语言，如古代匈奴人所说的叶尼塞语，也可能与汉藏语有密切的联系。我们不妨把汉藏语看作是连接欧亚大陆北方诸语言和南方诸语言的桥梁。

总之，通过基因分析，结合群体遗传学和语言学、人类学、考古学的研究，我们将逐步弄清欧亚大陆说同一语系和不同语系语言的族群之间是否存在亲缘关系以及这种亲缘关系的性质，因此对汉藏语系的起源问题，应该在世界范围里，从史前全球语言联系特别是欧亚大陆的语言接触的角度重新审视。这方面的探索从语言学史来说还是刚刚起步，我们只是在这里提出问题，期望在新世纪里获得长足的进展。

编补：

本文撰写于 10 年之前，现在看来有许多需要补充之处。如根据 2009 年、2010 年以来的研究，尼安德特人与现代人之间有基因交流，但尼人对现代人的基因贡献是不大的。对从俄罗斯阿尔泰地区 Denisova 洞穴出土的好几万年前的人类臼齿和女孩手指骨所作的古 DNA 分析，证明 Denisova 人既非现代型智人，也不是尼安德特人，而应代表另一种人，其基因在现代的美拉尼西亚人等中有所表现。

（原刊于纪宗安主编《暨南史学》第一辑，广州：暨南大学出版社，2002 年。收入书中时标题和内容均有修改）

对"农作—语言扩散假说"的审视

众所周知，自 19 世纪的拉斯克（R. C. Rask，1787—1832）、格林（Jacob Grimm，1785—1863）和其他学者发现所有印欧语都有共同起源以来，近两个世纪对原始印欧语的构拟和对其故乡的探索从来没有停止过。在原始印欧语的研究方面，我们可以举出如梅耶（Meillet）、库里洛维奇（Kurylowicz）、加姆克列利则（Gamkrelidze）和伊凡诺夫（Ivanov）等著名语言学家。在印欧语的发源地和其迁徙过程的研究方面，当代最有影响的学者是吉布塔斯（Marija Gimbutas）和剑桥大学的伦福儒（Colin Renfrew），他们把考古学材料和语言学证据相结合，都产生了相当大的影响。[1] 除印欧语系之外，南岛语系的分布和扩散也日益引起全世界学术界的关注，在这方面，澳大利亚国立大学的贝尔伍德（Peter Bellwood）是较有代表性的。

伦福儒认为，原始印欧语得以传播和分化，实际上是农业扩散的结果。印欧语系起源于小亚细亚的中部和东部，从公元前 7000 年开始，操印欧语的原始农夫从小亚逐渐向欧洲和亚洲迁徙，呈波浪式前进，把农业引入原先居住着过采集和狩猎生活的居民居住的地区，这些居民在学会农业的同时，语言上也逐渐被同化，从而使印欧语得以不断扩散。至于南岛语系，分布地区极其广泛，东到太平洋的复活节岛，西到印度洋的马达加斯加，北到夏威夷，南到新西兰。贝尔伍德认为，南岛语系的分布是与稻作农业联系在一起的 [2]，正是由于稻作农业由我国长江流域向东南沿海的传播，造成了东南沿海地区人口的膨胀，并最终促使说南岛语系语言的居民在距今 6000 年左右从大陆向太平洋岛屿的迁徙。夏威夷大学的语言学家白乐思（Robert Blust）则认为南岛语系与南亚语系的关系非常密切，二者构成 Austric 大语系，其发源地就在长江流域中游。[3]

对于上述"农作－语言扩散假说"（The farming-language dispersal hypothesis），近年来已经引起热烈的争辩和讨论。2001 年 8 月，贝尔伍德和伦福儒在剑桥的麦克唐纳考古学研究所（McDonald Institute for Archaeological Research）组织了一次专题国际学术会议，参加的有来自英、美、德、法、俄、意大利、澳大利亚、新西兰、加拿大、爱沙尼亚、克罗地亚、菲律宾、荷兰、丹麦、科威特等各个国家的学者，涵盖了历史语言学、史前考古学、分子遗传学和人类生态学等领域。会后由两位考古学家合编的论文集已于 2003 年出版（*Examining the Farming/Language Dispersal Hypothesis*, Peter Bellwood and Colin Renfrew, Eds. McDonald Institute for Archaeological Research, Cambridge, 2003, 519PP）。这部内容丰富的文集共收入 57 位作者的 36 篇论文，最后是两位学者的跋语，对会议讨论的问题作了结论性的评述。

全书共分三大部分。第一部分是绪论，共 2 章，分别由伦福儒和贝尔伍德撰写，强调了语言学、考古学和遗传学三者进行跨学科综合研究的重要性。第二部分从各个角度对"农作－语言扩散假说"作了总体论述，共 7 章。第三部分是地区研究，分为"西亚和北非"（6 章）、"亚洲和太平洋地区"（9 章）、"中美洲和美国西南部"（4 章）、"欧洲"（8 章）四大地区。

本书各章的观点并不一致。有的作者对"农作－语言扩散假说"表示赞同，对这一假说进行了多方面的阐释；也有作者质疑该假说的某些论点，或者提出一系列值得继续探索的问题。这对于我们全面了解和研究"假说"都是非常有益的。

对欧亚学研究者来说，本书中占了很大篇幅的探讨亚洲、太平洋地区和欧洲的论文特别有用。

例如，关于前面提到的印欧语和印欧人的起源和迁徙问题，现在还远远没有解决。伦福儒认为印欧人起源于中东，安纳托里亚是它的故乡，早期农耕者在不断的扩张中把古印欧语带到了欧洲，所以欧洲语言的洪流中应该有基因变化引起的波浪。但是，近年的 DNA 研究却表明这种"农业先导"对欧洲的基因库影响很小，似乎只限于临近中东的地区，比如希腊人的 DNA 中有新石器时代的成分，而爱尔兰人则完全没有新石器时代 Y 染色体的标记。另一方面，从捷克到阿尔泰地区，一直向南贯穿中亚，R1a1-M17 这个标记出现的频率都很高，出现的时间则为 1 万年到 15000 年之间，"微卫星定位"多样性显示，它最早起源于俄罗斯南部和乌克兰。M17 标记是 M173 的后代，而 M173 起源于欧洲。M17 产生的地区、分布情况和产生的年代，都表明它是在开头提及的吉布塔斯所主张的库尔干（Kurgan）文化的代表者骑马穿越欧亚草原的迁徙过程中扩散开来的。在印度说印欧语的人群中，R1a1-M17 出现的频率也较高，而在南部说达罗毗荼语的人群中则相对较低。这个标记在中东出现的频率并不高，在伊朗西部出现的频率也低。所有这些基因数据和种种考古发现，都证实印欧语最早起源于俄罗斯南部的假说可能是能够成立的。[4] 当然，对中东起源说也不能轻易否定，虽然目前找到的证据很少，但遗传学家卡瓦利—斯福扎（Luca Cavalli-Sforza）和他的同事已经证明，有一些基因证据表明有移民从中东进入欧洲，并将最早的"前古印欧语"带进了欧洲，包括库尔干地区，但由于时代久远，印欧语农耕者所携带的基因信号已经消失。总之，不管哪种假说，都还有待未来的语言学、考古学和遗传学研究的检验。对我国古代说印欧语族群（吐火罗人和伊朗语族群）的起源的探索，也应作如是观。

说汉藏语的族群的起源问题，自然也是我们十分关注的。最近宿兵、金力教授等的工作，已经在这方面取得了进展[5]。本文集中收入了荷兰学者 George van Driem（无我）的论文，他从上世纪 90 年代起，就主张把汉语归入藏缅语[6]，而不是像传统观点那样，在汉藏语系之下分出藏缅语族和汉语族。可惜这一新观点至今没有引起我国语言学家的重视和讨论。而汉藏语言的比较研究，自 John Leyden 在 1808 年指出汉藏语若干语言具有同源关系以来，也已有将近两百年的历史，但正如龚煌城先生所指出 [7]，至今还远远落在印欧比较语言学之后，相对而言还属初级阶段，两组语言的语音对应规律，由于缺乏足够数量的确实可靠的同源词，还不能加以总的、全面的叙述。因此，我们必须从可靠的同源词中去发现正确的对应关系，再从正确的对应关系中去发现更多的同源词；而同源词的研究也应以发现汉藏语言演变发展的规律为其目标。龚先生所论，应是今后汉藏语言学家努力的方向。

关于南岛语系的起源问题和南岛语系、南亚语系共同构成的 Austric 大语系的发源地问题 [8]，自然也是中国考古学家、语言学家和遗传学家应该时刻放在心头的大课题。限于篇幅，这里就不再展开了。

与这本论文集出版几乎同时，贝尔伍德与另一位著名美国学者贾雷德·戴蒙德（Jared Diamond）合写的论文 "Farmers and Their Languages：The First Expansions" 在 *Science* 刊出（Vol 300：597—603，2003）。戴氏是美国加利福尼亚大学洛杉矶分校地理系教授，以生理学开始其科学生涯，进而研究演化生物学和生物地理学，曾在新几内亚进行考察，收获甚丰，被选为美国国家科学院和文理科学院院士，其名著《枪炮、病菌与钢铁——人类社会的命运》[9] 和《第三种猩猩——人类的身世与未来》[10] 都已译成中文出版。他们在这篇论文中认为 [11]，世界上有多个农业起源中心，如西南亚，亦称近东或新月沃地；中国的黄河流域和长江流域；墨西哥中部和南部以及中美洲的毗连地区；南美安第斯山脉地区，可能还有亚马孙河流域的毗连地区；美国东部；非洲的萨赫勒地带；热带西非；埃塞俄比亚和新几内亚，等等。农业人口由这些地区向外扩散，随之造成语言和生活方式的传播，这是全新世人类历史中最重大的事件。农作者与狩猎—采集者有很大的不同：他们可以生产出足以养活更多人口的食物，从而造成农业地区人口的较快增长，而且大多数农业生活是定居的，这就为社会组织的进一步复杂化和技术的发展提供了基础。当农业人口的数量和集中达到一定程度时，因为与驯养的动物长期生活在一起，极易传染上动物所得的传染病，但也逐渐产生了抵抗这些疾病的能力，而在他们向居住着狩猎采集者的地区推进时，又把各种传染病带到这些地区，由于狩猎采集者缺乏抵御疾病的能力，结果人口锐减。欧亚大陆的病菌在大量消灭世界上其他许多土著民族如太平洋诸岛居民、澳大利亚原住民、非洲南部的科伊桑民族（霍屯督人和布须曼人）方面起了关键的作用。这些因素综合在一起，造成了农业社会在几千年内基本取代了狩猎－采集社会。在全球的不同地区里，这个取代过程相当复杂，但农业人口的不断扩张，是绝大多数取代过程中都存在的普遍现象。

作者进而论证了世界上各大语系形成的过程，列举了班图（尼日尔—刚果）语系，Arawak（Taino），南亚、壮侗和汉藏，Uto-Aztercan、Oto-Manguean、Mixe-Zoquean 和马雅，新几内亚高地，日本，南岛语系，达罗毗荼语，亚非语系和印欧语系的情况，指出农业人口的扩张和迁徙是造成当今世界上各大语系分布状况的主要原因之一。

戴蒙德还在 2003 年 9 月 10 日的《洛杉矶时报》上发表了题为《当年的全球化》的文章，这篇文章提出的论点也很引人注目。

作者认为：我们往往把全球化看成一种典型的现代产物，是随着 20 世纪交通、科技、农业和通讯等领域取得巨大进步而出现的。但是实际上，文化、语言、政治思想和经济制度——甚至转基因作物——从若干中心地区向其他地区广泛传播，却是古已有之的现象。

古代的农民不仅学会了如何种植粮食作物和饲养家畜，而且还懂得如何选择有价值的品种，从而创造出转基因作物。随着转基因作物传播到世界各地，创造了这些作物的文化也随之传播。

第一波全球化浪潮大约在公元前 8500 年开始，主要是因为中东地区和中国创造出转基因作物。除这两个地区外，墨西哥、安第斯山地区和尼日利亚与此也有一定的关系。这些地区的农耕者占有很大的优势，因为只有某些种类的野生动植物才适宜家养，而其中大多数刚好出自上述中心地区。

生活在这些农业中心的古人彻底改变了社会的面貌。狩猎和采集者放弃了原来的生活方式，转而在花园、果园和草场附近的村落里过一种更安全、更稳定的生活。剩余农产品可以贮存到冬天，这是人类社会有史以来第一次可以供养那些不直接参与粮食生产的人。由于有了剩余食物而且生活稳定，农耕社会的人口密度比周边由狩猎和采集者构成的社会要高一千倍。

最后，这些农业中心有能力发展军事和经济，结果就出现了全球化。古代的农耕者从农业中心出发，带着他们的基因、食物、技术、文化、典籍和语言，走向世界。未来的考古学、语言学和遗传学将进一步证实这一点。

第一波全球化进程主要是沿东西方向进行的，在欧亚大陆速度最快，这是由于其东西向的主轴线和相对而言不太大的生态与地理障碍。对于作物、牲畜和技术的传播来说，气候和纬度的适应性是极其重要的因素，所以欧亚大陆在古代可以视为一个整体。传播的速度在非洲就比较缓慢了，而在美洲尤其缓慢，这是由于这两个大陆的南北向的主轴线和地理与生态的障碍。在传统的新几内亚，这种传播也很困难，因为崎岖的地形和高山漫长的主脉妨碍语言和政治方面统一的任何重大进展。

总之，"农作－语言扩散假说"是西方学者在将近20年的时间里提出的关于全人类文明发展历程的一种重要理论，涉及全球考古学、历史语言学、分子生物学和生态学的重大进展[12]，中国学者必须进行深入的研究，并且及时作出自己的回应。

注释

[1] C. Renfrew, Models of change in language and archaeology, *Transactions of the Philological Society*, 87（2），1989, 103-55.

[2] 彼得·贝尔伍德《史前东南亚》，载尼古拉斯·塔林主编、贺圣达等译《剑桥东南亚史》（第一卷），昆明：云南人民出版社2003年版，第42–112页。

[3] R. Blust, Beyond the Austronesian homeland：the Austric hypothesis and its implications for archaeology，in Prehistoric settlement of the Pacific，ed，W. H. Goodenough. *Transactions of the American Philosophical Society*，86（5），1996，117-40.

[4] 斯宾塞·韦尔斯（Spencer Wells）著、杜红译《出非洲记——人类祖先的迁徙史诗》，北京：东方出版社2004年版，第133-142页。

[5] B. Su, C. Xiao, R. Deka, M. T. Seielstad, D. Kangwanpong, J. Xiao, D. Lu, P. Underhill, L. Cavalli-Sforza, R. Chakraborty and L. Jin，Y-chromosome haplotypes reveal prehistorical migrations to the Himalayas，*Human Genetics*，107（6），2000，582-90.

[6] G. van Driem, Tibeto-Burman replaces Indo-Chinese in the 1990s：review of a decade of scholarship，*Lingua* 110，2002，79-102.

[7] 龚煌城《汉藏语研究论文集·自序》，北京：北京大学出版社2004年版，第ii-iii页。

[8] 《问题与讨论：DNA的研究与南岛民族的起源》，《语言暨语言学》第2卷第1期，2001年，第229–278页。

[9]　贾雷德·戴蒙德著、谢延光译《枪炮、病菌与钢铁——人类社会的命运》，上海译文出版社 2000 年版。

[10]　杰拉德·戴蒙德著、王道还译《第三种猩猩——人类的身世与未来》，海口：海南出版社、三环出版社 2004 年版。此书于最近出版新版，题为《第三种黑猩猩》（上海译文出版社，2012 年）。

[11]　焦天龙《"农作–语言扩散假说"与中国考古学》，《中国文物报》2004 年 4 月 9 日第 7 版。

[12]　贝尔伍德的新著 *First Farmers, The Origin of Agricultural Societies* 在 2004 年出版。

（原刊于余太山、李锦绣主编《欧亚学刊》第五辑，北京：中华书局，2005 年）。

略谈有关南岛语的几个问题

　　《文汇报》2012 年 2 月 27 日"笔会"专栏刊载了李皖先生的《中古美少女的声音纪念碑》,介绍台湾少数民族歌手的音乐专辑,用少数民族的卑南语创作歌词,文章非常有意思,可惜涉及少数民族所说的属南岛语系的语言,文中有几处瑕疵。南岛语及其族群的起源和扩散研究乃是当今的学术热点,笔者在此对其作些简要的说明:

　　一、关于南岛语系的"发现"和命名。早在 1600 年,荷兰商船在非洲马达加斯加进行补给之后,航行至印尼,船员发现马达加斯加岛民所说的话与马来语颇为相似。1708 年有学者根据荷兰人在 1615 年搜集的西波利尼西亚语料,指出其与马来语的相似之处。此后,比较的范围不断扩大。至 1828 年,德国大学者威廉·冯·洪堡(1767—1835)提出"马来—波利尼西亚"这一名称,统括分布于东南亚岛屿与太平洋地区的语言。1906 年,奥地利民族学和语言学家施密特(1868—1954)以"Austronesian"(意为南方岛屿)一词取代"马来 – 波利尼西亚"，此后"南岛语系"这一名称逐渐广泛行用。如李先生所说，南岛语系的范围极其广泛，包含的语言总数达1200种左右。使用这一语系语言的人口，现在约有4亿。南岛语是世界上种类最多、地理分布最广泛的大语系。

二、关于法国学者洛朗·沙加尔提出的南岛语系与汉藏语系同源的观点。沙加尔是法国的汉学家和语言学家，对上古汉语、汉语方言学、台湾少数民族语言和各种东南亚语言都有研究。他的最新观点是汉藏语和南岛语有亲缘关系，侗-傣语则是南岛语的一个分支。通过对共同词汇的考察，他提出汉藏-南岛语（或称华澳语系）的发源地是河南省仰韶文化中期八里岗、南交口等遗址，时间为公元前4500—前4000年左右。他认为其时已有农业，既有谷子，也有粳稻。谷子对于猪的驯化起了重要作用。除农业外，汉藏-南岛语居民也会用网捕鱼，所以获取食物的方法多样化，从而人口得以增长，语言也随之扩散，并且分成东西两组。其中说东组语言的人群到达海边，形成大汶口文化。这时渔业变得更加重要，航行技术也有发展，这些人的一部分在公元前3500—前3000年左右到达台湾，形成了大岔坑文化。他们的语言为原始南岛语。说西组语言的人即后来的汉藏语系居民。到了公元前3500—前3000年左右，汉藏语又分东西两组：东组即后来的汉语，西组即后来的藏缅语。以上只是一种假设，尚待进一步研究证实，海峡两岸的学者对此也有大量质疑，沙加尔的观点并非学术界的主流观点。

三、关于彼得·贝尔伍德教授的论著。李先生以为他是英国考古学家，实际上贝氏虽生于英国，但现在是澳大利亚国立大学考古学和人类学院资深教授，澳大利亚人文学院院士。他认为南岛语民族的先民是居住在大陆东南沿海的新石器时代的农民，种植谷类，农业发展造成人口大量增长，因而需要新的土地从事农业，于是从公元前 4000 年开始向外扩散。约在公元前 4000 年至前 3500 年的时候，他们首先到达台湾。贝尔伍德和其他一些学者以农业扩张说明语言分布的模式，其基本假设是史前农业的扩散必定伴随着人（基因）与语言，因而，可以认为台湾是原始南岛语分化和继续向南扩散的第一站。贝氏是目前南岛语族群"源出台湾"（Out of Taiwan）理论的代表人物，在学术界有较大影响，但仍存在许多不同的声音，争论仍在继续。

总之，关于南岛语族群的起源和扩散问题，是当今世界学术（包括人文科学和自然科学学科）的热点之一，要解决这一问题，还有漫长的道路。

（原刊于《文汇报》2012 年 3 月 21 日）

也谈"种族"

　　5 月 12 日的《上海书评》刊登了罗新教授关于台湾大学奇迈可（Michael Keevak）教授新著《成为黄种人：种族思维简史》的书评，读后颇多感想。罗先生指出，把地球上生活着的各种族群按"人种"进行分类，是不科学的。这样的观点，乍一看似乎有点"离经叛道"，因为毕竟在我国的公开出版物中，至今仍普遍使用"种族"之类的概念，甚至还有人撰文声称，中国人的祖先是最优秀的，理应在世界上首先由猿进化为人。但事实上，根据现今人类学、遗传学和考古学等领域研究的结论，地球上所有现代人类拥有共同的祖先，属于同一物种即现代智人（Homo sapiens），其共同性远远大于差异性。如果仅仅根据人群的外部特征，如肤色、发色、面部骨骼结构等等来划分人类群体，是极具争议的，很难得到科学界的认可。诚如罗先生所言：翻开现今任何一种有代表性的外文人类学期刊，诸如《美国体质人类学学报》（*American Journal of Physical Anthropology*）、《当代人类学》（*Current Anthropology*）等等，都很难找到"种族""人种"之类的字样。

对人类"种族"划分的早期尝试始于 17 世纪，那时正值欧洲殖民主义兴起。到了 18 世纪，德国学者布鲁门巴赫 (J. F. Blumenbach) 提出五分法，把人种分为五类：蒙古人种，即黄色人种，主要分布在东亚、中亚、北亚等地；高加索人种或欧罗巴人种，即白色人种，主要分布在欧洲、西亚等地；埃塞俄比亚人种，即黑色人种，主要分布在非洲、大洋洲等地；美洲人种，即红色人种，主要分布在美洲；马来人种，即棕色人种，主要分布在东南亚（约略相当于 20 世纪所说的南蒙古人种）。布氏还认为高加索人是人类中最漂亮的族群，是人类起源和扩散的源泉；高加索人种后来又被分成一系列子类型，如诺的克、阿尔宾和地中海类型等。这一学说在 19 世纪传播很广，并在清末传入中国，一度为中国知识界所认同和接受；解放后传入的苏联人类学、民族学理论，则一般把人类分为白、黄、黑三大人种，但也有苏联学者主张四分法，即把人类分成欧罗巴人种、蒙古人种、尼格罗人种和澳大利亚人种。但从 20 世纪中叶开始，各国学术界便围绕人种概念，展开了持续多年的争论，到了 20 世纪末，"人种"这一概念已被逐渐抛弃。

以肤色区分"人种"这一传统方法之所以不可取，在于依据这种方法定义出的"人种"并不是一个客观存在的科学概念。根据现在科学界的观点，全球各个"人种"都是同一物种的成员，一旦接触，就会发生混血，难以分辨出"纯粹"的"人种"。如果依据全球人类肤色的差异，绘制一张肤色分布图，我们就会发现只有北欧人才具有白里透红的肤色，至于其他被称为"白人"的高加索人种，其肤色其实与黄色人种即蒙古人种并没有显著差异，甚至往往比黄种人的肤色更深。即使是最为"纯粹"的北欧白人，也存在明显的个体差异。而且在现代的西方社会里，人们更崇尚古铜色的皮肤颜色，认为这是健康的标志，而东亚社会的主流观点却一直视肤色白为美，对于女性尤其如此。

不过话说回来，对于普通人而言，却正如加州大学洛杉矶分校的著名生物地理学家贾雷德·戴蒙德（Jared Diamond，1937— ）所说，如果从瑞典、尼日利亚、日本三国各找来一个人，没有人会搞错他们的国籍，因为只要看一眼就可以分辨出他们分别是白种人、黑种人和黄种人。人类的外部特征包括皮肤、眼睛、头发、牙齿和乳房、外阴等的差异，这种差异究竟是怎样形成的，是不是源于不同人群在进化和迁徙过程中对外部环境的适应，现代科学至今仍无法圆满解释。有一种理论认为，在热带地区，黑色皮肤可以滤掉红外线，保护内脏使之避免过热；或者与此相反，黑皮肤能帮助热带族群在气温骤降后保暖。但是美洲印第安土著却并没有肤色很深的，甚至在南美赤道地区都没有。东南亚热带地区的土著，皮肤颜色也不深。因此，"人种""种族"之类的概念可以不再使用，但是对不同地区出现不同外部特征的族群进行体质人类学研究，确是有助于弄清人类多样性的源头和模式，而且无论在理论层面还是应用层面（包括医学等学科的应用），都是很有价值的。

对于人类多样性的研究，由于近二十年来群体遗传学的发展，特别是基于 DNA 检测的分子人类学的突飞猛进，较之以往已经有了许多突破。例如分布在非洲南部的科伊桑人，是已知最古老的族群，与早期亚洲人有较近的亲缘关系，其 Y 染色体携带 C 和 D 标记，还有一些与亚洲人相似的特征，如蒙古褶、单眼皮，均不见于人类其他群体。至于头骨测量，虽然过去被视为鉴别"人种"类型的经典方法，但现在已经较少使用，尽管它在某些场合仍然是必需的。

罗新先生在文中对近年出版的考古报告中经常附有骨骼分析的专章，特别是对边疆族群进行人种分类的做法提出批评，认为古代族群的根本属性是政治性的"社会—文化建构"，而非血缘集合。这种认识有一定道理，但窃以为在"社会—文化建构"的背后，仍然有生物学基础，因此现代考古学仍然利用人的遗存来显示死者的年龄和性别，分析其生活时的健康状况和环境状况，甚至营养状况，并且确定所研究的族群的各个个体的相似性和相异性。这些研究绝不是毫无科学意义的。例如对著名的山西虞弘墓墓主，一方面从人体测量证实其为具有高加索（或欧罗巴）特征的个体；另一方面又对墓中遗骨的线粒体 DNA 序列多态性进行检测和研究，从而得出虞弘从血统上说应该是来自古代中亚地区的居民。这一结论非常可信，对于近年来十分活跃的入华粟特人研究大有帮助。又如谭婧泽女士等最近在《科学通报》第 57 卷第 28—29 期（2012 年 10 月出版）上发表特邀论文《新疆西南部青铜时代欧亚东西方人群混合的颅骨测量学证据》(分别有中文和英文版)，研究了新疆西南部和田地区于阗县阿羌乡流水村青铜时代墓地出土的十八具颅骨的一百四十八个颅面性状，应用树图聚类分析、主成分分析和多维尺度分析，对于于阗样本的十七个颅骨测量学参数与新疆周边地区古代样本进行比较分析，结果显示流水墓地人群是欧亚大陆东西方人群的混合群体，且东部欧亚人群的贡献成分相当高。这与汉文古籍上关于于阗国居民"貌不甚胡，颇类华夏"的记载吻合。该研究已经引起国内外学者的关注。

复旦大学李辉教授在今年3月出版的《科学》第65卷第2期上发表了题为《遗传学对人科谱系的重构》的论文，说明近年来出于反对种族主义的需要，西方遗传学界认为种族的概念并没有遗传学根据，各个"种族"之间都存在过渡类型，没有绝对界线，其具体表现是大多数基因等位型在各个种族内部都有一定的频率分布；但是在实际生活中，种族主义的错误在于认为不同人种有高低贵贱之分，这直接导致了人类历史上多次种族灭绝的惨剧。对于这种种族歧视和种族主义，我们必须坚决反对。至于"种族"之间的过渡问题，则是数千年来人群混合所造成的，因此等位基因类型在各不同人群之间往往没有截然差异。

总之，罗新教授提出的古代族群的根本属性是政治单元而非血缘集合，笔者以为颇有见地，可以继续深入研究；不任意使用"种族""人种"之类不确定的概念，也是国际学界的共识。可惜相关知识在国内远未普及，不少研究民族历史和文化的学者也经常在这一问题上陷入误区。不过这些都不妨碍我们从解剖学、体质人类学和分子人类学角度对古代族群的遗体、遗骨进行检测研究，因为人类学本来就是一门兼具自然科学和人文—社会科学性质的学科。正如英国著名考古学家科林·伦福儒（Colin Renfrew，1937—　）所指出，我们需要的是一个更加扎实的方法论，这种方法论应该建立在现代统计学方法的基础之上；此外，基因分析与语言学的结合也越来越多地应用于研究族群的历史，这也是当前和未来的发展趋势之一。

（原刊于《东方早报·上海书评》2013 年 5 月 26 日）

维也纳归来谈吐火罗学

今年 6 月 26 日至 28 日，笔者参加了在奥地利维也纳大学举行的"吐火罗语写本与丝路文化"国际学术会议（Tocharian Texts in Context. International Conference on Tocharian Manuscripts and Silk Road Culture），现拟结合会议期间的所见所闻，略谈吐火罗学的过去、现在和未来。

吐火罗语是一种已经消亡的印欧语。19 世纪末至 20 世纪初，各国考古队在中国的新疆和甘肃敦煌发现了一大批用北印度婆罗谜字书写的各种语言的古代写本，引起广泛关注。其中对印欧语历史比较语言学最为重要的，当属所谓"吐火罗语"文献，因为这些文献所使用的语言，是过去完全不知道的。最早在新疆获得这种语言写本的是俄国考察者别列佐夫斯基（M. M. Berezovsky）和驻喀什领事彼得罗夫斯基（N. F. Petrovsky）。著名印度学和佛学家奥登堡（S. F. Oldenburg, 1863—1934，俄罗斯科学院即将举行纪念他诞辰一百五十周年的国际学术研讨会）在 1892 年首次发表该语言写本的残页。怎样称呼和解读这种语言，成为学者们研究的焦点。根据回鹘语本《弥勒会见记》(*Maitrisimit nom bitig*) 的题记，释读西域文书的大家、德国学者缪勒 (F. W. K. Müller, 1863—1930) 在 1907 年将其定名为"吐火罗语"(Tocharisch)。1908 年，梵学家西格 (Emil Sieg, 1866—1951) 和西格林 (Wilhelm Siegling, 1880—1946) 发表论文，赞同缪勒的命名。特别重要的是，两位学者清楚地证明了这种语言是印欧语系中独立的一支。从此以后，对吐火罗语及其相关问题的研究，逐渐成为一门专门学问，即吐火罗学 (Tocharology)。

吐火罗语可以分为 A、B 两种，一般称之为"方言"，但经过多年研究，可以证实这两种"方言"的差别相当大，实际上应该视为两种不同的语言。两者虽然彼此相近，但具体的历史关系还不很清楚。与新疆等地发现的其他印欧语文献，如梵语、犍陀罗语、于阗语、粟特语、中古波斯语、帕提亚语等不同，吐火罗语不属印欧语东支，却具有印欧语西支的特点，所以对该语言的释读和研究，具有重大的学术意义，其学术价值完全可以与其后发现的小亚的赫梯语和安纳托里亚诸语言相提并论。当初把该语言命名为"吐火罗语"，主要是依据回鹘语文献的 toxrï 一词。古代希腊地理学家和中国汉文史料，以及后来的穆斯林史家，都曾反复使用像"吐火罗""睹货罗"及"吐火罗斯坦"这样的词汇，但所指的地区主要是巴克特里亚 (Bactria，今阿富汗东部)，而并不在今日新疆境内。说吐火罗语的地区是中国古代的西域北道一带，中国境外的中亚、南亚地区至今没有发现过任何吐火罗语材料。因此，吐火罗斯坦的吐火罗人和新疆古代说"吐火罗语"的族群，这是两个不同的概念，不能混淆。自 20 世纪 50 年代以来，阿富汗也曾发现过大量中古伊朗语的材料，这种语言被称为"巴克特里亚语"（Bactrian，或译成"大夏语"），与新疆的"吐火罗语"是截然不同的。但令人困惑的是，玄奘在《大唐西域记》卷十二中曾提及"覩货逻故国"，自斯坦因（A. Stein）以来，都认为即今新疆安得悦遗址；而且回鹘文《慈恩传》译本即以 toxrï 为其对译。而在同书卷一，又说到"覩货逻故地"，则在今阿富汗境内。两者究竟是什么关系，疑莫能明。因此，"吐火罗问题"又是一个极为复杂、头绪纷繁的学术难题，涉及中亚、内亚的语言和历史、地理、民族等诸多背景，虽然经过一百多年的反复讨论和辩难，但直至今日，依然没有比较明确和可信的答案。

现存吐火罗语 A 和吐火罗语 B 文献，包括极其残破短小的，共约一万一千件（其中吐火罗语 A 文书约二千件，吐火罗语 B 文书约九千件），但相对完整的所占比例不高，因此实际可供研究的材料数量有限。吐火罗语使用的年代，约为公元 5 至 10 世纪，A 语年代晚于 B 语。文书内容大部分与佛教有关，如果细分，则可以举出阿含经、律藏、论藏、与所谓 *Udānavarga* （《法集要颂经》）有关的佛典、比喻谈和本生谈、佛赞、佛教戏剧、医学文献、忏悔文献、世俗文书（如官方颁发的通行证即"过所"等等）、洞窟题记、双语文书（如吐火罗语 B 与印度俗语合璧文书），还有个别的摩尼教文书。这些文献收藏于德国柏林，法国巴黎，英国伦敦，日本东京、京都，俄罗斯圣彼得堡和中国北京、乌鲁木齐、旅顺等地，书写材料有纸张和桦树皮等。设在库车的龟兹研究院藏有一批木简，此外还有石壁上的粗刻（graffites）和铭文。吐火罗语 B 文献有不少出土于古代龟兹（指今天的库车、拜城、沙雅、新和四县境内），根据对于其语音、语法、构词法和书写字体特征的研究，知道这种语言虽然主要通行于 6 至 8 世纪，但其使用已有相当悠久的历史。除龟兹外，焉耆、吐鲁番等地也发现了不少吐火罗语 B 的中晚期佛典。

早在 1913 年，法国著名印度学家烈维（Sylvain Lévi，1863—1935）就发表论文，把吐火罗语 B 定名为"龟兹语（koutchéen）"，这个名称被认为是合适的，其论点也为中国学者普遍接受。至于吐火罗语 A，虽然英国伊朗学家贝利（Harold Bailey，1899—1996）提出了"焉耆语（Agni）"这样的名称，但 A 语文献虽然大多发现于焉耆地区（还有一些出土于吐鲁番地区），但从其书写字体考察，在年代分类上属于较晚阶段，而且几乎没有用于日常生活的证据。该语言的书写者称自己的语言是 Arśi 语，但这个名称的由来及其与焉耆的关系，仍有待继续研究。我国学术界往往径称吐火罗语为"焉耆—龟兹语"，其实并非完全恰当。尽管吐火罗语这个名称存有疑问，但国际学术界沿用已久，在命名问题得到真正解决之前，也不妨继续使用。

对吐火罗语文献的刊布和研究，20 世纪取得了相当大的进展。1921 年，西格和西格林发表了《吐火罗语残卷》，公布了柏林所藏吐火罗语 A 的写卷并附许多图版。1931 年，两人与比较语言学家舒尔茨（W. Schulz）合作，出版了《吐火罗语语法》。在法国，烈维得到著名语言学家梅耶（Antoine Meillet，1866—1936）的帮助，在 1933 年出版了关于吐火罗语 B 即龟兹语的专集。1948 年，法国印度学家费辽扎（Jean Filliozat）刊布了一些有关医和卜的文书。德国所藏吐火罗语 B 文书的刊行工作，因二战等原因被推迟了，直到 1949 年和 1953 年才出版了两卷。西格和西格林去世后，他们的学生托玛士（Werner Thomas，1923—2008）为文书刊行作出了贡献。至 20 世纪 60 年代，研治吐火罗语的学者主要有德国的克劳泽（W. Krause）、温特尔（Werner Winter，1923—2010，曾在美国工作），比利时的顾物勒（W. Couvreur）、温德肯斯（A. J. van Windekens），美国的蓝恩（G. S. Lane），捷克的普哈（P. Poucha），苏联的伊凡诺夫（Vjaceslav V. Ivanov）等。日本学者如井の口泰淳等也发表过少量日本收藏的吐火罗语文书。以上诸人，有的陆续刊布了一些吐火罗语原典，或对已发表的文书做了考订补充的工作；有的则以从印欧语历史比较语言学角度为重点进行探讨，如与其他印欧语进行比较，构拟原始吐火罗语，设法阐明吐火罗语在印欧语系中的地位。其中如丹麦著名语言学家裴特生（Holger Pedersen，1867—1953）、法国著名语言学家邦旺尼斯特（E. Benveniste，1901—1976）都留下了关于吐火罗语的专著和论文。克劳泽编纂了吐火罗语语法，温德肯斯研究了吐

164

火罗语的形态学和词源学，普哈用拉丁文编写出版了吐火罗语A 的词典和文选。中国学者季羡林（1911—2009）在 40 年代留德期间，曾在哥廷根大学跟随西格教授研治吐火罗语。1943 年季先生发表论文，通过《福力太子因缘经》（或《国王五人经》）吐火罗语本与其他语文特别是汉语的平行异本的比较研究，来确定吐火罗语原文的涵义。以后的实践证明，这是行之有效的方法。

与吐火罗语有关的定名和史地问题，也继续为中外学者所关注。著名伊朗学家亨宁（W. B. Henning, 1908—1967）的论文影响较大。中国学者王静如（1903—1990）也发表了论著。冯承钧（1887—1946）把法国烈维和伯希和（P. Pelliot, 1878—1945）的四篇论文译介为中文，促进了中国的吐火罗学研究。

进入 20 世纪 70 年代，国际学术界对吐火罗学的研究呈现出新的面貌。青年一代的学者逐渐成长，成为研究的中坚。一部分学者对吐火罗语的语音、形态、句法和词汇等作了更深入的探讨，对印欧语历史语言学很有贡献；另一部分学者坚持继续释读吐火罗语文献。把这两方面工作结合在一起，比较有代表性的学者是法国的皮诺（Georges-Jean Pinault, 1955— ）。

当代从事吐火罗语研究的学者，还有德国的施密特（Klaus. T. Schmidt）、斯坦普（Peter Stumpf, 1940—1977）、哈克施坦因（O. Hackstein），美国的伦治（Donald Ringe）、亚当斯（Douglas Q. Adams，他编著的《吐火罗语 B 词典》，1999 年出版第一版，2013 年出版增订本），比利时的伊塞贝尔（L. Isebaert），奥地利的玛尔粲（Melanie Malzahn），瑞典的卡尔林（Gerd Carling，她与皮诺、温特尔合作编著《吐火罗语 A 词典》，第一册已于 2009 年出版），现在波兰工作的韩裔学者罗纳尔德·金（Ronald Kim），俄罗斯的布尔拉克（S. Burlak），加拿大的希茨（Doug Hitch）等。冰岛学者希尔马森（J. Hilmarsson，1946—1992）于 1987 年在雷克雅未克创办了世界上唯一的吐火罗语专业刊物——《吐火罗语和印欧语研究》（*Tocharian and Indo-European Studies*），他去世后，该刊在丹麦继续出版。还有一些著名的印欧语学家，如孔甫烈（F. Kortlandt）、鲁波茨基（A. Lubotsky）、雅萨诺夫（J. Jasanoff）、梅尔切（H. C. Melchert）、克林根施密特（G. Klingenschmitt）、威德迈尔（P. Widmer）和屈麦尔（M. Kümmel）等，也在吐火罗语的研究上做了有益的工作。捷克学者布拉泽克（V. Blažek）对吐火罗语词语的语源进行了探索。

近年对吐火罗语文献的字象学和古文书学的研究有较大的进展，如德国的萨德尔（Lore Sander）、毛埃（D. Maue），日本的玉井达士（Tatsushi Tamai）等都有论著，其成果已经用于文献的分期和断代。

1995 年开始的吐火罗语文书的数字化工作，经过十多年努力，也颇引入注目，相关工作主要包括"国际敦煌研究项目"、法兰克福的"*TITUS*"项目和柏林布兰登堡科学院的"吐鲁番研究项目"。现在，不少原始资料已经可以通过互联网直接获得。

季羡林曾是我国唯一通晓吐火罗语的学者，可惜他回国以后，因为客观条件限制，难以进行吐火罗语的研究工作。1974

年，新疆焉耆锡克沁发现了数达 44 张即 88 页、用散韵相间的文体写成的《弥勒会见记》(*Maitreyasamiti-Nātaka*) 剧本吐火罗语 A 写本，季先生毅然承担起考释研究的艰巨工作。经过十余年努力，并得到温特尔和皮诺两人的帮助，于 1998 年出版了英文专书。这是吐火罗学研究上的重要成果，受到国际学界的高度赞誉。

季先生去世后，中国吐火罗学面临后继无人的局面。此时日本青年学者荻原裕敏（Ogihara Hirotoshi）和中国台湾女学者庆昭蓉来到北京，两人都曾在巴黎受教于皮诺教授，专攻吐火罗语，先后获得博士学位。荻原先生应邀在中国人民大学国学院西域历史语言研究所工作，庆女士则先在北京大学中国古代史研究中心从事博士后研究，现为该中心兼职研究员，同时任德国 Gerda Henkel 基金会玛丽·居里学者和法国科学研究中心东亚文化组兼职研究员。荻原博士主要进行佛教文书的考订，庆女士研究世俗文书。经过北京大学荣新江和朱玉麒教授等的协调，新疆龟兹研究院和北大、中国人大通力合作，从 2009 年起先后数次组织有关专家（包括赵丽雅女士）前往新疆各石窟遗址进行实地考察，取得丰硕成果。在吐火罗学研究方面，已在《文物》2013 年第 3 期上发表论文《新疆龟兹研究院藏吐火罗语文字资料研究概况》、《新疆龟兹研究院藏木简调查研究简报》、《从吐火罗语 B 语词汇看龟兹畜牧业》。在《西域文史》第 7 辑（2012 年）上发表有《克孜尔尕哈石窟现存龟兹语及其他婆罗谜文字题记内容简报》。在《敦煌吐鲁番研究》第十三辑刊出的有《克孜尔石窟后山区现存龟兹语及其他婆罗谜文字题记内容简报（一）》、《略论龟兹石窟现存古代期龟兹语题记》、《龟兹石窟现存题记中的龟兹王》。预定将在年内《文物》上刊出的有《新疆拜城县亦狭克沟石窟调查简报》、《新疆龟兹研究院所藏龟兹语诗文木简》。此外，还对德藏、俄藏、法藏和旅顺博物馆所藏吐火罗语文献进行考释研究，用中、日、英、法等文字在国内外学术刊物上发表论文近二十篇。在这样短的时间里有这么多成果，实在难能可贵。

在国外，维也纳大学的玛尔粲教授于 2007 年编辑出版了论文集 *Instrumenta Tocharica*。全书除"前言"外，共收录文章十篇。对于有志于吐火罗学研究的学人来说，该书大概是最便利、最实用的指南。玛尔粲教授率领的团队有两位优秀的青年学者，即在莱登大学获博士学位的贝明（Michaël Peyrot）和在哈佛大学获博士学位的费尔纳尔（Hannes A. Fellner）。2010 年，玛尔粲出版了巨著《吐火罗语动词系统》（*The Tocharian Verbal System*），贝明则在 2013 年出版了另一巨著《吐火罗语虚拟式：对句法和动词词干构成之研究》（*The Tocharian Subjunctive: A Study in Syntax and Verbal Stem Formation*）。两书都由莱登的博睿（Brill）出版社刊行，可视为吐火罗语语言学研究的里程碑。维也纳大学从 2011 年 2 月开始，正在执行由玛尔粲主持的项目—"吐火罗语文献全编"（A Comprehensive Edition of Tocharian Manuscripts）。该项目为期六年，目标是通过互联网在线提供全部吐火罗语文献的原始照片、拉丁字母转写和英译，还包括语言学、文献学、古代文化等方面的相关信息以及书目。

研究吐火罗语言史，需要紧密联系操吐火罗语的吐火罗人的起源和迁徙问题。从上世纪 80 年代起，中外学者都对有关吐火罗语的史地和民族问题进行研究。国内学者如黄盛璋、林梅村、杨建新、王欣、余太山等都有论著。张广达（1931—　）和耿世民（1929—2012）两位先生于 1980 年发表的《唆里迷考》（载《历史研究》1980 年第 2 期）是一篇重要论文，文章依据 1959 年在哈密发现的回鹘文本《弥勒会见记》序文第十二页反面的新材料，经过细密考证，令人信服地论证了常见于中世纪中外文献中神秘的"唆里迷"（Solmi/Sulmi）一名即焉耆或在焉耆附近。历经数十年，此说在学界已成定论。

现在多数学者赞同中国古代文献中的"月氏"与吐火罗人有关。如林梅村先生最近发表论文，认为希腊文献把大月氏称作"吐火罗人"，从考古发现看，吐火罗人起源于里海、黑海北岸的颜那亚文化，公元前 2300 年迁入阿尔泰山南麓，形成"切木尔切克文化"（或称"克尔木齐文化"）。汉代的祁连山指新疆天山东麓，大月氏王廷就在"天山"脚下的巴里坤草原。在新疆发现的各种考古学文化中，以洋海墓地为代表的苏贝希文化，就是大月氏文化。巴里坤东黑沟遗址至少存在两种时代前后衔接的文化：早期为大月氏文化，晚期为匈奴文化或受匈奴文化强烈影响的小月氏文化（参看《大月氏人的原始故乡—兼论西域三十六国之形成》，载《西域研究》2013 年第 2 期）。关于近年来新疆青铜时代和早期铁器时代的考古新发现，国内外学者都很关注，国内较有代表性的著作有郭物博士的《新疆史前晚期社会的考古学研究》（上海：上海古籍出版社，2012年）、韩建业博士的《新疆的青铜时代和早期铁器时代文化》（北京：文物出版社，2007年）、邵会秋博士的《新疆史前时期文化格局的演进及其与周邻地区文化的关系》（吉林大学博士论文，2007年）。国外则有澳大利亚学者本雅明（Craig Benjamin）在2007年出版的《月氏的起源、迁徙及其对巴克特里亚北部的征服》；俄罗斯著名考古学家库兹明娜（E. E. Kuzmina）在2008年出版了英文论著《丝绸之路史前史》（*The Prehistory of the Silk Road*），其中包括对"吐火罗问题"的讨论。2012年，乌兹别克学者也用俄文出版了讨论"吐火罗问题"的新著。

早在1985年，中国古人类学家韩康信（1935——）根据对出土人骨的研究，提出新疆地区古代居民的成分是非常复杂的。他的研究结果表明某些具有中—长颅和低面的原始高加索人成分早在距今近4000年就已出现在罗布泊地区（古墓沟遗址），其形态特征与在中亚、哈萨克斯坦、南西伯利亚和伏尔加河流域发现的铜器时代居民的形态特征接近。由此笔者提出一种假设，认为早在三四千年前就生活在塔里木盆地的具有高加索人特征的居民与后来的吐火罗人存在某种联系，并在之后发表中、英文论文加以阐述。另一方面，新疆各处的墓葬遗址还出土了大量保存完好的古代人类遗体，其中年代最早的也距今约四千年，具有明显的白人特征。美国汉学家梅维恒（Victor H. Mair，1943——）参观新疆博物馆举办的古尸展览后，倡议进行研究，他于 1996 年在美国宾夕法尼亚大学组织了题为"中亚东部铜器和早期铁器时代的居民"国际研讨会，有十多个国家和地区的学者与会。笔者随同安志敏（1924—2005）、林梅村、水涛和韩康信四位先生出席了会议，会后于 1998 年出版了两卷本文集。2000 年，梅维恒与印欧语系语言学和考古学专家马劳瑞（J. P. Mallory，1945— ）合写关于塔里木古尸的专书出版。中国著名考古学家王炳华（1935— ）也主编了中英文对照的《新疆古尸—古代新疆居民及其文化》（乌鲁木齐：新疆人民出版社 2002 年版），受到国内外学者的好评。

从 2000 年起，中国考古学家进出罗布泊沙漠，找到了 1934 年瑞典考古学家贝格曼（F. Bergman，1902—1946）曾找到过的、位于孔雀河流域下游的小河墓地。2003 年经国家文物局批准开始发掘，发现数具保存完好的古代人类遗体。经 DNA 检测，小河居民具有东西方成分混合的特点，其男性人体检出单倍体 R1a1a 标记，这一分子人类学结论与韩康信的观点相吻合。由吉林大学、复旦大学和美国学者合作完成的英文论文于 2010 年发表，引用率很高。现在国内外学者一般认为：南西伯利亚的阿凡纳羡沃文化（Afanasievo Culture）与原始吐火罗人有联系，居住在米奴辛斯克和阿尔泰地区说印欧语的族群向南进入新疆北部，形成"切木尔切克文化"，而"小河文化"是切木克切克文化南下塔里木盆地沙漠、戈壁地区后，适应当地生态环境而形成的新的文化。创造切木尔切克文化、小河文化的人群被认为和历史时期留下吐火罗语文献材料的人群有一定关系。这种观点也受到一些质疑，因为一种语言可以被不同的人群学习和使用，而且青铜时代的考古学文化和历史时期的语言与族群隔着相当长的历史时期，要确认其中的关系是困难的。

6月在维也纳的"吐火罗语写本与丝路文化"国际学术会议就是在以上学术背景下召开的。关于语言学、考古学、人类学的国际会议，每年举行的数以千万计，但对吐火罗学而言，较大规模的国际会议并不经常举行。就笔者所知，1995为纪念吐火罗语文书发表百年，在德国的萨尔布吕肯举行了一次国际会议，当时没有中国学者与会。2008年时，为纪念吐火罗语译释一百周年，分别在莫斯科和柏林举行国际学术研讨会，会议论文集即将面世。两次会议亦都没有大陆学者参加。2008年

贝格曼与斯文·赫定的合影

以后，中国的吐火罗学研究有了重要进展；2011 年 8 月 8 日至 11 日，在克孜尔举行了"龟兹石窟保护与研究"国际学术研讨会（会议论文集待刊），在国际学术界产生了良好的影响。由此维也纳会议的组织者盛情邀请中国学者参加会议。笔者于 6 月 24 日与北京大学荣新江教授、荻原裕敏博士三人从北京出发前往维也纳，庆昭蓉女士从柏林赶来。中央民族大学长江学者阿不都热西提·亚库甫教授也从柏林前来参加会议并发言。还有在德国慕尼黑大学主修印度学、副修印欧语言学和吐火罗语，毕业于复旦大学的留学生陈瑞宣同学。因为有不少中国学者与会，玛尔粲教授在 26 日的开幕会议上致辞时特地用流利的汉语说了一段话，"希望远道而来的中国客人在维也纳宾至如归"。

出席维也纳会议并作大会发言的共有约三十人，来自奥地利、德国、中国、法国、美国、俄罗斯、荷兰、瑞典、日本、波兰、克罗地亚等国，连同与会但未发言的共有约五十人。作为专业性很强的学术会议，出席人数实在不算少。应邀作主题发言的是来自法国、美国、德国的三位学者。其中法国高等实践研究院皮诺教授的讲题是《以吐火罗语为例论佛教语言的构成》；美国宾夕法尼亚大学梅维恒教授的讲题是《关于中亚东部吐火罗人的考古学和语言学证据》；柏林布兰登堡科学与人文学院杜尔肯—迈斯特伦斯特（Desmond Durkin-Meisterernst）教授的讲题是《摩尼教与吐火罗语》。其他学者分别从各个不同角度介绍了在吐火罗学研究中的新进展。概括来看，可以分为以下几个方面：一是对原典的考释；二是联系印欧语言学的语言研究，展现出传统语文学方法与现代语言学理论的结合；三是结合文献断代对吐火罗语写本书写字体的研究；四是对和吐火罗语文献有关的回鹘语文献的研究；五是有关吐火罗人起源和迁徙问题的考古学、遗传学研究；六是对各国收藏和研究吐火罗语文书的概况介绍。从这些发言和其后进行的讨论可知，吐火罗学研究确实有了长足的进展。

中国学者（包括北京团队的荻原裕敏博士）的发言内容大致如下：陈瑞宣对柏林所藏吐火罗语 B 写本 *Dhūtaguna* 进行了较为彻底的研究（此经有巴利文和藏文平行异本，汉文本见于《佛说十二头陀经》[《大正藏》783]），从语言学和佛教学两方面对吐火罗语经文作了详细评注，并给出了新的英译。笔者与复旦大学现代人类学教育部重点实验室的韦兰海博士及李辉教授合作，对从公元前 2000 年至前 200 年青铜时代和早期铁器时代新疆的考古学文化进行了梳理，讨论了吐火罗和月氏的关系问题，这个问题争论已达一个世纪之久。我们认为：把可能与吐火罗人有关的小河遗址、察吾呼文化与被视为月氏与匈奴人家园的巴里坤东黑沟和岳公台—西黑沟文化相比较，其文化内涵和 DNA 检测结果明显不同，因此不能把吐火罗与月氏等同；关于吐火罗与月氏的关系，其最终解决尚有待考古学、分子人类学和语言学等诸学科的综合研究。荣新江在发言中对新疆龟兹研究院、北京大学中国古代史研究中心和中国人大国学院历史语言研究所近来联合进行的吐火罗语文献调查和研究工作作了综述。庆昭蓉的发言着重介绍了对世俗文书的考释研究。她以西方吐火罗语研究者有关龟兹畜牧业的长期争议为例，提出新的见解，并指出只要善用新疆和敦煌的出土文献、汉译佛典和汉籍资料，不少吐火罗语文献的重大问题即可迎刃而解。获原裕敏重点谈了对佛教文献的新研究。由于这些学术信息以往不为国外学者所知，所以以上发言引起与会学者的极大兴趣。阿不都热西提·亚库甫的发言讨论了维吾尔语中可能与吐火罗语有关的借词，并根据会议组织者的安排，担任一场会议的主持人。

除上述诸方面外，对以克孜尔和库木吐喇石窟等为代表的龟兹石窟艺术研究，也是吐火罗学的组成部分之一。在这个领域里，国内外也有不少新的研究成果。实际上，龟兹佛教主要属说一切有部和根本说一切有部，因此对吐火罗语文献和石刻榜题的解读，大大有助于理解壁画艺术的内容。维也纳会议也有与此相关的论文，这里限于篇幅，不再展开。

此次维也纳会议是 2008 年以来关于吐火罗学的一次难得盛会。会议组织者已正式通知，会议论文集将于 2014 年出版，这对于未来的吐火罗学研究，将起到很好的促进作用。但从总体来说，对比同为 20 世纪重要发现的赫梯语和安纳托里亚诸语研究亦即赫梯学的进展，吐火罗学仍有不足。赫梯学的成果要比吐火罗学更加显著和成熟，而且由于有历史悠久的亚述学等学科的成果作为铺垫，更加受到印欧语言学界的关注，吐火罗学要迎头赶上，还必须作出更大的努力。笔者衷心希望，在不久的将来，吐火罗语和吐火罗人的故乡新疆有关方面也能召开一次规模更大的吐火罗学学术会议，邀请各国学者参加，真正体现出吐火罗语在中国，吐火罗学在中国也在世界，从而实现几代中国学人的梦想。

（原刊于《东方早报·上海书评》2013 年 9 月 8 日、15 日两期）

吉尔吉特写本研究的可喜成果

众所周知，近代欧美以及日本的佛教研究，是以语文学和文献学为基础的。而 19 世纪下半叶至 20 世纪，在佛教文献的发现和研究史上，堪称是最为关键的时期。我国敦煌、新疆、西藏和尼泊尔、吉尔吉特、巴米扬等地所出梵文佛典的陆续刊布，可以视为这一时期佛学研究中最重要的、史无前例的新收获。

对我国西北地区和丝路沿线出土的梵文（及其他中亚语文）佛典的研究，许多欧洲学者都作出了杰出贡献。举其最著者，如德国的吕德斯（Heinrich Lüders, 1869—1943）及其夫人（Else Lüders-Peipers, 1880—1945）、西克（Emil Sieg, 1866—1951）、瓦尔德施米特（Ernst Waldshmidt, 1897—1985）、贝歇特（Heinz Bechert, 1932—2005），法国的列维（Sylvain Lévi, 1863—1936）、本文尼斯特（Émile Benveniste, 1902—1976）、费辽扎（Jean Filliozat, 1906—1982），英国的霍恩勒（Augustus Frederic Rudolf Hoernle, 1841—1918，生于印度，1872 年在德国图宾根大学获

博士学位）、贝利（H. W. Bailey，1899—1996）、布腊夫（John Brough，1919—1984），俄国和苏联的奥登堡（Sergei Oldenburg，1863—1934）、斯彻尔巴茨基（T. Stcherbatsky，1866—1942），挪威的科诺（Sten Konow，1867—1948），比利时的普散（La Vallée-Poussin，1869—1938）、拉莫特（É.Lamotte，1903—1983）等。他们在世界各地的后继者至今仍活跃在该领域的学术前沿。

尼泊尔所藏佛教梵本，英国官员霍奇森（Brian Houghton Hodgson，1800—1894）早在19世纪上半叶（1824—1842年）就已开始进行搜集，所得颇丰。除尼泊尔本国外，这类写本现亦藏于英、日、法、德、美、俄、印度和中国西藏、北京等地。近年来尼泊尔学者与德国等国学者合作，在写本的保藏、整理、编目和数字化方面都取得了相当成绩，有关情况可看该国学人 Shanker Thapar 在韩国出版的专书：*Buddhist Sanskrit Literature of Nepal*（Seoul: Minjoksa Publishing Company，2005）。

现存中国西藏的梵文写本是极其珍贵的人类文化遗产。其载体包括贝叶、纸张和桦树皮。印度学者罗睺罗（Rahula Sankrityayana，1893—1963）通晓多种古今语言，学识渊博，于1929年、1934年、1936年、1938年四次赴藏，在各寺庙搜罗和抄录大量梵藏写本刻本。在其后的岁月里，一些印度学者和欧美、日本学者对这些宝藏陆续进行校勘，予以出版，使之逐渐为世人所知。值得一提的是罗氏信奉马克思主义，曾经两度赴苏联，1945—1947年在列宁格勒大学担任梵文教授。期间与苏联考古学家和史学家如托尔斯托夫（Tolstoff）、伯恩斯坦（Bernstam）、雅库博夫斯基（Yakubovsky）等交往，了解当时苏联中亚地区考古发掘的情况，归国后于1956—1957年用印地文写了两卷本的《中亚史》。此外，意大利最著名的藏学家、印度学家和汉学家图齐（Giuseppe Tucci，1894—1984）也携回数批重要的梵文资料，最近经斯费拉（Francesco Sferra）教授整理，图齐搜集品的第一卷已由意大利亚非研究院于2008年出版。

在我国，早在上世纪60年代，已故学者王森先生（1912—1991）就编出了《民族文化宫图书馆藏梵文贝叶经目录》，这个目录在国内外学术界都产生了很大影响。中国社科院宗教所罗炤于上世纪80年代，在极其艰苦的条件下，先后编出布达拉宫、罗布林卡和山南地区文管会等地所藏贝叶经目录，1985年7月1日最终完成了《西藏现藏梵文贝叶经目录》。

比较而言，中国学术界迄今仍然陌生的是在今巴基斯坦所属吉尔吉特（Gilgit）地区于上世纪30年代出土的梵文佛典写本及相关文物。吉尔吉特地区位于克什米尔北部，首府为吉尔吉特城。其地当丝绸之路要冲，即新旧《唐书》所载之"小勃律"，高僧法显、玄奘均曾亲履，古代与唐王朝及吐蕃都有密切联系，历史遗迹甚为丰富，其艺术和文化与中亚尤其是于阗关系紧密。西南民族大学杨铭曾撰写《唐代中西交通吐蕃—勃律道考》（载《藏学学刊》第三辑，四川大学出版社2007年版）等文，可参阅。1978年连接中巴的喀喇昆仑公路建成后不久，出生于奥地利的德国民族学家和考古学家耶特马尔（Karl

Jettmar，1918—2002）与巴基斯坦著名学者达尼（Ahmad Hasan Dani，1920—2009）就在这一带沿印度河流域发现了大量岩画和石刻铭文，其中摩崖铭刻数量达 5000 件左右，使用的文字超过 10 种（包括汉文）。现在巴基斯坦考古部门还在与英、法、德等国学者合作进行探测和发掘工作，领导者为德国考古学家豪普特曼（Harald Hauptmann，1936— ）。

首先报道吉尔吉特梵本佛典之发现的是斯坦因（Mark Aurel Stein，1862—1943）。1931 年 6 月，吉尔吉特城以西五公里一个名为瑙波（Naupur）的村庄里，一群小孩为捡寻柴火，在原本为佛塔、但却废弃已久的小土丘下挖出了一些桦皮写本，这一发现引来当地村民的大肆挖掘，大量写本被挖出。地方政府得知后，制止了村民的盗掘，并对出土文物作了保护。恰好此时斯坦因结束了在新疆的第四次考古活动，返印途中经过此地，亲自查看了遗物，并于是年 7 月发表了简短报告，同时将自己获取的一些写本送交大英博物馆。斯坦因离开吉尔吉特不久，法国雪铁龙考察团也来到此地，随团考古学家阿甘（Joseph Hachin，1886—1941）将所获取的若干写本连同一份简略报告送交列维。列维此前已看过斯坦因的材料，在检视了阿甘寄来之物后，把刚出土的六种梵典予以转写，成为一篇有关吉尔吉特佛典写本的专文，刊登在《亚洲学报》（*Journal Asiatique*，220，1932）。列维是第一位对该项重要发现所获写本进行解读且予以发表的学者。

1938 年 8 月，印度学者夏斯特里（Madhusudan Kaul Shastri）

主持了一次官方发掘，总共出土约六种佛典和少量零星文稿。而在克什米尔，对大批写本加以校读的工作则由加尔各答大学的佛教学者达特（Nalinaksha Dutt，1893—1973）承担。他从 1939 年至 1959 年，以《吉尔吉特写本》（*Gilgit Manuscripts*）为书名，出版了四大卷共九册专著。至于写本原件，现今分别收藏于印度德里国家博物馆和印控克什米尔室利那伽的博物馆，还有一些流散至印度、巴基斯坦、尼泊尔和欧美各地，至今尚未完成排序和编目等工作。德里所藏写本，由印度学者罗怙毗罗（Raghu Vira，1902—1963）及其子世主月（Lokesh Chandra）以《吉尔吉特佛教写本》（*Gilgit Buddhist Manuscripts*）为名，于 1959—1974 年出版了照相影印本。此书 1995 年再版，共三册。

我国对吉尔吉特写本最早的介绍是季羡林 1950 年完成的《论根本说一切有部律梵文原本的发现》一文。台湾学者蔡耀明于 2000 年发表长文《吉尔吉特（Gilgit）梵文佛典写本的出土与佛教研究》（《正观》第 13 期专刊），对写本内容作了翔实、全面的介绍和论述。2001 年为纪念吉尔吉特写本发现 70 周年，王冀青在兰州大学敦煌学研究所出版的《敦煌学辑刊》是年第 2 期上发表《斯坦因与吉尔吉特写本》，文章依据牛津大学包德利图书馆等机构所藏斯坦因考古日记、书信文件等，整理 、公布了一些与写本出土发现有关的原始资料，涉及写本出土地点、时间及发现之初的转手经过，但没有涉及与写本有关的语言学、文书学、佛学等方面问题。在写本的内容方面，近年台湾的学术刊物发表了一些较有分量的论文，如宗玉嬿的《梵语 Gilgit

写本两万五千颂〈波若波罗蜜经·第十四品〉之校勘及其相关问题》（载《"中央研究院"历史语言研究所集刊》第七十九本第二分，2008年）。

　　总之，数十年来，中国学者对吉尔吉特写本的关注和研究是很不足的，而印度、日本和欧美各国学者则在写本的整理、校勘、释读、翻译方面进展良多，并通过相关汉译本、藏译本的比较对照，逐渐形成一套行之有效的写本研究方法。可喜的是，近年来有负笈海外的学子在这些方面积极努力，黾勉从事。我国对吉尔吉特写本的研究渐呈方兴未艾之势。

　　上世纪90年代末，阿富汗及其邻近地区局势动荡，文物外流，国际市场上时有写本现身。其中一部经或经集的写本篇幅巨大，足有234叶之多，从其题记可知此为梵本《长阿含经》（Dīrghāgama）。学者从书写材料、字体、形制等方面进行考察，认为它应该出自吉尔吉特，与1931年和1938年发现的写本为同一批。此本目前大部分为美国收藏家亚当斯（Rick Adams）、日本已故著名画家平山郁夫（Ikuo Hirayama，1930—2009）及挪威著名收藏家斯格延（Martin Schøyen）收藏。此外日本东京佛教大学及栗田功等人亦保存了零星叶片。德国慕尼黑大学印度藏学系哈特曼（Jens-Uwe Hartmann）教授师从卓越的印度学家贝歇特和施林洛甫（Dieter Schlingloff，1928— ），对梵本《长阿含》有极深入的研究。他把新出《长阿含》的第二十经《修身经》（Kāyabhāvanāsūtra，为经叶的329r4至340r2部分）交该系博士生刘震进行释读研究，刘震在导师悉心指导下，完成了这一艰巨任务，并于 2008 年获博士学位。刘震又在博士论文基础上，进行修订、增补，写成《禅定与苦修——关于佛教原初梵本的发现和研究》一书，最近由上海古籍出版社出版（收入《复旦文史丛刊》）。

全书分为楔子、引言、转写、文本编译、参考文献目录和梵语词汇索引等部分。作者所研究的梵本《长阿含》的部派归属，目前定为"（根本）说一切有部 [（Mūla-）Sarvāstivādin]"。此前哈特曼教授已依据中亚新疆出土写本，对说一切有部《长阿含》作了详尽的研究，还原了梵本《长阿含》的大致结构和内容。作者的同学梅尔策（Gudrun Melzer）则在 2006 年通过的博士论文里对吉尔吉特出土《长阿含》作了研究。二人的研究成果为本书提供了研究的模式和体系，而本书则通过对具体实例的探索，使该体系更为完善和全面。

在"楔子"部分里，作者先对吉尔吉特梵文写本的发现经过、收藏现状和主要内容作了简略扼要的介绍，然后对《长部》和《长阿含》典籍进行概述，重点放在吉尔吉特所出《长阿含》上。这一部分征引了著名学者如哈特曼、封兴伯（Oskar v. Hinüber）、福斯曼（G. Fussman）、榎本文雄、松田和信、魏查理（Charles Willemen）等的论著，对涉及该经源流、部派归属、写本特点诸方面的问题一一进行讨论，并列表说明所研究的（根本）说一切有部《长阿含》经目（与汉译本、南传上座部巴利文本对照，还注明刊布情况）。关于写本的语言，作者指出为相对标准的梵语，较之中亚（新疆）所出《长阿含》，其中的中古印度语成分大为减少，为佛教语言梵语化的晚期形态，但仍反映了吉尔吉特的地域特色。本书对写本的书写问题也非常关注，参考了在这方面卓有贡献的桑德（L.Sander）女士以及胡海燕等人的成果，并对梅尔策博士在印度学界首次作的抄经人研究的情况作了评述。

"引言"部分近七十页，在全书中约占四分之一的篇幅。这一部分对所研究的文本概况和相关问题都作了讨论。经文讲述的是佛陀和一位名为萨遮（Sātyaki）的耆那教信徒谈论有关修身（Kāya）和修心（cittabhāvanā）的问题。经文以萨遮关于修身的论述开始，在第二部分即文本的主体部分中，插入了佛陀传记的一个片段，是佛陀在成道前的苦行经历，这也具有修身的意味，同样点明了梵文的经题。

作者利用此经的平行译本，包括一个巴利语文本、五个中亚新疆写本和对应经文尾部的两个汉译文本以及相关藏文译本，对一些专题进行了论述和考订，如萨遮之名（全称为 Sātyaki Nirgranthīputra 即"萨遮－耆那女尼之子"，还有一个族名 Agniveśyāyana 即"火种居士"）、有关禅定方式的几个专门术语（terminus technicus）、经文中三个譬喻（upamā）在内容上的变异以及人们对苦行的评价的变化等。很难得的是，在做这些考证时，作者依据另一导师梅塔教授（Adelheid Mette）的指点，参考和运用了耆那教文献。书中对写本的语言和拼写特色、抄写错误和书写特点也一一举例说明。经研究，写本语言是一种源自中古印度语的发展成熟的佛教梵语，所用字体可定为"原始舍罗陀"（Śāradā）字体的发展形式。

写本转写和文本编译是本书的主要部分。在进行编译时，整个文本被分成若干个相对独立的小段。每个段落之后是对应的汉译。而后是巴利文本、中亚新疆写本和两部汉译《萨遮经》（篇幅较长的见于《杂阿含经》，另一个在《增壹阿含经》中）。此外还有三个有对应之处的本子：尼奥利（Raniero Gnoli）编订的出于吉尔吉特的梵文本 Saṅghabhedavastu、义净译《根本说一切有部毘奈耶破僧事》和一切智天（Sarvajñadeva）等在公元 8 世纪末 9 世纪初之间所译藏文本。文本的编辑尽量客观展示文句的本来面貌，仅在必要时对与经典梵语不一致之处稍作修改。为了便于对照，书前还附有写本的彩色图版。

作为中国学者撰写的第一部研究吉尔吉特梵文写本的专著，本书所取得的成绩是十分显著的。在非汉语佛教文献研究上，西方和日本学者做了大量工作，中国学者与之相比差距甚大，目前我们只能学习和借鉴。但是，从汉文资料入手，通过印、汉、藏对勘的方法，研究文献的传承关系和历史背景，仍有很大空间，我们当积极参与。此书正是朝这一方向努力，这也是这部专著出版的学术意义之所在。

此类性质的专书几乎不可能尽善尽美。书中也存在一些细节上的失误，除排印方面的问题外，笔者注意到书中第 3 页曾提到发现写本地区的主要居民为也什昆人（Yeshkun）与西纳人（Shina），操西纳语，这是伊朗语中的 Dardic 的一种。其实 Dardic 诸语仍属印度－伊朗语族的印度－雅利安语支，并不属伊朗语，但受到努里斯坦语（Nuristani）和东伊朗语的强烈影响，前苏联学者恩捷尔曼（D. I. Edel'man）在 1965 年出过一本俄文专著。关于吉尔吉特西纳语的资料，最近出版了一本德文专著：Almuth Degener, *Shina-Texte aus Gilgit□ Nord-Pakistan□ Sprichwörter und Materialien zum Volksglauben gesammelt von Mohammad Amin Zia. Beiträge zur Indologie* 41；Wiesbaden，2008. 中国国际广播电台译审陆水林曾多次前往被称为"小西藏"的这一带地区游历考察，有相关译作多篇。已故藏学家黄颢（1933—2004，著名语言学家罗常培是其舅父）写过《邬坚巴行记——古代从阿里到克什米尔印度及乌仗那阿富汗的路线》（载《李有义与藏学研究——李有义教授九十诞辰纪念论文集》，北京：中国藏学出版社，2003 年版），陆水林先生则撰写了《关于〈邬坚巴行记〉中几个域外地名》上、下篇（分载《中国藏学》2007 年第 4 期和 2008 年第 1 期）。有兴趣了解和研究该地历史文化及民族、民俗的读者，可以参考此类文章。

1949 年以后，大陆也有少数学者从事梵文佛典写本的校订工作，如季羡林先生的弟子蒋忠新（1942—2002）已肇其端；近十年来，北京和南方青年学者都有继此事者，除本书作者外，中国藏学研究中心的罗鸿博士也是其中突出的一位。他和苫米地等流（Tōru Tomabechi）合作校注的月称（Candrakīrti）《金刚萨埵成就法》（*Vajrasattvanispādanasūtra*）梵藏本已于 2009 年出版（藏学中心与奥地利科学院合出《西藏自治区梵文文本系列丛书》第六种）。期待这些学术新秀继往开来，不断写出梵文佛典研究的新篇章。

编补：

对刘震著《禅定与苦修》有宗玉薇的书评，见《中国文哲研究集刊》，第 39 期，台北，第 224—228 页。

（原刊于《东方早报·上海书评》2011 年 3 月 20 日）

《夏鼐日记》整理编辑工作指瑕

在刚刚结束的上海书展上看到华东师范大学出版社最新出版的《夏鼐日记》（10卷本），稍作翻阅，便感内容丰富，史料价值极高，于是当即买下。归后三日里竭尽全力，把全书看了一遍，获益良多。其中印象最深的，正如陈星灿先生发表在今年8月5日《中国文物报》上的文章标题，夏鼐先生确是一位"紧跟世界学术潮流"的杰出学者。先生留学伦敦大学考古学院，是中国第一位埃及学博士，早年任职中央研究院历史语言研究所，新中国成立后，历任中国科学院和中国社会科学院考古研究所副所长、所长与名誉所长，领导中国考古事业长达35年。中国考古学之有今日，与他毕生的奋斗是分不开的。先生无论身处什么环境，即便是在中国学术界与国外的交往完全断绝的情况下，仍然关注着世界考古学的新进展，尽一切可能广泛地阅读外文刊物资料，数十年如一日，乃至生命的最后一息。高山仰止，景行行止，虽不能至，然心向往之。夏先生这种精神，实在令人折服！

夏先生日记中有大量草体小字难以辨认，乃是外文人名、地名、书名和其他专名。这些正是整理工作中遇到的一大难题。据日记《编校后记》，整理工作自 2000 年 11 月起，由考古所研究员王世民先生负责，与夏先生子女合作进行，至 2011 年已逾十年。其中英文、法文专名的翻译有专人负责，并请有关人士利用出国访问和工作之便在国外反复查对。上海师范大学文化典籍系陈丽菲教授应邀担任特约编辑，带领六位毕业同学花费两年半时间进行加工，特别编制了"交往人物索引"，使得全书极便于查检，可谓功德无量。如此艰苦努力，怎能不让人钦佩？但白璧微瑕，在阅读过程中，发现还遗留下若干问题，下面稍举几处略作说明，谨供编者和读者参考，亦是希望精益求精，使此书更为圆满。

"交往人物索引"第 250 页有"Ratchnevsky（赖切奈夫斯基）"条，见正文卷五第 252 页，注曰："1956 年参加第九届欧洲青年汉学家会议的苏联（？）学者。"此人姓名中有"斯基"字样，故猜测可能是苏联人。按，这是一位东德的知名汉学家，并非苏联人，曾任柏林洪堡大学教授，1964 年退休，后去西德。他用法文写的一些论文已由耿升先生译为中文。可参阅 [德] 马汉茂、汉雅娜，[中] 张西平、李雪涛主编《德国汉学：历史、发展、人物与视角》（郑州：大象出版社，2005 年版，第 265 页）。

卷七第 451 页，1974 年 10 月 14 日提到一本书：Samalin, *East Turkistan to the XV Century* [萨马林：《15 世纪以前的东土耳其斯坦》]。按，作者名误植，应作 William Samolin，是美国

一位研究中亚历史文化的学者，哈特福德学院教授，所作之书为《中亚研究丛书》（*Central Asiatic Studies*）第 9 种，1964 年由荷兰海牙 Mouton 出版公司出版。所谓"东土耳其斯坦"，指我国新疆地区。

卷九第 354、377—378 页都出现美国中亚史学者丹尼斯·塞纳（Denis Siner），亦见于"交往人物索引"第 253 页。按，此人姓名有误，应作丹尼斯·赛诺（Denes Sinor，1916—2011）。他原是匈牙利人，1939 年去英国剑桥大学，1962 年任美国印第安纳大学教授，直至退休。他是迄今在中央欧亚研究领域取得最卓越成就的大学者之一，也是阿尔泰学泰斗，其自选集《内亚研究文选》已由北京大学历史系民族史教研室翻译成中文，中华书局于 2006 年出版。该译本附有作者学术论著目录，篇幅超过 60 页，收录详尽。

《日记》中几次提到 Asimov（M.S. 阿西莫夫，1920—1996），但卷九第 394 页，1984 年 9 月 9 日误为 Asirov。此人未收入人物索引。他是塔吉克斯坦人，著名学者和社会活动家，担任由联合国教科文组织（UNESCO）组织编写的《中亚文明史》（*History of Civilizations of Central Asia*）国际科学委员会委员，并任该书第四卷主编，该卷已由华涛先生等译为中文，中国对外翻译出版公司 2010 年出版。书前附有美国伊朗学和中亚学家、哈佛大学退休教授弗赖依（R.N. Frye，汉文名费耐生）所写悼念阿西莫夫的短文，称其生于 1920 年 8 月 25 日，就读于撒马尔罕大学，一生事业辉煌，1962 年任塔吉克斯塔政府教育部部长，后任科学院院长，直到 1991 年退休。1990 年创建波斯语各民族学术关系文化协会（Payvand），并在其中积极活动直至去世。1996 年 7 月 29 日，他在塔吉克杜尚别住所附近遭不明身份者袭击，头部中弹，不治身亡。

卷九第 183 页，10 月 25 日的活动中提到会见和宴请瑞典学者根纳·贾林（Gunnar Jarring，1907—2002），索引漏收此人，似可补。G. Jarring 或译贡纳尔·雅林，是瑞典著名突厥语专家，也是外交官。1929—1930 年他不远万里来到新疆南部首府喀什噶尔，调查维吾尔语。1940 年转入外交界，1958—1973 年担任瑞典驻美、苏等国大使。1967 年 10 月，被任命为联合国秘书长中东地区特别代表。1973 年被提名为联合国秘书长候选人，投票时以三票之差落选。1973 年退休。自 1933 年出版博士论文《维吾尔语语音学研究》至其去世，对突厥语的研究从未中断。1978 年雅林重访新疆，他的著作《重返喀什噶尔》和其他一些学术论著已被翻译成中文，收入杨镰主编《瑞典东方学译丛》，1994 年由新疆人民出版社出版，1997 年再出新版，颇受欢迎。雅林早年在新疆搜集的维吾尔语资料和一些写本及当地印刷品，现藏瑞典隆德大学。

（原刊于《东方早报·上海书评》2011 年 9 月 13 日）

巴利语佛典汉译的新开端
——兼谈我国傣族佛典的整理研究

　　在最近举行的上海书展上，有机会看到北京大学段晴教授等与泰国佛教学者合作完成的《汉译巴利三藏·经藏·长部》（中西书局 2012 年 8 月出版），这是汉语佛教研究者研究南传上座部佛教的一项新收获，令人高兴。

　　所谓"巴利三藏"，指用巴利语记录的南传佛教上座部经、律、论三部分佛教典籍。巴利语是一种中古印度雅利安语，像各种印度俗语（Prakrit）一样，虽然与梵语关系密切，但并非起源于梵语。关于巴利语的性质，按照斯里兰卡的传统说法，被当作摩揭陀语（Māgadhī），即佛陀当年所说的语言，近代各国学者对此争论多年。但实际上，巴利语也有可能是在古代印度北方各种方言混合的基础上产生，是一种在佛典结集时"创造"的语言。因为巴利语是一种语言而不是文字，所以我们现在可以看到用僧伽罗字母、缅甸字母、泰文字母、天城体字为载体或以拉丁字转写的巴利圣典。

　　在现存各种语言的佛典中，巴利语佛典被认为最古老，对于研究原始佛教和上座部佛教最有参考价值（参阅郭良鋆著《佛典和原始佛教思想》，北京：中国社会科学出版社，1997年，第5页）。巴利三藏以《律藏》开始，由"经分别"、"犍度"、"附随"三部分组成。《经藏》分为《长部》、《中部》、《相应部》、《增支部》、《小部》等五部。前四部与汉译《四阿含》相当；《小部》中除一些零星的单品之外，大都没有译成汉语。《论藏》是对经法的解释，包括《法聚论》、《分别论》、《界论》、《人施设论》、《论事》、《双论》与《发趣论》共七部作品。此外，巴利语佛教文献还包括许多藏外典籍，如各种注释和义疏，还有《岛史》、《大史》《弥兰王问经》和《清净道论》（*Visuddhimagga*）以及辞书、语法、诗学与修辞学著作等等。《清净道论》是统摄巴利三藏的最重要作品，作者为觉音（Buddhaghosa，约公元5世纪中叶）。此书已由叶均（了参法师，1916—1985）译为汉文，中国佛教协会1981年印行。

目前比较完整的巴利三藏原典有斯里兰卡版、缅甸版、泰国版。斯里兰卡版是1960—1970年代由政府赞助出版的，从1991年开始输入电脑，1994年全部完成，1996年上网，以后又进行了几次更新。缅甸版是该国第六次结集的成果，由印度的内观研究所（Vipassana Research Institute）进行电子化。泰国版内容包括三藏及其泰译，还有注释书，已制成光盘，也开发出网络版，网络版具有拉丁字、天城体、泰文、僧伽罗文等四种字体的显示功能（有关详情和各种网络版网址，见蔡奇林《网海一滴：网路上的巴利教学与研究资源举隅》，《佛教图书馆馆讯》第 40 期，2004 年 12 月，第 21—35 页；《巴利数位文献资源的现状与未来》，"佛学数位资源之应用与趋势研讨会"论文，台北，2005 年 9 月，第 1—23 页）。

欧美国家和日本对巴利佛教文献的研究也有悠久历史。限于篇幅，早期的工作这里暂不涉及，只从李斯·戴维斯（Thomas William Rhys Davids，1843—1922）谈起。戴维斯于 1843 年 5 月 12 日生于英国，青年时代去德国布雷斯劳大学学习梵文，后曾在锡兰任职。1881 年他倡议成立"巴利圣典学会"（Pali Text Society），主持会务长达 40 余年。学会的主要工作，是组织各国学者无偿地编辑整理巴利佛典。1882 年，《巴利圣典学会会报》（*Journal of the Pali Text Society*）创刊，直到现在，该刊仍主要刊登这方面的最新研究成果。经过长期不懈努力，巴利圣典学会成为国际上公认的最权威的巴利佛典研究和出版机构。戴维斯去世后，学会由他夫人卡洛琳（Caroline Augusta Foley，习称"戴维斯夫人"，1858—1942）接替管理。在她之后，一些著名学者如霍纳（I. B. Horner）、诺曼（K. R. Norman）、贡布利希（R. Gombrich）等，都曾担任学会会长。日本自"明治维新"以后，对南传上座部佛教的研究也逐渐兴起。1936—1941 年，依据巴利圣典学会的校刊本和英译本，由高楠顺次郎（1866—1945）监修，翻译出版了《南传大藏经》65 卷共 70 册。除巴利三藏之外，还收入《弥兰王问经》、《岛史》、《大史》、《清净道论》、《摄阿毗达磨义论》和阿育王铭文等。以后还编纂了日译南传大藏经的详细索引，并且出版了一些新译本，新译了若干以前未译的典籍。

把巴利三藏译成中文，近代以来一直是不少中国佛教学者的愿望。1943年成立了"上海普慧大藏经刊行会"，原本计划出版北传、南传全部佛典，但未能实现，仅仅从日译《南传大藏经》中把六册转译成汉文。直到现在，从巴利语直接译为汉语的南传佛典，只占原典的极小一部分，除前述叶均先生所译《清净道论》外，主要有以下译作：汤用彤先生（1893—1964）译的《南传念安般经》，法舫法师（1904—1951）译的《三宝经》《吉祥经》《南传大悲经》，了参法师（叶均）译的《南传法句经》《摄阿毗达磨义论》，季羡林先生（1911—2009）的两位高足郭良鋆女士和黄宝生先生合译的《佛本生故事精选》，郭良鋆译的《经集》，邓殿臣教授（北京外国语大学僧伽罗语专家，1940—1996）译的《长老尼偈》《长老偈》，巴宙先生（1918— ）译的《南传大般涅槃经》《南传弥兰王问经》，韩廷杰先生（1939— ）译的《岛史》《大史》，等等。目前唯一比较完整的巴利三藏汉译本，是由台湾元亨寺"南传大藏经编译委员会"组织翻译的《汉译南传大藏经》，但仍然采用从日译本转译为汉文的办法。这套译本流通很广，但译文存在的问题也比较多。

早在上世纪70年代，巴利圣典学会就开始尝试把巴利原典数字化，但由于当时技术条件尚不成熟，加之人力、经费限制，最终放弃。1989年，泰国法身寺基金会启动了巴利圣典学会版巴利原典的光盘制作工作。1996年4月，法身寺与巴利圣典学会签订合约，正式发行巴利佛典光盘1.0版，现在已经开发到

2.5版。2008年，法身寺法胜大学致力于新的巴利三藏校勘工作，邀请斯里兰卡、缅甸、泰国20位精通巴利语的比丘和全球知名巴利语学者前来参与和指导，并拟把各种巴利贝叶经资料整理、编目并实现数字化。北京大学梵文贝叶经与佛教文献研究所经泰国在北大的博士留学生居间联络协调，决定与法胜大学的上述项目进行合作。2009年8月，北大王邦维教授、段晴教授和萨尔吉副教授赴法胜大学签订了双方合作意向书。

北大梵文贝叶经与佛教文献研究所隶属该校外国语学院与东方学研究院，成立于2004年。现在的主要工作是调查、整理、研究我国收藏的梵文写本和各种古代西域语文写本，从事南传巴利语大藏经的汉译，启动《梵汉大词典》编纂，逐步建立梵、巴、藏、汉对勘文献数据库，并为西藏培养研究梵语写本的专门人才和开展国际学术交流。该所至今已有五名博士研究生毕业，在国内外学术刊物上发表了大量论文，并且正式出版了《梵文写本〈无二平等经〉的对勘与研究》（范慕尤著，2011）、《〈中论颂〉与〈佛护释〉——基于新发现梵文写本的文献学研究》（叶少勇著，2011）、《〈中论颂〉——梵藏汉合校·导读·译注》（叶少勇，2011）、《梵文基础读本—语法·课文·词汇》（季羡林译，段晴、范慕尤续补，2009）等专书，"新出于阗语及梵语文献研究"项目的最终成果亦将于近年内问世。研究所研究人员和学生都受过系统的梵语、巴利语训练，熟悉印度学、佛教学领域的基础知识和相关文献，了解和掌握现代国际学术规范，适合从事南传巴利佛典的汉译工作。

综观《长部》译本，有以下几点值得介绍：

第一，底本可靠。译经根据法胜大学提供的巴利圣典协会最新精校巴利文大藏经，参考觉音等著名论师所作注释及英译、日译等多种文本，尽可能吸取各国学者的研究成果。

第二，选择《长部》先译。巴利语藏经以《律藏》开始，但《经部》最能体现原始佛教的教义和思想体系，而且汉译大藏经中广泛流传的《大正藏》以《阿含部》居首，所以如此处理。

第三，汉译文不涉及各种文本的对勘。除汉文《长阿含》诸经外，中亚等地区也出土过梵语《阿含经》写本，有的还有对应藏文本，各国学者已经做过许多汉、藏、梵、巴的对勘工作。书中对这些未予涉及，只是在注释中对一些必须说明的问题作了简要解释，以帮助读者理解。

第四，体例严谨，译名处理恰当。翻译此类经文，最令人困惑的问题是对古代异域的概念、名物、习俗等词汇如何用汉语表达。书中对古代既有音译又有意译的译名，倾向采用意译。如 Ambalatthikā，前贤有译作"庵婆罗林"的，新译采用意译"芒果树园"，容易让人理解。凡遇为人熟知的古译名，新译不再依据巴利语给出新的音译。如佛的名字"乔达摩"，系据梵文译出，古来已有，不再改译。又如"帝释"，本是意兼音的翻译，现可译为"众天神之王释迦"，但"帝释"已约定俗成，也不再改。这些语词，通过千余年来的佛经翻译，已经成为汉语词汇的一部分；若另出新词，反觉生疏。为便于读者对照，书后附巴利语－汉语及汉语－巴利语译名对勘表。

第五，书前有段晴教授所写长篇导读——《探径于〈长部〉》，对《长部》三品（《戒蕴品》、《大品》、《波梨品》）共34部经文作了全面介绍。

全书用流畅、规范的现代汉语译出，既可供专业人士参考，也可供一般读者阅读。参加该书翻译的有9位汉族、藏族学子，笔者在此衷心盼望译经团队继续不懈努力，勇猛精进，一切善愿皆悉成就，并以此福德报国土恩，报众生恩。

笔者最近在媒体上得知中国佛教协会南传工作委员会于2012年6月1日公布了《中国上座部佛教专有名词巴利音译规范表》，表的说明称：为了促进中国上座部佛教尽快纳入南传上座部大传统，也为了避免中国上座部佛教弟子在使用音译巴利语专有名词时出现混乱，经过五年半不断摸索和实践，并采纳多方意见，制定了这个规范表；推广和实行巴利语专有名词的巴利汉文音译，是在中国佛教界普及巴利语，把巴利语因素融入中文佛教用语的具体举措，故要求中国上座部佛教弟子共同参与和促成此举。制定这个"规范"可能出于良好用意，也符合现在我们常说的所谓"与国际接轨"的精神。"规范"要求翻译时尽可能采用音译，虽也允许在某些情况下随顺古译，如Buddha仍译为"佛陀"，不出新译，但从"规范"表中给出的例证来看，已经有一些不妥之处。如十分常见的"乔答摩"（巴利语Gotama，梵语Gautama），现在规定改译"果德玛"；"摩揭陀"（巴利语、梵语Magadha），现规定改译"马嘎塔"，完全没有必要。尽人皆知的"阿育王"（巴利语Asoka，梵语

Aśoka，古音译"阿输迦"等），现规定改译为"阿首咖"，并加说明云："许多字音也会根据具体情况而稍作变化。如 Asoka（阿育王），以相对应的汉字拼译出来为'阿索咖'，但实际音译为'阿首咖'。"实在是不知所云，让人看了莫名其妙。翻译巴利三藏，首要的问题就是译名，若真是严格遵循"规范"行事，势必寸步难行，且会严重损害译文的质量。"名无固宜，约之以命，约定俗成为之宜，异于约则谓之不宜。"（《荀子·正名》）古人早已认识到语言有其使用规律，希望"规范"的制定者考虑，切不可草率从事。

我国是汉传、藏传和南传巴利语系佛教都存在的国家，云南则是中国境内流传南传上座部佛教的唯一省份，有傣、布朗、佤、德昂等族信仰南传佛教，其中人数最多、最有代表性的是傣族。根据云南大学姚珏博士的田野调查，傣族巴利语佛典由三个部分组成：一是傣族所用的巴利三藏与三藏注疏；二是从巴利三藏中遴选、编写而成的傣族常用巴利语经典；三是傣族自己创作的《本生经》之类作品，所用的语言有傣语也有巴利语。但长期以来，由于通晓巴利语、梵语和佛教学的研究者极其缺乏，对这些典籍的整理、编目、校勘等工作都开展得极不充分，国际学术界对此也缺乏了解，也没有什么相应的研究成果。新中国成立以后，有一批民族语言和文化研究者，如罗美珍、王敬骝、陈相木、张公瑾等诸位对傣文及其文献进行了调查探索，云南当地出版社也出版了如《贝叶文化论》等相关著作多种，取得了一些成绩，但相对于数量庞大的文献来说，这样的研究还极其薄弱。可喜的是，从 2006 年至 2010 年，人民出版社出版了数量达 100 卷，共 114 册的《中国贝叶经全集》，陆续向海内外发行，这是中国南传上座部佛教经典的首次选编集萃。该书以贝叶经原件扫描图像、老傣文、国际音标、新傣文、汉文直译、汉文意译六对照的方式编纂结集，被誉为"研究我国南传佛教的空前盛举"（详情请参阅周娅女士的文章《〈中国贝叶经全集〉九大问题述略》，载《思想战线》2007 年第 6 期，第 67—73 页）。但不能不指出，这样的结集和出版编纂工作只是初步尝试，还比较粗糙，特别是没有与现存其他巴利语文献进行系统的比较对照，不符合国际学术规范。在此，笔者建议云南有关方面与北大团队以及泰国佛教学术界开展合作，对傣族佛典逐渐进行更加深入的整理和研究工作，弄清傣族巴利语文献的源流、版本及在内容方面的特点，以新的成果贡献于世界佛教学界。

（原刊于《东方早报·上海书评》，2012 年 11 月 18 日）

"汉学"与"虏学"之互动

傅斯年先生（1896—1950）在其名篇《历史语言研究所工作之旨趣》（载《中央研究院历史语言研究所集刊》第一本第一分，1928 年）中有一段论述：

> 我们中国人多是不会解决史籍上的四裔问题的，丁谦君的诸史外国传考证，远不如沙万（按即 Édouard Chavannes，1865—1918）君之译外国传，玉连（按即 Stanislas Julien，1797—1873）之解大唐西域记，高几耶（按即 Henri Cordier，1849—1925）之注马可博罗游记，米勒（按即 F. W. K. Müller，1863—1930）之发读回纥文书，这都不是中国人现在已经办到的。凡中国人所忽略，如匈奴、鲜卑、突厥、回纥、契丹、女真、蒙古、满洲等问题，在欧洲人却施格外的注意。说句笑话，假如中国学是汉学，为此学者是汉学家，则西洋人治这些匈奴以来的问题岂不是虏学，治这学者岂不是虏学家吗？然而也许汉学之发达有

些地方正要借重虏学呢!

与此文同时刊登的，还有傅斯年提议、筹备会员通过的《本所对于语言学工作之范围及旨趣》，其中列举了几项主要的研究课题：（一）汉语方言，（二）西南语，（三）中央亚细亚语，（四）语言学。在谈到"西南语"研究的目标时，作者认为："我们中国人因为自己的母语在这一族里，所以天性上，或应云心理上，了解这些语言的本领比欧洲人大。若果印度支那语系的一行学问也被欧洲人占了先去，乃真是中国人的绝大耻辱啊！我们现在要一个一个的研究这些语言，将来要综合起来建设印度支那语系的学问。"在论述广义的中亚语言研究的重要性时，作者列举了梵语、巴利语、粟特语、吐火罗语和突厥语、蒙古语、满语等，强调"这些语言，特别是梵语，和中国史学中若干最重的科目之关系用不着详说"。"我们若不和法德人比着这些知识，怎么可以识大宛而辩大夏，考于阗而迹疏勒！"

另据吉川幸次郎（1904—1980）的回忆，1927 年 4 月间，胡适（1891—1962）在京都支那学会演讲时，曾于黑板上大书"虏学"二字，可见在这一问题上，胡、傅两先生的见解是一致的。

正如 70 多年后台湾"中研院"史语所陈庆隆先生在《释"虏学"》（载《学术史与方法学的省思——"中央研究院"历史语言研究所七十周年研讨会论文集》，2000 年 12 月出版，第 109—124 页）所说："'虏学'之名，并未广泛使用。尽管如此，在当年极其保守的学术界里，傅先生勇于挑战传统，善于规划未来；率先提倡'虏学'研究，颇具前瞻性。"陈先生在这篇文章里，着重回顾了国外阿尔泰学特别是突厥学的发展历程，并以实际例证说明这些学术成果对于近世中国学术界的影响，如陈寅恪（1890—1969）的治学就终身与"虏学"密不可分，诚如其亲戚俞大维所回忆：

> 他研究中西一般关系，尤其文化交流、佛学的传播及中亚的史地，他深受西洋学者的影响。例如法国的 Pelliot（伯希和，1878—1945）、德国的 F. W. K. Müller、俄国的 W. Barthold（1869—1930）及其他国学者。

陈先生在 20 世纪 30 年代初致陈垣先生（1879—1971）的一封信中，就特别提到巴托尔德的名著 *Turkestan down to the Mongol Invasion*（1928 年英文版），足见俞氏之说不诬。至于伯希和等法国汉学家的著作，通过冯承钧先生（1887—1946）的翻译，在中国学术界产生了重大的影响，至今仍是受到普遍重视的宝贵资料。缪勒曾任柏林民俗学博物馆馆长，据说他通晓从大西洋到太平洋地区的所有主要语文，具有很高的学术地位，故为陈氏所景仰。

当然，所谓"虏学"，只是一种比喻的说法。西方汉学从其发展初期起，就十分注意对中国境内边疆地区及跨境周边地区以至整个欧亚大陆（Eurasia）的研究，取得的成绩十分显著，且一度成为汉学研究的主流。如对汉藏语的研究，如果从 J. C. Leyden 的著作 On the languages and literature of the Indo-Chinese nations（*Asiatic Researches* X，1808，158-289）算起，至今已有 200 年了。至于"汉藏语"这个名称，则是 Jean Przyluski（1885—1944）在 1924 年提出的，英文文献中首见于 1931 年（*Bulletin of the School of Oriental Studies* VI，3，667—668）。斯坦因（Marc Aurel Stein，1862—1943）、伯希和、勒柯克（Albert August von Le Coq，1860—1930）、大谷光瑞（1876—1948）等对敦煌、吐鲁番文献的劫掠，尽人皆知，但在客观上也促进了汉学、藏学、印度学、伊朗学、突厥学的发展。为了避免辞费，我们只要举出下面一批 19—20 世纪以及当代学者的名字，就足以说明汉学与东方学和亚洲研究其他领域的互动关系了：

Nikita Yakovlevich Bichurin（1777—1853）、Julius Heinrich Klaproth（1783—1835）、Jean-Pierre Abel Rémusat（1788—1832）、Vasili Pavlovich Vasil'ev（1818—1900）、Ivan Pavlovich Minaev（1840—1890）、Alexander Wylie（伟烈亚力，1815—1889）、Wilhelm Schott（苟兑，1826—1889）、Hans Georg Conon von der Gabelentz（甲柏连孜，1840—1893）、Wilhelm Grube（1855—1908）、Emil Vasilievich Bretschneider（布润珠，1833-1901）、Friedrich Hirth（夏德，1845—1927）、W. Woodvil Rockhill（柔克义，1854—1914）、Sylvain Lévi（1863—1935）、Berthold Laufer（1874—1934）、Erich Haenisch（1880—1966）、Antoine Mostaert（1881—

1971)、Ferdinand Lessing（1882—1961）、Bernhard Karlgren（高本汉，1889—1978）、Walter Liebenthal（李华德，1886—1982）、Alfred Salmony（1890—1958）、E. D. Polivanov（1891—1938）、Ernest Julius Walter Simon（1893—1981）、Paul Demiéville（戴密微，1894—1979）、Giuseppe Tucci（1894—1984）、Joseph Needham（李约瑟，1900—1995）、Walter Fuchs（1902—1979）、Louis Hambis（韩百诗，1906—1978）、A. von Gabain（葛玛丽，1901—1993）、Wolfram Eberhard（艾伯华，1909—1989）、Louis Ligeti（1902—1987）、Peter Boodberg（卜弼德，1903—1972）、Henry Serruys（1911—1983）、Rolf Alfred Stein（石泰安，1911—1999）、Uray Géza（1921—1991）、Jan Willem de Jong（狄庸，1921—2000）、John Brough（1917—1984）、Luciano Petech（1914—2010）、Herbert Franke（1914—2011）、James Hamilton（1921—2003），等等。以上这些学者的研究领域都不局限于汉学，其中有的且是卓越的突厥学家、蒙古学家、藏学家、印度学家和佛学家。

还应该提一下近代受到西方学者影响的日本东洋学界，百年以来也是名家辈出，这里也略略举出一些我国学者熟悉的名字：白鸟库吉（1865—1942）、内藤湖南（1866—1934）、鸟居龙藏（1870—1953）、桑原骘藏（1871—1923）、滨田耕作（1881—1938）、羽田亨（1882—1955）、石田干之助（1891—1974）、榎一雄（1913—1991）、山口瑞凤（1926—　），等等。

还有些学者本人不是汉学家，但其工作对汉学研究有重要贡献，如 Henry Yule（1820—1889）、Josef Marquart（1864—

1930）、Harold W. Bailey（1899—1996）、Gerard Clauson（1891—1974）等，亦不胜枚举。最著名的例子是：早在 1923 年，北京大学《国学季刊》创刊号就发表了印度学家钢和泰（1877—1937）的《音译梵书与中国古音》，这篇文章在中国历史语言学的发展史上有深远影响。该文认为：研究汉语音韵的材料有三个重要的来源，一是汉语方言，二是汉－外语的对音与译音，三是反切与韵表，其中汉－外语的对音与译音尤以梵－汉对音最为重要，"梵咒的音读因为有宗教的性质，故在中国古音学上的价值比一切非宗教的译音格外重要"。反映胡适观点的《国学季刊》发刊词还明确地指出："在音韵学上，比较的研究最有功效。"这说明了当时中国学者对语言学中的历史比较法的认同。

季羡林（1911—2009）教授曾在《留德十年》中提到 20 世纪 30 年代哥廷根大学汉学研究所的汉学家 Otto von Maenchen-Helfen（1894—1969），有一段生动的记述："他正在研究明朝的制漆工艺。有一天，他拿着一部本所的藏书，让我帮他翻译几段。我忘记了书名，只记得纸张印刷都异常古老，白色的宣纸已经变成了淡黄色，说不定就是明版书。我对制漆工艺毫无通解，勉强帮他翻译了一点，自己也不甚了了。但他却连连点头。他因为钻研已久，精于此道，所以一看就明白了。"此公曾信奉马克思主义，是一位通晓多种语言的中亚学学者，对考古学和艺术史也造诣甚深，1969 年于美国去世，1973 年由美国伯克利加州大学出版社出版的关于古代匈人的未完成的遗著 *The World of the Huns* 蜚声世界。他的著作早就引起我国学者的注意，如 20 世纪后半期海外交通、贸易及华侨史名家韩振华（1921—1993）曾译出其所撰《丁零民族考》，刊载于《广东日报·民族学刊》第 17 期，时为 1948 年 7 月。

外国汉学家的工作对中国学者的少数民族语言研究也产生了影响。如比利时神父贺登崧（1911—1999）是汉语方言地理学的先驱，其学生和合作者王辅世教授（1919—2001）却转而研究苗语等语言，取得了显著成就。王先生完成于 1950 年的辅仁大学硕士论文《宣化方言地图》，40 多年后才由日本东京外国语大学亚非研究所出版（1994）。为进一步说明两者的互动关系，下面再举一位 19 世纪在英国工作的法国汉学家拉古伯里（Terrien de Lacouperie，1845—1894）的例子，从中可以看出我们应该正确对待早期将汉学和非汉学研究结合时产生的谬误。

拉氏短暂的一生，留下了不少著作，如他曾受聘编著大英博物馆所藏的中国古钱目录、翻译《易经》，特别是写了一本《中国太古文明西源论》（*Western Origins of the Early Chinese Civilization from 2300 B. C. to 200 A. D.*），曾引起很大争议。此书引据西亚古史，多方附会，为证中国民族衍自西方，认为黄帝率领着他的人民从巴比伦和埃兰（Elam）迁移到中国的西北来，然后进入黄河流域。这种说法自然不能成立，法国著名汉学家马伯乐（Henri Maspero，1883—1945）曾给予中肯的批判。但自 1899 年日人白河次郎等撰《支那文明史》援斯说以立论以来，晚清学者如章太炎、蒋智由、刘师培、梁启超、黄节等相率考稽古史，多方比附，甚至深信不疑。从学术上说，这是由于我国学术界当时对西亚古代历史、文明和语言所知极少所致。论者或以为拉氏这套说辞，是伴随西方殖民帝国主义的扩张，所产生的"欧洲中心"（Euro-centric）的文化霸权论述，其所蕴含的种族偏见与虚构性，早已昭然若揭。其实，作者似并无此种政治或意识形态意图。更值得注意的是，拉氏在 1887 年出版了《汉人居住之前的中国语言》（*The Languages of China Before the Pre-Chinese Races of China Proper Previously to the Chinese Occupation*，Transaction of the Philological Society，London），这本书是探索史前中国语言状况的开创之作。

李济先生（1896—1979）于 1923 年在哈佛大学研究院完成博士论文《中国民族的形成》（*The Formation for the Chinese People*），1928 年正式出版。书中对拉氏有如下评论："在没有任何现成的体质人类学资料的情况下，语言学的分类成了划分这些部落的唯一依据。然而，遗憾的是，即使用语言学分类法也很难作出任何最终的结论。拉古伯里所写下的先驱之作，迄今后继乏人。拉氏的著作在许多方面不够准确，他时常把许多明明是汉语的词汇读作土著语言。……此外，对汉语古音的构拟至今仍不完善，加以汉语书面语的语法结构作为语言研究的基础又容易误入歧途。拉氏的著作完全基于历史文献，在这种情况下，即使他对原文的理解是如实的，其研究成果也必然是不准确和不全面的。戴维斯（Major H. R. Davis）的近作《云南》（剑桥大学出版社 1909 年版）在这方面有了长足进步。其中的一条是，他的材料完全来自于实地调查。除了观测上的个人误差之外，他的分类比较令人满意，尽管从整个体系上看还是没有脱出拉古伯里的窠臼。"（此据张海洋、胡鸿保等译本，收入李光谟编校《中国现代学术经典·李济卷》，石家庄：河北教育出版社 1996 年版，第 290 页）

李氏的书完成于上世纪 20 年代，自然有其局限性。但作者根据汉文历史记载，结合生物学特别是遗传学的方法，运用语言学资料，论证中国历来是一个多民族国家，各族的交往和混血以及汉族"滚雪球式"的壮大，都是无可辩驳的事实。拉氏书的贡献，在于初步阐明古代中国是一个多民族杂居共处的地区，在远古和上古时期，语言交流融合的情况错综复杂，以华夏语为核心逐步形成的汉语容纳了不同民族语言的成分，实际上是一个混合体。当然，拉氏认为原始的中国人是泰族，以为汤放桀的"南巢"，就是唐代南诏的前身、泰族最初的根据地，这是没有根据的推测。

此外，拉氏也是西方第一篇讨论纳西族象形文字和东巴经的文章的作者。巴黎外方传教会教士德格定（Auguste Desgodins）1855 年来华，后在西康传教 58 年，编有《藏法字典》（1913 年逝世），并把一本纳西东巴经复制本带回西方。拉氏据此在 1885 年发表的《西藏境内及周围的文字起源》一文中公开发表了这份材料，明确指出这是纳西人的象形文手稿。又据美国的印度河谷哈拉巴文字研究者 Steve Farmer 最近考证，拉氏在 Alexander Cunningham 首次公布哈拉巴文字印章（见 *Report for the Year 1872-3 of the Archaeological Survey of India*，1875）后，在

The Journal of the Royal Asiatic Society of Great Britain and Ireland，New Series Vol. 14 （1882）撰文，将这种文字与 Colborne Baber 带来的罗罗文（彝文）手稿作对比，认为这两种文字存在联系。这个尝试自然也是失败的，但从中可以看出拉氏对学术上的新发现非常敏感，他大概是世界上第一个关注印度河谷古文字的汉学家。

耶鲁大学的著名人类学家 George Peter Murdock （1897—1985）说："在历史学或人类学上，是否有一种单一的文化，在其组成要素中至少有百分之九十不能归之于文化转借，那是令人怀疑的。"问题的关键并不在于是否承认文化传播的存在，而在于在研究这种现象时必须采取审慎的态度，把经不起推敲的臆测和争论减到最低程度。

正如考古学家苏秉琦先生（1909—1997）在其《中国文明起源新探》书中所指出，中国历史传统就是天下国，有"中央"和"四裔"，既有中外之分，又有"天下一家"的理想。中国文化既是土生土长的，又是在与周边民族文化交流中发展的。最迟从旧石器时代晚期起，欧亚大陆以至新旧大陆之间就有了交流。中国东半部的史前文化则与东亚、东南亚乃至环太平洋的文化圈有广泛联系。而我国学者往往至今认识不到这一点。例如，从《史记·匈奴传》起，就认为中国北方地带自古以来就生活着和汉代匈奴一样的游牧人。实际上，中国北方地带游牧人群的出现要从欧亚大陆游牧文化形成这一历史大背景来考察和认识（参阅林沄《柯斯莫〈中国前帝国时期的北部边疆〉述评），《吉林大学社会科学学报》2003 年第 3 期，第 79—85 页）。

在国外，近年由于"中国中心观"（Sino-centrism）的影响，汉学研究中对边疆、四裔和中外关系、中外语言交流问题的探索也有点削弱，特别是对古代，这些领域已非汉学研究的热点。但还是有一批学者坚持不懈地致力于此。我们可以举已故法国华裔学者吴其昱先生为例，他对西域语言和宗教有深入研究，在藏文、西夏文、回鹘文、梵文、粟特文、叙利亚文、希伯来文等古文献方面都有探讨和论述，近年著作如：《景教三威蒙度赞研究》（《史语所集刊》，LVII，第 3 分，台北，1986）；Legend in the Old Testment and in the Huainanzi on the stopping of the solar movement（*Silk Road Studies* V，Turnhout，Brepols，2001）；《唐代景教之法王与尊经考》（《敦煌吐鲁番研究》第 5 卷，北京，2001）；《敦煌北窟叙利亚文课经（Lectionary）诗篇残卷考释》（《新世纪敦煌学论集》，成都，2003），等等。这是我们应该学习和效法的典范。

汉语研究和非汉语研究的结合，汉学与藏学、满学、突厥学、蒙古学、印度学、伊朗学、日本学、朝鲜学、东南亚研究等等学科的结合，这是西方汉学的优良传统，也是我们在新时代里应该发扬光大的。

（原刊于姚小平主编《海外汉语探索四百年管窥》，

北京：外语教学与研究出版社，2008 年）

粟特文明与华夏文化

　　粟特人，是说印欧语系印度－伊朗语族东伊朗语的一个古老民族。他们原来生活在中亚阿姆河和锡尔河之间的泽拉夫珊河流域，西方古典文献把这一地区称之为"索格底亚那"（Sogdiana，即"粟特"），其主要范围在今天的乌兹别克斯坦，还有部分在塔吉克斯坦和吉尔吉斯斯坦。在中国古代史籍中，粟特人被称为昭武九姓、九姓胡、杂种胡、粟特胡等等，有时就简称为"胡"。粟特人建立的国家分布在粟特地区大大小小的绿洲上，其中以撒马尔罕（Samarkand）为中心的康国最大，此外有安国、东曹国、曹国、西曹国、米国、何国、史国、石国等。历史上的粟特人没有形成一个统一的帝国，长期受周边地区势力强大的外族控制，但他们具有很强的应变能力，不仅保存了独立的王统世系和富有特色的文化，而且长时期内在欧亚内陆扮演着传播多元文化和多种宗教的角色。特别是在 3 世纪至 8 世纪之间，也就是大体上相当于中国的汉唐时期，由于商业利益的驱使，加上粟特地区的战乱等原因，大批粟特人沿着陆上丝绸之路东行，并且控制了这条极其重要的经济贸易和文化交流的通道，成为中古时代独具特色的商业民族。

粟特人往往以商队的形式，由商队首领率领，结伙东行。他们在丝绸之路上一些便于开展贸易和居住的地方停留下来，建立自己的聚落。根据历年来对粟特文古信札，敦煌、吐鲁番发现的汉文和粟特文文书，中原各地出土的汉文墓志材料的研究，我们可以确知粟特人所走的道路是从西域北道的据史德（今新疆巴楚东）、龟兹（库车）、焉耆、高昌（吐鲁番）、伊州（哈密），或是从南道的于阗（和田）、且末、石城镇（鄯善），进入河西走廊，经敦煌、酒泉、张掖、武威，再东南经原州（固原），入长安（西安）、洛阳，或东北向灵州（灵武西南）、并州（太原）、云州（大同东）乃至幽州（北京）、营州（朝阳），或者从洛阳经卫州（汲县）、相州（安阳）、魏州（大名北）、邢州（邢台）、定州（定县）、幽州（北京）而到营州。在沿路的主要城镇，几乎都留下了粟特人的踪迹。例如，根据中唐人姚汝能编纂的《安禄山事迹》，安禄山是营州杂种胡，其母阿史德氏为突厥巫，而其小名为轧荦山。据伊朗语大家恒宁（W. B. Henning）教授的考释，这是粟特语 rwxsn- 的音译，意为"光明、明亮"，可见其父是粟特人，他的语言、文化和宗教信仰都是粟特系的。

早在上世纪的 30 年代，中国学者如向达、王重民先生就非常注意收集与粟特人有关的资料，取得显著成绩。到了八九十年代，随着文物考古新材料的发现和研究，中国学术界对粟特文化的关注日益加深。特别是宁夏固原粟特人墓地的发掘和1999 年发掘的虞弘墓、2000 年发掘的安伽墓、2003 年发掘的史君墓，引起了国际学术界的极大兴趣，把全世界对粟特文明的研究推向了一个新阶段。

2000 年 5—7 月，西安北郊龙首原发现了北周安伽墓，出土墓志一方，志盖书为："大周同州萨保安君之墓志铭"。萨保又写作"萨宝"，是粟特语的音译。粟特人主要信奉琐罗亚斯德教（Zoroastrism，即拜火教，祆教），这种信仰源远流长，影响

《安禄山事迹》钞本（国家图书馆藏）

安伽墓志（579，长安）

安伽墓围屏石榻（复原）

安伽墓门额火坛

何家村鎏金仕女狩猎纹八瓣银杯

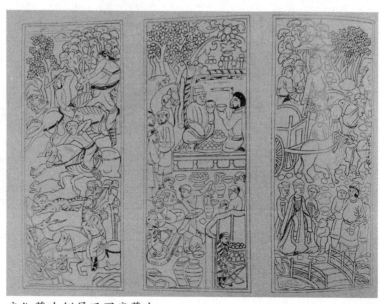

安伽墓左侧屏风图案摹本

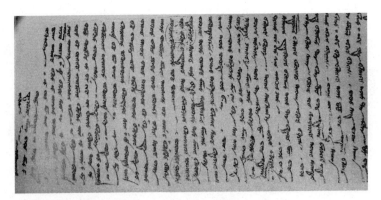

粟特人书信

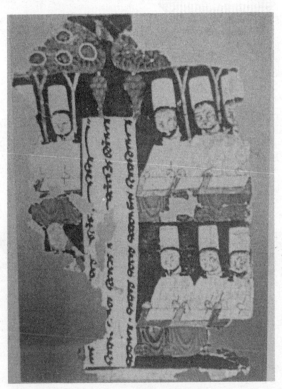

哈拉和卓古城摩尼教寺院出土摩尼粟特文经卷插图

所及，包括历法、礼仪、建筑、习俗以至日常生活的各个方面。所谓"萨宝（保）"，在粟特语中原指"商队首领"，其后在北朝和隋唐时演变为在华粟特人中掌管宗教和世俗事务的首领。

这次汉唐文物大型展览展出的安伽墓石门石刻的内容带有明显的祆教特征。如门额呈半圆形，正面装饰有减地浅浮雕贴金彩绘图案，可分四组，并以纵中心线为轴对称分布。中部为火坛，三头骆驼踏一硕大的覆莲基座，驼背负一较小的莲瓣须弥座，座上承大圆盘，盘内置薪燃火，火焰升腾幻化出莲花图案。火焰左右各有一乐神，上身袒裸，腰系裹体红色长裙，跣足，肩披飘动飞扬的条帛，四周祥云缭绕。左侧乐神弹奏曲颈琵琶，项圈和手镯贴附金箔；右侧乐神舞弄箜篌。骆驼座两侧各有一人身鹰足祭司，上半身为人身，卷发、深目、高鼻、络腮胡须，似戴口罩，上身赤裸，下身为鹰身，双翼伸展上翘，尖尾鹰爪，双手握神仗伸向火坛两侧的供案。供案为三兽足，案面两端呈鱼尾状，案上放置器物。门额左、右下方各有一面向中央火坛的胡人，面对熏炉礼拜，炉内燃火。门额底部刻起伏的山峦，施以黑彩，减地部分全部填以红彩。整个画面宗教色彩浓厚，火坛占据中心位置，祭祀活动以它为中心并围绕其展开。墓主人生前担任萨保，其祖先应该来自中亚，人骨鉴定结果也证明墓主人的种族特征属中亚地区高加索人种。

安伽墓出土的围屏石榻共刻绘56幅图案。图案用中国传统的浅浮雕、线刻、彩绘、贴金等技法表现胡人的生活情景。这些图案与门额祭祀场面不同，基本以写实为主，主要表现墓主人生前的生活经历，包括出行、宴饮、狩猎、娱乐等场面。图案中大部分活动的参与者为胡人，但画面中出现了传统的中式建筑，说明他们已移居中土。榻板正面及侧面刻绘的图案，可能与墓主人的宗教信仰有关。

根据学者们的分析研究，安伽墓出土石刻画面中的人物除剪发的粟特人外，还有披发的突厥人。这些图像资料，对于认识古代涂兰人（突厥人）与伊朗人（粟特人）的文化互动，提供了宝贵的新的例证。在粟特地区，多以纳骨瓮（Ossuary, Ossuaria）收纳天葬后的遗骨，但这并不是粟特人的唯一葬式。在中亚穆格山粟特语文书中，也可看到中亚粟特人有亡人置厝地的墓地。正如波斯本土存在石建崖墓那样，入华粟特人也不乏兴建被称为"石坟"的陵墓，亦即建有石棺床等构件的陵墓，而且从石刻画面反映出其葬式中不断出现与中华礼制及突厥葬仪的融合，这是很有意义的。

何家村遗宝是 1970 年 10 月在陕西省西安市南郊何家村发现的，共出土文物 1000 余件，其中金器总重量达 298 两，银器总重量达 3000 多两。遗室内涵丰富，来源复杂，展示了萨珊波斯、罗马、粟特、日本等文化的风采，打开了一个认识唐代中外文化交流的窗口。例如，无论在唐代还是之前，带把杯都是一种独特的器物，杯体再呈棱形的做法，更是没有实例。何家村遗宝中的伎乐纹八棱金杯、鎏金伎乐纹八棱银杯、人物八棱金杯，显然不是中国传统器物的造型，但在 7 世纪至 8 世纪初的粟特地区都有发现。粟特八棱形带把杯通常在足底边缘以及八棱的折处有联珠装饰，杯身上有环形把，上有指垫，指垫上常为人头像。何家村遗宝中的这三件金银杯具有浓郁的粟特风格，几乎具备了粟特金银杯的所有特性，即八棱形、环状把、指垫上有人头像、棱面上饰联珠等等。

这些器物小巧玲珑，有很高的观赏价值，但不大实用。为了直接用于日常生活，唐人很快进行了创新，如何家村遗宝中的鎏金仕女狩猎八瓣银杯，将外凸的八棱改为内凹的八瓣，分界处的联珠变作柳叶，指垫呈多曲三角形，杯腹的主题纹饰也换成唐式的狩猎图和仕女游乐图。杯腹下部捶出一层更为凸起的八瓣仰莲，呈现出花朵般的造型，设计上体现了对异域文化的取舍和改造，但其渊源所自，仍得益于粟特带把杯的影响。

唐代盛行胡旋舞或胡腾舞，白居易《胡旋女》诗形容这种舞蹈是"左旋右转不知疲，千匝万周无已时"。胡旋舞来源于粟特，最初大概流行于胡人之中，但后来几乎遍及中国。诗人的吟咏和大量的图像，足以说明粟特地区的音乐舞蹈对中国影响之深。正如姜伯勤教授所指出，我国最新考古发现中与粟特和拜火教有关的画像石、壁画、石刻、丝织品等艺术遗存，唤醒了墓葬遗址中沉睡千年的艺术性灵，再现了中亚艺术与华夏礼乐文明的交融互动。

（原刊于《上海文博论丛》2005 年第 1 期）

关于古代中国罗马城的讨论的"终结"

　　关于古代中国与罗马世界的交往的历史，百余年来中外史学家已经进行了比较充分的探讨。近年来的考古发掘也提供了新的物证。早在 1941 年，英国汉学家德效骞（Homer H. Dubs）就在《美国语文学学刊》上发表论文，认为公元前 1 世纪中后期帮助匈奴郅支单于守城、抵御汉西域都护府副校尉陈汤进攻的士兵中有罗马军队的残部，战败后成为陈汤俘虏，被送到汉代的边郡建立骊靬城。至 1957 年，德氏又出版题为《古代中国的罗马城》的小册子，对此进行了进一步的论证。到了上个世纪 60 年代，美国汉学家肯曼（Schuyler Cammann）和余英时先生先后发表评论，指出其说不可信从。应该说，对这个问题的讨论到这时已经有了比较明确的结论。

　　但是，从 1989 年开始，中国、澳大利亚和原苏联的一些学者，又声称在中国西部发现可能是罗马兵士后裔所建的"白人聚落"，一时引起国内外媒体广泛关注。澳大利亚教师大卫·哈里斯（David Harris）除在甘肃当地进行调查外，还亲赴罗马、大马士革、莫斯科、塔什干等地，企图追寻和查证文献上所说罗马残部停留的地点与留下的遗迹，并将其结果写成专书。至于现在骊靬城所在的甘肃永昌县，不但塑像建碑，每逢节庆，还举行罗马士兵的化装游行以及所谓"鱼鳞阵"表演，以此创造"旅游资源"。近十余年来，国内外报章、电视、广播等至今仍不断有相关报道，一般都倾向以为实有其事。

媒体的宣传和炒作也激发了学者的联想，如以翻译希腊和罗马古典著作闻名的王以铸先生，在为《古罗马风化史》中译本所作的序言里，曾经这样写道：

> 当时条件的限制使罗马和汉帝国未能建立关系，罗马只从传闻中知道东方有个产丝的国家……当时中国通西域的使者最远也只到达西亚，没有到巴尔干半岛的记录，更不用说意大利了。但是从不久前的报纸上我们得知我国西部腹地发现了一个白人聚落，据说他们可能是西元前53年罗马将领克拉苏斯东征帕尔提亚（我国历史上叫安息）惨败之后流落到中国的他麾下罗马士兵的后裔。克拉苏斯战败阵亡后，西方的史籍再也没有提及他的部下的下落，只知道他们消失在东方的大漠里。如果有关史学界把这事的来龙去脉弄清，这实在是我国和古罗马的一段稀有的姻缘！

与此相反，自上世纪90年代以来，海峡两岸的多位中国学者著文立论，对此"发现"进行探讨，以严肃的、科学的态度反驳了上述说法，其中尤以台湾史语所邢义田先生在 1997 年和 2005 年发表的两篇论文最为重要。本文只是在前人和时贤研究的基础上，对所谓"古代中国罗马城"相关的若干问题略作考述，希望稍稍有助于澄清这一历史之谜（参阅《长沙三国吴简暨百年来简帛发现与研究国际学术研讨会论文集》，北京：中华书局，2005 年，第 361—379 页）。

一、罗马史料无法证实克拉苏军队的残部曾协助郅支单于守城

公元前 54 年，克拉苏（Marcus Licinuius Crassus）率领七个罗马军团，约四千骑兵与数量大略相同的轻装步兵进攻安息，下一年即公元前 53 年罗马军队与安息军队遭遇于卡尔莱（Carrhae，在今土耳其 Harran 附近），罗马军队溃败。克拉苏率领的罗马士兵总数约为四万人，据说有两万人被杀，一万人被俘虏。对这一万战俘的命运所知甚少，老普林尼（G. Plinius Secundus，A. D.23—79）的《自然史》（*Naturalis Historia*）中提到，克拉苏战败后，罗马俘虏被安息王欧罗笛斯（Orodes）发遣至马尔吉亚纳（Margiana）以防卫安息帝国的东部边界。无疑有许多战俘死于长途跋涉之中，究竟有多少罗马士兵到达马尔吉亚纳并不清楚。贺拉斯（Horace）的《诗歌》曾说到那些克拉苏的残部和"蛮族"女子结亲，为敌人安息王服务。至

于德效骞说有部分罗马士兵后来又更向东到了都赖水（塔拉斯河）上的单于城，无论罗马或中国史籍都未见任何记载。

二、罗马步兵擅长的"龟盾阵"等与《汉书·陈汤传》所记的"鱼鳞阵"和"重木城"是两回事

公元前36年，由于匈奴郅支单于侵扰乌孙，残杀康居民众，轻侮汉使，陈汤在西域都护甘延寿支持下，假传汉元帝诏旨，征发周围十五国兵及车师戊己校尉屯田卒，共四万余众，分南北二路西进，征讨郅支单于。汉军抵康居后，联络康居不满郅支单于的贵族作为内应，甘延寿、陈汤共率大军攻克单于城，斩杀郅支单于及其支持者。关于这次战役，《汉书·陈汤传》记录了攻郅支城的情况：

明日，前至郅支城都赖水上，离城三里，止营傅陈。望见单于城上立五采幡帜，数百人披甲乘城，又出百余骑，往来驰城下，步兵百余人，夹门鱼鳞陈（颜师古注：言其相接次，形若鱼鳞），讲习用兵。城上人更招汉军曰："来！"百余骑驰赴营，营皆张弩持满指之，骑引却。颇遣吏士射城门骑步兵，骑步兵皆入。延寿、汤令军闻鼓意皆簿城下，四面围城，各有所守。穿堑，塞门户，卤楯为前，戟弩为后，仰射城中楼上人，楼上人下走。土城外有重木城，从木城

226

中射，颇杀伤外人。外人发薪烧木城。夜，数百骑欲出外，迎射杀之。

　　这里对战争场面的描述颇为生动。早在 1938 年，荷兰汉学家戴闻达（J. J. L. Duyvendak）就已发表一篇论文，根据《汉书·元帝纪》的记载，谓建昭四年（公元前 35 年）春正月，以诛郅支单于告祠郊庙，赦天下，群臣上寿置酒，以其图书示后宫贵人，认为这里所记"图书"的"图"，应是山东孝堂山石祠西壁的胡汉交战图。这种形式的交战画像不同于中国本身绘画传统，可能出于从康居或粟特（Sogdiana）俘虏的中亚艺匠之手。但他没有说到这与卡尔莱战役以及罗马战俘的关系等事。德效骞却从中受到启发，将陈汤诛郅支的文献描述和图画、罗马俘虏以及置骊靬县等都作了联系，从而提出一连串推论。

　　德效骞依希腊学大家塔恩（William Tarn）的提示，以为这"鱼鳞阵"就是罗马的"龟盾阵"（testudo），"重木城"就是罗马人用的 palisades（他把"重木城"英译为 double palisade of wood）。但根据邢义田先生的研究，罗马的龟盾阵既有文字记载，也有图拉真和马可·奥勒留纪功柱上的浮雕为证，可以明确地知道是在进攻或退却时，士兵把所持的盾牌密集地连在一起，不留空隙，并把相接的盾牌举于头顶，以遮挡敌人的箭和矛的攻击。而鱼鳞阵只见于《汉书·陈汤传》，其阵式和来历均无可考，故与龟盾阵实无可比较。至于"重木城"，依《汉书》文义似是一种土城之外的木构的多重防御工事，与罗马人置于要塞壕沟外或门前的尖木桩和有倒钩的铁刺等防御设施根本是两回事。

德效骞还接受了上面提到的戴闻达教授的意见，认为前引《汉书·陈汤传》中对郅支城一战的描写，就是根据陈汤所绘的战役图。而陈汤之所以用图画来描绘自己的战功，则是由于击败郅支、虏获罗马士兵之后，从他们那里听说了罗马人如何在战斗胜利后举行凯旋式，不免受到影响的结果。其实，正如邢义田先生所指出，如果稍一比较罗马凯旋式进行的方式和孝堂山胡汉交战图所表现的内容，二者实在是风马牛不相及。凯旋式的特色在于展示战利品和突出战车上戴桂冠的将军，孝堂山交战图所描绘的以胡汉骑兵的对阵厮杀和献俘为主，两者明显不同，实在无从关联。

三、大卫·哈里斯在中亚的追寻一无所获

上文述及的澳大利亚教师大卫·哈里斯经过一番努力，根据原西北民族学院关意权教授给他的一份地图，来到永昌西南的"者来寨"进行了调查，据说找到了一些木制品和长百余公尺的残墙以及一些花纹像是汉陶的残片。但这些"发现"完全无法证明是汉代的遗留，更不要说是建骊靬城的罗马人的遗物了。

为了寻找更多的证据，哈里斯又飞往罗马、大马士革、莫斯科等地，均毫无所获。在塔什干，他拜访了曾在木鹿（Merv）从事考古发掘二十多年的学者 Zamira Uzmaiova，其老

师是原苏联著名学者马松（Masson）教授（曾在木鹿附近率领考古队进行发掘工作并继续深入研究，前后达四十年）。按德效骞的理论，有些卡尔莱之役的罗马残部正是被拘禁在木鹿，其中一部分又从木鹿逃到匈奴郅支单于的王庭。但 Uzmaiova 女士明确告诉他这里没有你要寻找的罗马人的证据。然后，他又请教了著名考古学家 Edward Rtveladze。Rtveladze 教授打开中亚地图，指出木鹿以东一千公里内曾有罗马遗迹的地点，并出示遗迹的档案照片，从中找到阿富汗边界 Keleft 附近一处洞穴上刻写的拉丁文铭记。拉丁铭文意义不明，但其中有 Girex 一字，是罗马第十五军团（XV Apollinaria）的名字。哈里斯颇为兴奋，相信这是安息人确曾将罗马俘虏送往中亚的一项证据。但实际上，第十五军团是奥古斯都（27B.C.—A.D.14）所组建，其名称源自罗马主神阿波罗（Apollo），这也是奥古斯都的保护神；而在公元前 53 年的卡尔莱之役和公元前 36 年陈汤败郅支之战时，该军团还根本没有成立。

为了查证郅支城，哈里斯又到了可能是郅支城所在附近的阿拉木图。当地的考古学家 Baipakov 教授告诉他，在江布尔（Dzhambul）以东十五公里处有一年代不可考的石城残留，可能是郅支城，但也可能是中古时期商旅往来打尖的休息站（caravanserai）

总之，哈里斯虽然尽可能试图从俄国和中亚学者掌握的考古资料中寻找罗马兵士的线索，但在他结束中亚之旅时，可谓一无所获。

四、汉简确证汉代骊轩城与罗马战俘无关

德效骞认为骊轩极有可能是按照罗马的模式组建起来的，其人民没有向中国投降，而是自由人，因此无论在哪个方面都不会期盼他们遵循中国的做法。只要他们保持和平、交纳赋税、履行兵役职责，中国政府通常都尽可能不去理会他们。几乎毫无疑问，中国也给这些罗马人派遣了一个由中央任命的长官来监督城市和县。鉴于这个城市持续存在了几个世纪，我们可以设想他们会与中国妇女结婚。

余英时先生在其名著《汉代贸易与扩张》（1967）第四章讨论归降的胡族人及其待遇时，特别以"附录"形式对德效骞之说进行批评，指出他所描述的 145 个罗马人（《汉书·陈汤传》："生虏百四十五人。"）在中国的定居，与汉朝政府通常用来处置归降蛮夷人的整套制度背道而驰。余先生非常赞同肯曼教授的看法，骊轩城在任何意义上从来都不是一座罗马人的城市，更不用说殖民地了。

《文物》2000 年第 5 期刊布部分新出敦煌悬泉置简牍，其中有些与骊轩相关。我们从中可以看出，骊轩县下有乡里、邮置，同时还设有养马苑，其建置与中原地区相同。《汉书·地理志》张掖郡下有十县，骊轩为其一。如果肯定为安置一百余名罗马战俘而置此县，在制度上就讲不通。

有关骊轩的资料，亦见于居延肩水金关简。张德芳先生用相关简牍资料反驳战俘建城说的论文，共引用金关简八枚、悬

泉简四枚，其中两枚肩水金关简可以说明骊靬县存在的时间。这两枚简都有"神爵二年"字样，神爵二年相当于公元前60年，这比公元前53年罗马军团败于卡尔莱，流亡到马尔吉亚纳；公元前36年陈汤杀郅支单于，生虏145人都要早。因此，骊靬县绝不可能由这100多名罗马士兵建立，或为安置他们而建。

五、骊靬得名可能和大秦人来此贸易聚居有关，但这与罗马士兵建城之说无关

我们认为罗马人建骊靬县之说纯属子虚乌有，但并不否认河西地区可能远在张骞通西域之前就与西域诸地存在经济文化交流。除已发现的物质遗存外，根据人类学、考古学、遗传学和语言学的研究成果，现在已经可以初步肯定来自西方的人类基因在全新世以后已经流入接近中亚的中国西北地区和北方地区。至于今天永昌县一带居民是否仍然保留欧亚西部的遗传特征，则有待于今后的进一步研究。

饶宗颐先生指出，骊靬当是大秦人贸易足迹所至而聚居，甘肃武威擂台汉墓有"琥珀兽"5件，可为物证。敦煌在汉以前的匈奴时期，即在河西四郡未成立之前，应有许多大秦人于此贸易，他们开辟了匈奴时期的敦煌。这种可能性也不能完全排除。但这与罗马士兵建城之说并无关涉。

综上所述，若无其他新证据、新发现可供继续研究探索，

则近 70 年来关于中国西部罗马城的争论即可宣告"终结",更有意义的应是对古代河西地区与西域交通往来的实证性研究。

编补:

关于骊靬问题,请参阅余太山先生的新作《关于骊靬问题的札记》,载《丝瓷之路——古代中外关系史研究》创刊号,北京:商务印书馆 2011 年版,第 235—244 页。

根据兰州大学谢小冬教授率领的研究团队所作的 Y 染色体检测,所谓"骊靬人的聚落"的人群与北方汉人最为接近,而与中亚和西部欧亚成分相偏离。他们的英文论文载于 *Journal of Human Genetics*,52,2007,584-591.

澳大利亚莫纳什大学的 Christopher A. Matthew 认为为郅支单于守卫城池的可能是亚历山大东征后流寓于中亚的希腊重甲步兵,而不是罗马士兵,见其 Greek Hoplites in an Ancient Chinese Siege 一文,载 *Journal of Asian History*,45(2011),17–37。他注意到谢小冬教授等的工作,但未引及他们的英文论著。

(原刊于《丝绸之路古国钱币暨丝路文化国际学术研讨会论文集》,

上海书画出版社,2011 年)

令人神往的伊特鲁里亚文明

　　伊特鲁里亚人（Etruscans）是古代意大利西北部伊特鲁里亚地区的古老民族，居住在亚平宁山以西及以南台伯河和亚努（Arno）河之间。在意大利的所有古代居民中，伊特鲁里亚人可能是最能激发后世好奇心的一支。他们创造了辉煌的文化，对罗马人曾经产生重大的影响。但是在希腊和拉丁文献中有关他们的资料极其稀少，依靠19世纪以来的考古发掘，笼罩在伊特鲁里亚文化上的神秘面纱才逐步揭开，自公元前9世纪至前1世纪的伊特鲁里亚人的历史发展脉络才逐渐廓清。

　　关于伊特鲁里亚人的起源，有东来、北来、本土诸说。古希腊史家、西方"历史之父"希罗多德（Herodotus，约公元前484—前425年）在其名著《历史》（商务印书馆1959年第一版中文译本 I.94）中说：

　　　　吕底亚人的风俗习惯和希腊人的风俗习惯是很相似的……据我们所知道的，他们是最初铸造和使用金银货币的人．他们又是最初经营零售商业的人。依照他们自己的说法，那些在他们和希腊人中间通行的一切游戏，也都是他们发明出来的。他们说他们发明这些游戏，正是他们在第勒塞尼亚（Tyrrhenia）殖民的时候。关于这件事他们是这样讲的：在玛涅斯（Manes）的儿子阿杜斯（Atys）王当政的时代，吕底亚的全国发生了严重的饥馑。起初的一段时期，吕底亚人十分耐心地忍受这种痛苦，但是当他们看到饥馑持续下去毫无减退的迹象时．他们便开始筹划对策来对付这种灾害。不同的人想出了不同的办法，骰子、羊踝骨、球戏以及其他所有各种各样的游戏全都发明出来了。只有象棋这一项．吕底亚人说不是他们发明出来的。他们便用这些发明来缓和饥馑。他们在一天当中埋头于游戏之中．以致不想吃东西，而第二天则只是吃东西而不游戏。他们就这样过了18年。但是饥馑的痛苦仍然是压在他们身上，甚至变得越来越厉害了。最后国王只得把全体吕底亚人分开，叫这两部分人抽签决定去留，而他将继续统治抽签留在国内的那一半人。移居国外的人则归他的儿子第勒塞诺斯（Tyrrhenus）领导。抽签之后应当移居的人就到士麦拿（Smyrna）去．造了船舶，把他们一切可以携带的日用财物放到船上之后，便起程寻找新的生计和土地去了。直到最后．在他们驶过了许多民族的土地以后，他们到达了翁布里亚（Umbria）。他们就在那里建立了一些城市，从此定居下来了。他们不再称自己为吕底亚人，他们按率领他们到此地来的王子第勒塞诺斯的名字，而称自己为第勒塞尼亚人。

按这种说法，伊特鲁里亚人是小亚细亚吕底亚人的后裔。也有人认为他们与佩拉司吉人（Pelasgi）有关。但狄奥尼西奥斯（Dionysius）说他们是意大利的土著。考古材料表明．伊特鲁里亚文明属于早期铁器时代文化，它和出现在公元前 10 世纪的意大利古代文化——维朗诺瓦文化（Villanova Culture）有继承关系，但又明显带有小亚细亚和爱琴海文化的影响。

公元前 7 世纪时，伊特鲁里亚出现城市国家。至公元前 7

彩绘赤土陶塞王头像

235

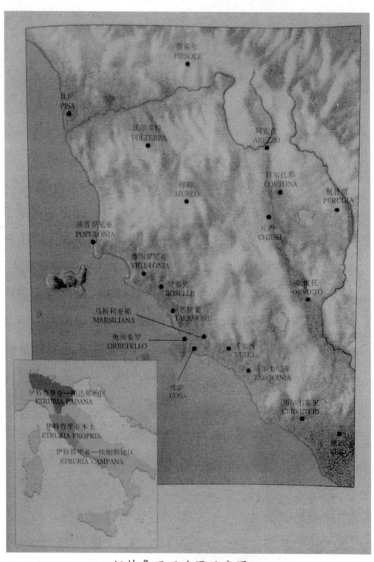

伊特鲁里亚地区示意图

赤土陶酒神-女祭司头像檐饰（佛罗伦萨国立考古博物馆藏）

伊特鲁里亚壁画　位于塔昆尼亚的"利奥帕德家族之墓"中的竖琴演奏家，伊特鲁里亚人相信死亡是生命的延续，生死同样可以享受快乐，这群热爱生活的人们可以笑对死亡。

高浮雕带翼女魔像（公元前4世纪末到前3世纪，维皮纳那墓葬出土，佛罗伦萨国立考古博物馆藏）

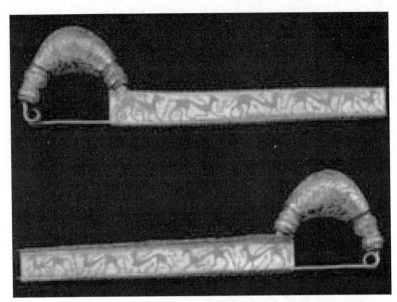

水蛭形饰物（"里托"墓出土，佛罗伦萨国立考古博物馆藏）

伊特鲁里亚神庙复原图

伊特鲁里亚石板　发现于爱琴海列姆诺斯岛，雅典希腊国家博物馆藏，石板上刻有198个字母（33个词）。

伊特鲁里亚文金箔　1964年7月8日被人们发现的三片金箔。其中两片上是伊特鲁里亚文，另一片上是腓尼基文，记录了一位伊特鲁里亚统治者为一位腓尼基女神建造一处圣所。这些公元前500年左右的金箔对人们研究宗教和历史具有重大价值，同时也对学者理解伊特鲁里亚语言起了重要的作用。

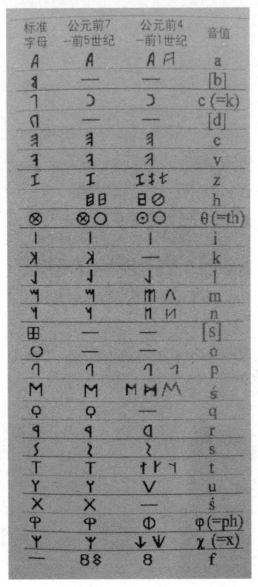

伊特鲁里亚字母表

242

伊特鲁里亚数字符号

		I（1）
		V（5）
		X（10）
		L（50）
		C（100）
		D（500）o M（1000）
		M（1000）o M̄（10.000）？

伊特鲁里亚数字　罗马数字即渊源于此

世纪末，12 个城市结成联盟。他们向南推进到拉丁姆和坎帕尼亚（Campania）地区。公元前 6 世纪，伊特鲁里亚文明达于极盛。伊特鲁里亚人善于开发水利，建立灌溉系统，农业发达，畜牧业也相当兴盛。随着手工业和商业的发展，对外贸易日益繁荣，与希腊、迦太基和北方的凯尔特人都有频繁的经济往来。他们精于冶金工艺，金银首饰、铜镜、金银细工制品都大量外销。他们的巨冢，周围直径可达数十米，内部结构复杂，装饰浮雕、壁画，历年来出土了很多姿态生动逼真的赤陶人像，体现出高度的艺术成就。至公元前 509 年，伊特鲁里亚人建立的塔克文王朝（Targuin Dynasty）被罗马人推翻。此后伊特鲁里亚诸城邦同罗马之间发生多次冲突，结果诸城邦被纳入罗马的势力范围，伊特鲁里亚人统一意大利的努力由此告终。公元前 283 年罗马控制了整个伊特鲁里亚，但各城邦还保持内部自治。公元前 1 世纪，苏拉（Lucius Cornelius Sulla）将伊特鲁里亚并入罗马. 伊特鲁里亚人逐渐被罗马人同化。

伊特鲁里亚人笃信宗教。在罗马人的眼中，他们以敬畏神灵出名，并且有一套繁复的祭祀、崇拜仪式，其中包括大量占卜活动，他们信奉的宗教是多神教，其中有些神名源自希腊，另一些神名则可能是土生土长的。伊特鲁里亚人的神庙不仅是祈祷和修炼的地方，也是社区居民集会和进行社会活动的场所。目前所见的神庙通常只存地基，但出土祭品品种繁多，数量巨大，为研究伊特鲁里亚人的宗教活动提供了丰富的佐证材料。

伊特鲁里亚人有自己的语言和文字。他们的语言不属于印欧语系，与现在所知的任何语系的语言都没有亲属关系，所以至今还是一个谜。伊特鲁里亚语的文字体系所用的字母是由希腊字母派生而来的，这种文字像近东的各种字母和早期希腊字母一样，通常从右到左书写。随着时间的推移，字母表的形式和构成发生了许多变化．它的最后形式约在公元前 400 年形成．有 20 个字母，即 4 个元音 [a，e，i，u] 和 16 个辅音。这是从较早的 26 个字母（约公元前 700 年）和 23 个字母（公元前 5 世纪）简化而成的。伊特鲁里亚文字系统派生出其他意大利字母，其中拉丁字母最终取代了伊特鲁里亚字母。

现在已经发现了 10000 多块伊特鲁里亚文字的碑铭，而且每年都有新的发现。托斯卡纳地区公元前 7 世纪到公元初期的铭文，是了解伊特鲁里亚语言的主要依据。经过学者们多年不懈的努力，对这种语言的破解已经取得了相当大的进展，但尚未释读成功，主要原因是伊特鲁里亚语的系属和性质至今没有完全搞清楚。对有些文献的研究还在继续。例如，19 世纪末在一具来自埃及的木乃伊的裹布上发现了一篇用伊特鲁里亚文字写的文章，共 216 行，这块裹尸布可能是从一卷由伊特鲁里亚商人带到埃及的亚麻布上剪下来的。又如在 1964 年，以研究伊特鲁里亚文化知名的意大利学者帕罗提诺在发掘罗马附近的一座伊特鲁里亚神庙时，挖得三面金牌。其中两面上有伊特鲁里亚文铭刻，另一面有古迦太基文即腓尼基人的文字的铭刻，而古迦太基文是语言学家通晓的文字，所以这可能成为解开伊特鲁里亚文之谜的一把钥匙，不过经过一段时间的对比研究，还没有取得肯定的结论。

总之．伊特鲁里亚文明是对罗马和欧洲其他文化都有显著影响的辉煌的古代文明，伊特鲁里亚字母成为罗马人创造拉丁字母的基础。罗马人还接受了伊特鲁里亚人的神祇崇拜和神像拟人化，以及根据天象和动物内脏判断吉凶的占卜术等。伊特鲁里亚人的建筑术对罗马的建筑也起了重要作用，角斗、凯旋式和职官权力的标志等，都为罗马人所仿效。

至于伊特鲁里亚文化和中国古代文化之间的关系，经过最近的探索，似乎也有一点线索可循。根据一些语言学家、人类学家和遗传学家的研究，远古时代大约近两万年前，存在一个超级大语系即得内－高加索语系（Dene-Caucasian），它主要包含三个语系：北高加索语系、纳得内语系（Na-Dene Languages）、汉藏语系（Sino-Tibetan Languages）。纳得内语系在北美。汉藏语现在有十多亿人口使用，主要分布在中国、印度、尼泊尔、缅甸和东南亚各地。但是还有一些孤立语言，例如法国和西班牙边界的巴斯克语，喜马拉雅高山谷地使用的布鲁沙斯基语（Burushaski）、中西伯利亚叶尼塞河流域的克特语（Ket），古代两河流域的苏美尔语（Sumerian）和伊特鲁里亚语等。有些学者把这些语言也归入得内－高加索大语系。如果这个说法最终能够成立，那么说汉藏语的居民与古代伊特鲁里亚文明创造者就有可能是远亲了！当然，这还有待于未来的进一步研究。

（原刊于《上海文博论丛》2003 年第 2 期）

由阿富汗梅斯·艾纳克遗址想到的

　　当前，阿富汗梅斯·艾纳克（Mes Aynak）遗址的抢救性发掘引起世界瞩目，因与中国有关，国内媒体亦间有报道。由此不能不想到，在阿富汗这个古老的国度里，实在有不知多少珍贵文物亟待保护和发掘。

　　提起阿富汗的文物保护，人们首先想到的是"巴米扬大佛"被毁事件。2001 年 3 月，塔利班武装人员摧毁了举世闻名的巴米扬石窟东西大立佛像，这是人类文明史上无法弥补的损失。唐代高僧玄奘在《大唐西域记》卷一里对大佛的记述是：梵衍那（即巴米扬）"王城东北山阿，有立佛石像，高百四五十尺。金色晃曜，宝饰焕烂。东有伽蓝，此国先王之所建也。伽蓝东有鍮石（即黄铜）释迦佛立像，高百余尺。分身别铸，总合成立"。佛像被毁的消息使全世界的考古学家和广大公众极为震惊，人们把目光投向这个战火纷飞的国家，原来这里拥有无比丰富的文化遗产。

　　阿富汗是位于亚洲中西部的内陆国家，北接土库曼斯坦、乌兹别克斯坦和塔吉克斯坦，东北突出的狭长地带与中国接壤，东和东南与巴基斯坦毗邻，西与伊朗交界。正因为它处于中亚、南亚和西亚的交汇之地，扼南北交通要冲，所以自古以来就是"丝绸之路"的枢纽。

阿富汗的历史极其古老，近百年来重要的考古发现层出不穷。北部巴达克珊地区发掘出 10 万年前的尼安德特人遗骨，其他地方曾出土 3 万年前的石制工具。公元前 7000 年的阿富汗居民就在兴都库什山麓种植谷物和饲养牲畜，并且开采青金石（lapis lazuli）矿藏，越过伊朗高原，运到美索不达米亚。由于农业和村落的兴起，出现了被称为"巴克特里亚－马尔吉亚那考古学共同体"（BMAC）的古代文明，在公元前 2200—1800 年期间影响及于印度河流域。琐罗亚斯德教（拜火教、袄教）的起源也与这一地区有关。

到了公元前 6 世纪，阿富汗成为波斯阿赫美尼德帝国的一部分。亚历山大死后，帝国分裂，阿富汗地区属于东部的塞留古王朝。约在公元前 245 年，位于阿姆河和兴都库什山间的巴克特里亚建立了深受希腊文化影响的王国，中国史籍称之为大夏。公元前 170 年左右，游牧于中国西北地区的大月氏被匈奴击败，西迁中亚阿姆河流域，征服了大夏。大月氏部族分为五部，其中贵霜最强。贵霜不仅统一了五部，而且向外扩张，逐渐形成盛极一时的贵霜帝国。张骞出使西域后，贵霜帝国与中国建立了紧密的经济文化联系。中国的丝绸、漆器，东南亚的香料，罗马的玻璃制品和麻织品等等，都源源不断输入贵霜；

贵霜则输出棉织品、宝石和胡椒等商品。贵霜名王迦腻色伽对各种宗教采取兼容并包的态度，也崇信佛教，所以月氏－贵霜王国在佛教传入中国这一重大事件上起了关键作用。贵霜的文化艺术和建筑对中亚等地区产生了重要的影响，融会印度与希腊传统的犍陀罗艺术也沿着丝路传到了中国。

早在 1922 年，法国学者就组织考古队（DAFA）对阿富汗境内的遗址进行考察，他们的工作极其出色，取得了一系列重要成果，一直延续到今天。1952 年以后，德、美、日、英、意大利和苏联、印度等国也相继在在阿富汗进行考古探察。苏军入侵阿富汗之前一年（1978 年），由著名考古学家萨里安尼迪（Victor Sarianidi，1929—）率领的苏－阿考古队在靠近阿富汗北部席巴尔汉的"黄金之丘"的墓葬里，发现了数达两万多件的精美金饰品和其他珍贵文物，包括来自中国的铜镜等等。墓葬年代约为公元前 1 世纪初到公元 1 世纪末。出土的许多物品带有欧亚草原游牧民的风格，可能与月氏－贵霜人的文化有关。这批宝物原以为已在战乱中丢失，但万幸的是经调查最终证明完好无损。从 2006 年到 2011 年，部分有代表性的出土品先后在法国、美国、加拿大和德国、英国展出。希望在不久的将来，通过借展方式，中国观众有机会不出国门也能欣赏到这些轰动世界的珍品。

近年来，阿富汗考古学家还联手世界各国专家和联合国教科文组织，对巴米扬河谷的历史文化遗存进行了更加深入的探索研究，有不少新的发现。学者们运用最先进的高科技手段，对被毁大佛的修复提出了各种方案。2008 年 9 月，法籍阿富汗考古学家塔尔兹（Zemaryalai Tarzi，1939—）率领的团队还在巴米扬找到了一尊 19 米长的卧佛的部分身体部位和残片，如果将来的考察和研究能够印证玄奘的记述："城东二三里伽蓝中有佛入涅槃卧像，长千余尺"，那就太令人兴奋了。

梅斯·艾纳克遗址位于喀布尔东南约 40 公里，地处卢格尔省，是一处重要的佛教遗址，占地面积广大，初步估算约有几百座塑像和佛塔，还有延伸达 40 英亩的佛寺遗迹，一些阿富汗和法国的考古学家正在进行清理和发掘工作。遗址的年代可以上溯到公元前 3 世纪，下限约为公元七八世纪。法国考古学家马尔奎（Philippe Marquis）称其为丝路沿线最重要的考古遗迹之一，其出土文物将足以填满整座阿富汗博物馆，历史文化价值无可估量。但是这里又是全世界最大的铜矿之一的所在地。2008 年年中，中国冶金科工集团公司与阿富汗政府矿业部门签署了艾纳克铜矿开发协议，取得了该矿的开采权。现已探明的铜矿储量约为一千多万吨，开采权的收益可达数以百亿计的美元。对于中阿两国来说，这无疑是一项重要的合作项目，也会为阿富汗人民带来切实的经济利益。中国冶金科工集团原来打算在 2011 年年底以前动工，但为了使考古学家有比较充分的时间进行发掘，经与阿富汗有关部门协商，决定暂停采矿工作，留出 3 年时间挖掘地下埋藏的文物。从 2010 年 5 月至 2011 年 7 月，考古队已在遗址挖掘出 400 余件古物，并在喀布尔举行了一次展览，出版了一本小型图录。但前往观察的考古学家泰代斯科（L.Tedesco）说："这个遗址如此庞大，至少需要十年时间进行考古工作。"

　　遥想梅斯·艾纳克遗址，深感这真是一件两难之事。中国是阿富汗的友好邻邦，今年6月两国发表了《中阿关于建立战略合作伙伴关系的联合宣言》。建议中国有关部门和企业与阿富汗相关方面立即进行商谈，并且迅速组建一支中国考古队赴阿，对当前情况进行评估，尽可能协助阿富汗和法国考古队加快工作进程，并且找到一条解决这一难题的最佳途径。

（原刊于《文汇报》2012年11月24日）

《林藜光追思》译校按语

　　林藜光先生，福建厦门思明人。生于 1902 年。早年毕业于厦门大学哲学系，在校时与任教于该校的瑞士（法国）学者戴密微先生（Paul Demiéville，1894—1979）过从甚密。1929 年赴北京，在由爱沙尼亚印度学家钢和泰（Baron Alexander von Staël-Holstein，1877—1937）主持的哈佛燕京学社所属中印研究所任研究助理，并随钢氏研习梵文、藏文。期间曾编著《大宝积经迦叶品汉梵索引》，惜未刊行。1933 年应巴黎东方语言学校之邀，赴法国教授中文，同时在印度学大家列维（Sylvain Lévi，1863—1935）及 Louis Renou 博士（1896—1966）指导下从事佛典研究。列维当时已年迈，林氏谓有幸及游其门，如大树新叶，得依老干为荣焉。列维乃以在尼泊尔新获《诸法集要经》梵文写本授林氏校订。1936 年林氏母亲病故，回国奔丧，复应中国佛教会厦门分会之请，作题为《关于欧洲人士研究佛学之一斑》的讲演，数月后返法。林氏在法十余年，孜孜不倦，工作夜以继日，时值二战，环境艰困，终积劳成疾，于 1945 年不幸逝世，得年仅四十三岁。

林氏去世后，其校订研究《诸法集要经》之成果，由戴密微教授等著名学者整理，于 1946 年至 1973 年分为四册出版：Lin Li-kouang, *Introduction au compendium de la loi, Dharma-samuccaya, L'aide-mémoire de la vraie loi,* Paris，1949；*Dharma-samuccaya, Compendium de la loi; recueil de stances extradites du Saddharma-smṛtyupasthāna-sūtra par Avalokitasiṃha, Chapiters I-V, Texte Sanskrit edite avec la version tibetaine et les versions chinoises et traduit en français,* Paris，1946，3 vols. Lin Li-Kouang, A. Bareau, P. Demiéville, J. W. de Jong, *Dharmasamuccaya: Compendium de la loi*，pts. 1-2，Paris，1946-69；pt. 3，Paris，1973. 此书被誉为 20 世纪对后期小乘佛学研究最重要之贡献，至今受到国际学术界的普遍重视。已故学人 Sara Boin Webb（1937—2008）曾将此书译为英文，尚未及正式刊印。

徐文堪谨识

2010 年 9 月于上海

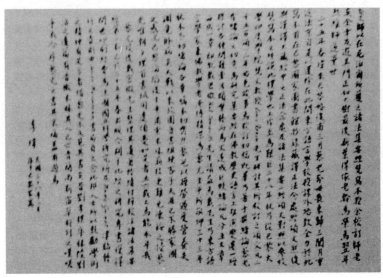

李玮《正法念处经即诸法集要经介绍》1949年版序

　　一九三四年春，黎光来法之六阅月，驰书北平告玮曰：烈维（Sylvain Lévi）师以在尼泊尔所获之"诸法集要经"梵写本授余校订；师老矣，余幸及游其门，正如大树最后新叶，得依老干为荣焉。翌年烈维师遂弃世。

　　一九三六年春，玮来巴黎，婚后甫三月，黎光奔母丧东归，三阅月重返法京。自是以还，除在此间东方语言学院授课外，殆致全力于此写本。首在巴黎图书馆抄录藏译"正法念处经"颂文，然后与汉译大藏经中之"正法念处"及"诸法集要"二经颂文对照，以参校梵写本之舛误。此朴学也，工作至为艰巨。一九三九年秋，乃从巴黎大学印度学院梵文教授 Louis Renou（路易洛努）先生研讨其所校订之颂文（凡二千五百颂），三年，始克竣事焉。校订初稿既毕，乃着手撰"绪论"。藜光作绪论之初意，为研究"集要经"在佛教历史语言上推演变迁。一经探讨，各种问题牵涉颇繁，发而为文，遂成巨帙。绪论凡分五大章。每成一章，即就戴密微（Paul Demiéville）先生请益焉。戴先生乃东方语言学家兼佛教学者，淹博精深，为藜光生平所敬仰。一九四四年秋末冬初，绪论各章稿本初齐，然藜光以操劳过度，营养失调，竟卧病矣！大战以来，故园音书阻梗，客子天涯，已不胜家国之感。况巴黎沦陷后，生意萧索，米珠薪桂，更难免冻馁之侵。藜光唯朝夕埋首书城，用遣烦忧，如是者五六载，又焉能永年哉！

藜光殁后，戴密微先生整理其遗著，陆续付梓，"校注诸法集要经"第一本已于一九四六年春出版。今关于此经之研究专书得以问世，印刷经费为法国国立科学研究所及 Musée Guimet（集美博物馆）津贴。发行之责，则由 Adrien Maisonneuve（新屋）书局负之。念此邦人士所以鼓励学术之精神有足多者，惜藜光不及见其书矣！昔刘孝标序秣陵刘沼之遗篇，有"音徽未昧，其人已亡；青简尚新，宿草将列"之叹，嗟乎！我今序藜光之书，其哀痛盖有过焉！

李玙一九四九年二月写于巴黎客寓

（原刊于朱玉麒主编《西域文史》第五辑，北京：科学出版社，2010 年）

不应被遗忘的方志彤先生

《上海书评》第 120 期（2010 年 12 月 19 日）刊载高峰枫先生文，发表了钱锺书先生于 1979 年致方志彤先生英文信两通，从中可以看出这两位大学者之间的惺惺相惜之情，阅后实令人感慨系之。方先生在国内几已被人遗忘，故不揣愚陋，狗尾续貂，对这样一位百科全书式学人的生平和学术成就稍作介绍。

方志彤（Achilles Chih-t'ung Fang，1910.8.20—1995.11.22）是朝鲜族人，生于日本统治下的朝鲜。青年时代得到美国传教士的资助，来到上海读高中，后入清华大学哲学系，1932 年毕业。1935 年辅仁大学出版的西文东方学刊物《华裔学志》（*Monumenta Serica*）创刊后不久，方氏就参与了该刊物的编辑工作，初任编辑部秘书兼助理，后与当时也在北平（北京）的一批中外著名学者如陈垣（1880—1971）、张星烺（1888—1951）、沈兼士（1887—1947）、英千里（1900—1969）和田清波（Antoine Mostaert，1881—1971，蒙古学大家）、艾锷锋（Gustav Ecke，1896—1971）、卫德明（Hellmut Wilhelm，1905—1990）、罗樾（Max Loehr，1903—1988）、戴何都（Robert des Rotours，1891—1980）等同任编委，达十余年之久。方氏曾把中国学者沈兼士和裴学海（1899—1970，语言文字学家）等的论著译成英文在《华裔学志》上发表，沈先生逝世后的讣文亦出其手（见《华裔学志》1948 年第 13 期，第 408—412 页）。《学志》各期均刊载"Review of Reviews"，评介西方和日本汉学家出版的新著及近期在学术刊物上发表的论文，同时向西方汉学界介绍中国和日本学者用中文、日文撰写的重要新作，使其成为当时了解世界汉学动态的一个窗口。这些文字一般都不署名，其实多为方氏所写。德国老一辈汉学家傅海博（Herbert Franke，1914—2011）曾经说过："要谈到在中国发行的最重要的汉学期刊（自 1935 年起），非北平天主教辅仁大学的《华裔学志》莫属。"《学志》取得的成就，是与方先生多年的辛勤工作密不可分的。

笔者于上世纪 60 年代"文革"前夕，曾为查找王静如先生发表在《华裔学志》1944 年第 9 期上的一篇英文论文："Arsi and Yen-ch'i 焉耆，Tokhri and Yüeh-shih 月氏"，在华东师大的图书馆里翻阅该刊。王先生的论文题目中的 Ārśi 一词，见于甲种吐火罗语文书，解读者西克（E. Sieg）在 1918 年发表论文，认为该词与吐火罗语名称有关，主张把甲种吐火罗语叫做 Ārśi 语。至 1936 年，英国伊朗学家贝利（H. W. Bailey）撰文提出这个词等于 Ārya（圣），并不是吐火罗语的名称。他主张称甲种吐火罗语为焉耆语（Agnean），乙种吐火罗语为龟兹（库车）

语（Kuchean）。次年（1937年）西克又反驳了贝利之说，坚持仍用"吐火罗语"这一名称。王先生此文就是在欧洲学者争论的热潮中，由中国学者用外文发表的第一篇相关论著，在国际学术界亦很有影响。不过此文的英文稿并非王先生自作，而注明是由方先生翻译的。这令笔者大感惊讶，深觉方先生学识淹博，对这样艰深冷僻的问题都有深入的了解。有关吐火罗语名称的讨论以后并未停止，伊朗学大家亨宁（W. B. Henning）等续有所论列。2010年秋，笔者在吐鲁番，听现在北京的日本吐火罗语专家荻原裕敏博士提及，他曾亲往德国检视吐火罗语文书原件，可以确证西克当年的读法不误，但这个争论问题至今仍无法论定。

方先生于1947年离开《华裔学志》编辑部，应哈佛燕京学社之邀，赴美参加一部汉英词典的编纂工作。这原是一个相当大的课题，著名语言学家李方桂等都曾参与，但编词典历来是一件吃力不讨好的事情，据李先生夫人徐樱回忆，哈佛虽是名牌学府，但李先生在此工作并不乐意，觉得过于沉闷，于是两年期满就请辞了（见徐樱《方桂与我五十五年》增订本，北京：商务印书馆，2010年，第87—88页）。这部词典最终并未完成，上世纪90年代初，哈佛大学教授、伊朗和中亚学家费耐生（Richard N. Frye，1920—　）说起，词典留下的资料和稿件仍堆放在哈佛的地下室中，无人问津。方先生脱离编纂工作后，仍留在哈佛任教，同时攻读比较文学的学位。他在哈佛长期讲授古代汉语、中国文学理论和文艺批评等，至1977年退休，前后近 30 年。

李欧梵教授（1942—　）在其所作《在哈佛作访问教授》一文中写道："哈佛的汉学传统历史悠久，在我做研究生时代，系里教授中国文学的只有海涛尔（Robert Hightower，按即"海陶玮"——引者）和 Achilles Fang（方志彤）二人，后来加上语言学方面的赵如兰和梅祖麟，这几位教授，特别是后二者，都待我甚好，但毕竟都不是现代文学领域的学者，其实在 20 世纪 60 年代的美国汉学界，除了夏志清教授外，根本没有人注意到现代文学，甚至偏见极深，认为自《红楼梦》之后就没有中国文学可言。方教授是韩国人，教学极为严谨，曾写过一篇有关胡适和美国新诗中的意象派的论文。他一向不苟言笑，也令我畏惧不前。"其实方先生直至退休都并未获得教授职称，高峰枫先生前已作说明。李氏提及的方氏所撰论文，当指《从意象主义到惠特曼主义的中国新诗：新诗试验的失败》（From Imagism to Whitmanism in Recent Chinese Poetry：A Search for Poetics that Failed），此文引用讨论者不少。

方先生在哈佛数十年，却始终未获教授，除因其为人孤傲超然外，可能也与其发表的著作甚少有关。他在 1958 年完成的关于庞德的博士论文篇幅巨大，迄今未出版；对司马光《资治通鉴》卷 69—78 的英译和注释（*The Chronicle of the Three Kingdoms, 220-265: Chapters 69-78 from the Tzu Chih T'ung Chien*），由哈佛燕京学社于 1952 年出版，却是铅字打印本。尽管如此，与其相识之人无不盛赞其博学，可谓有口皆碑。笔者于改革开放后的 80 年代开始，与美国宾夕法尼亚大学的汉学家梅维恒教授（Victor H. Mair, 1943— ）交往，梅氏于 1976 年在哈佛获博士学位，以后又留校任教数年。他多年研究唐代变文，自上世纪 90 年代初起，便致力于对新疆出土古尸和欧亚大陆各地的历史文化的调查，对印欧语诸族群的语文学和考古学非常关注。他屡次提及方先生，认为其学识和语言能力旁人难以企及，令笔者印象深刻。

方先生 1995 年因癌症去世，为了纪念他，哈佛大学特于 1997 年设立方志彤纪念奖，每年奖励一名东亚人文领域的研究生，用于在哈佛出版专著。但十年间无人获奖，直至 2008 年，台湾史语所的陈雯怡女士以博士论文 *Network, Communities, and Identities: On the Discursive Practices of Yuan Literati*，得到评审委员会一致肯定而获奖。

方先生在北京时就常在琉璃厂等处搜罗图书，到美国后主要收藏西文书，包括很多希腊文、拉丁文典籍。他生前就已着手将藏书捐赠给北京大学图书馆。现在"方志彤赠书"是北大图书馆特藏之一，包括人文社会科学各学科和少量自然科学类西文书籍，部分开架但不外借，其中有些可以复制，开放时间是每周一至周五，上午八时至下午五时。

编补：

关于方志彤先生生平，请参阅高峰枫先生的文章《"所有人他都教过"——方志彤与哈佛在京留学生》，刊于《东方早报·上海书评》，2012 年 8 月 19 日。

（原刊于《东方早报·上海书评》2011 年 1 月 9 日）

略谈王静如和孔好古

　　高山杉先生在 6 月 20 日的《上海书评》上撰文，指出李雪涛先生所著《日耳曼学术谱系中的汉学——德国汉学之研究》误将王静如（1903—1990）先生的话当作王国维的论述加以引用。文中还谈及德国汉学家孔好古（August Conrady，1864—1925）。笔者对这两位中外学人曾有关注，现将一得之见写出，聊供参考。

　　王静如于 1903 年出生于河北省深泽县。1927 年入清华研究院，师从语言学大家赵元任先生（1892—1982）。1929 年毕业，任中央研究院历史语言研究所助理员。1933 年被委派以海外研究员名义赴法、英、德等国进行语言学和史学研究。1936年回国后曾任职于当时的北平研究院，后在中法大学、辅仁大学、燕京大学、中国大学任教。新中国成立后先后在中国科学院考古研究所、民族研究所，中央民族学院，中国社会科学院研究生院任研究员和教授。1990 年因病逝世。他是我国著名的语言学家、历史学家和民族学家。

　　王静如在学术研究上的贡献是多方面的，首要的是西夏语和西夏学研究。他在 1932—1933 年出版的《西夏研究》第一至第三辑是极具原创性的奠基之作，1936 年获法国茹莲奖，至今仍是治西夏语文者必不可少的要籍，故前几年已经重印。此外，他在汉语音韵学、汉藏比较和突厥、契丹、女真等少数民族古文字的研究上也有成就。早在 1927 年，他就完成论文《中台藏缅数目字及人称代词语源试探》(1931 年发表于《中研院史语所集刊》第 3 本第 1 分)，这是在汉藏语方面，中国学者最早用两种语言的数目字以及其他语言的词汇来系统地进行比较的论著。新中国成立后，他参加少数民族及其语言的调查，1955 年发表的《论达斡尔语言问题的初步意见》和《关于湘西土家语言的初步意见》，都是很有影响的论文。《西夏研究》以外的主要著作编为《王静如民族研究文集》，由民族出版社在 1998 年出版，可惜印数甚少，流传不广。学术著作目录则见于白滨等编《中国民族史研究（二）》，中央民族学院出版社 1989 年出版。

笔者对王先生最为感念的，是他对"吐火罗问题"（The Tocharian Problems）的研究。这个难题头绪纷繁、假说众多、矛盾丛生，至今没有解决。笔者上世纪 60 年代读大学时，初次涉及，苦于无法入门，待看了王先生 1943 年发表在《中德学志》第一、二期合刊上的长文《论吐火罗及吐火罗语》(已收入前文提到的文集，第 89—152 页)，才明白了问题的来龙去脉，现在想来，虽事隔四十多年，当时快慰之情，犹如昨日。除此文外，他发表过下面三篇相关论文：

"Arsi and Yan-Chi, Tokhri and Yüeh-Shih", Monumenta-Serica（《华裔学志》9，1944）

《重论 ārsi，ārgi 与焉夷、焉耆》(《史学集刊》第 5 辑，1947）

冯承钧编译《〈吐火罗语考〉序》(1957)

其中有一篇是用英文刊载的，在国际学术界颇有影响。他还曾把西克教授（E. Sieg，1866—1951）的德文论文"Und dennoch 'Tocharisch'"（*SPAW*，1937，130—139）摘要译成中文，题为《论吐火罗语之真实性》，刊载于 1939 年出版的《研究与进步》第一卷第二期。

王先生在谈吐火罗语时有一处小错，即把这种语言与印度－伊朗语等，一起归入印欧语系东支，其实吐火罗语表现出一些属印欧语西支（Centum 语组）的特点，不过关于此语言在印欧语系中的地位，是印欧语言学上长期讨论的课题，至今也没有取得共识。我国学者也常把吐火罗语的系属弄错。岑麒祥（1903—1989）先生所著《语言学史概要》出第三版（世界图书出版公司 2008 年出版）时，后人加了一些"评注"，其中一条说："吐火罗语族现今叫安纳托利亚语族。该语族包括吐火罗语和赫梯语。"（第 147 页）赫梯语与吐火罗语并不同族，它与另外一些小亚古代语言合称安纳托里亚语族，这其实是印欧语系语言分类的常识。

孔好古，或译康拉迪、康拉德，我国学术界对此人其实也不陌生。他 1864 年生于 Wiesbaden，父亲是牧师。早年主修古典语文学、梵文和比较语言学，后治藏文，然后又把兴趣转向汉学。1891 年到莱比锡大学担任讲师，1897 年升任副教授，1920 年成为教授。1903—1904 年在北京访问，著有《在北京的八个月》。斯文·赫定（Sven Hedin，1865—1952）在楼兰遗址所获简牍和纸文书，即是由他进行研究的。孔氏于 1925 年卒于莱比锡，其学术为他的女婿 Eduad Erkes（汉名叶乃度，1891—1958）继承，叶氏也是知名汉学家，亦长期任教于莱比锡大学，二战后东西德分裂，他留在东德，1958 年病逝。

莱比锡大学是欧洲比较语言学的重镇，知名教授有雷斯金（A. Leskien，1840—1916）、布鲁格曼（Karl Brugman，1849—1919）等。特别是布鲁格曼，19 世纪 70 年代他与友人组成"青年语法学派"（die Junggrammatische Richtung），把历史比较语言学推进了一大步。后来影响巨大的瑞士语言学家索绪尔（Ferdinand de Saussure，1857—1913）早年也与他们很亲近。因此，孔好古同样有历史比较语言学的学术背景，于是他尝试把研究印欧语系语言中发展出来的比较方法用在非印欧语的研究上。1896 年他在莱比锡出版了一部著作《印支语系（汉藏语系）中使动名谓式之构词法及其与声调别义之关系》（*Eine indochinesische Causativ-Denominativ-Bildung und ihr Zusammenhang mit dem Tonaccenten*），此书还有个副标题《印支语系特别是藏语、缅语、泰语和汉语的比较语法研究》，从书名即可看出，写作目的是用比较语法的手段来证明藏、缅、汉、泰等语言有亲属关系。他认为印支语系可以分为东西两支，西支是藏缅语群，东支是汉台语群，而孤立语类型的东支是从黏着语类型的西支变化而来的。伯希和（Paul Pelliot，1878—1945）在1926年曾就此书评述说：由于汉学家不怎么通晓语言学，书虽屡受好评，但他们不能体会孔好古理论的深度，也不能对他探索的方向提出中肯的批评。

被尊为中国"非汉语"研究之父的李方桂先生（1902—1987）早年在芝加哥大学留学时曾受过良好的历史比较语言学训练，也读过孔好古的著作，颇受启发。他回国后在1937年发表《中国的语言与方言》一文，最早提出汉藏语系分为汉语、侗台语族、苗瑶语族、藏缅语族的论点。这一分类方案至今仍是我国汉藏语系学界的主流观点。追溯起源，实在与孔氏的早期工作有关。最近康奈尔大学梅祖麟教授撰一文，题为《康拉迪（1864—1925）与汉藏语系的建立》，发表在《汉藏语学报》第4期（商务印书馆2010年4月出版），于此论证甚详，可参阅。

林语堂（1895—1976）在莱比锡大学留学时亦受教于孔好古，他在自传《八十自述》中也曾提及。林氏早年在语言学方面做过不少工作，有相当贡献，论文汇集为《语言学论丛》一书，1933年由开明书店出版。还值得一提的是，林语堂当年与孔好古的另一弟子Bruno Schindler（1882—1964，犹太人）友善，此人亦为汉学家，是著名的东方学刊物 *Asia Major*（《泰东》）的出版人（这个学术刊物几经变迁，现在由台湾"中研院"史语所出版）。林氏曾在该刊1924年第一卷上发表一篇英文论文，题为"A Survey of the Phonetics of Ancient Chinese"，是他拟研究汉语古音的一个提纲。

　　孔氏的学生中还有一位较著名的学者，乃奥地利裔的 Otto J. Maenchen-Helfen（1894—1969），季羡林先生在其所著《留德十年》中提及此人（季老将其名字译为奥托·冯·梅兴－黑尔芬）。他的语言和文献知识非常丰富，通晓希腊语、拉丁语、各种斯拉夫语和各种亚洲语言，也懂中文、日文，并从事欧亚大陆考古学和艺术史的研究。他后来去了美国，从 1948 年起担任伯克利加州大学教授，1961 年退休。所著《匈人的世界：历史和文化研究》（*The World of the Huns, Studies in Their History and Culture*）是其代表作，经其学生和同事整理，1973 年由加州大学出版社出版。

（原刊于《东方早报·上海书评》2010 年 7 月 9 日）

敬悼耿世民先生

2012 年 12 月 18 日，从中央民族大学哈萨克语言文学系张定京教授那里传来噩耗，国际著名突厥语文学家、中国哈萨克语言文学专业的创始人耿世民先生因病医治无效，于 12 月 17 日深夜在北京逝世，享年 83 岁。这实在是我国突厥学界和阿尔泰学界无可弥补的重大损失。

耿先生是江苏徐州铜山县人，汉族，生于 1929 年 11 月 28 日。中学时代，就读徐州当地的教会学校，在那里打下良好的英语基础；1948 年高中毕业后，在上海震旦大学预科读了一年法语。1949 年考入北京大学东语系，就读于维吾尔语科，师从李森先生（1923—1994）。李先生在新疆喀什出生，维吾尔语读、写都很流利。1952 年全国高校院系调整，耿先生转入中央民族学院，1953 年毕业留校任教。在大学求学和任教期间，耿先生主要通过选修和自学，先后学习了俄语、德语、日语、阿塞拜疆语和土耳其语（后两种语言很接近）。还因为参加学校组织的反霸、减租和土改等活动，奉派前往新疆哈萨克族聚居区，得以学习哈萨克语。1956 年与哈萨克语班的同学一起参加哈语的方言调查，当年 9 月在完成调查任务后，进入当时尚无汉族干部进入的布尔津县北端的图瓦人居住地区，准确地判断出这一部分"蒙古人"所使用的语言是一种古老的突厥语——图瓦语。到上世纪 90 年代，他又去甘肃、青海调查，研究了裕固语和撒拉语。除了对上述突厥诸语言的学习研究，在普通语言学理论方面，耿先生同样下了很大的功夫。所以在 1956—1958 年苏联突厥学家捷尼舍夫（E. R. Tenishev）在中国主讲突厥语研究班课程时，耿先生协助承担教学任务，并将著名语言学家伊凡诺夫（Vyacheslav V. Ivanov）的《语言的发生学分类法》从俄文译为中文（载《语言学论文选译》1958 年第 5 辑）。耿先生对语言学知识和各种突厥语及外语的掌握，用他自己的话说："走的是师傅领进门，修行在个人的道路。"

耿先生对上述维吾尔语、哈萨克语等现代突厥语钻研甚勤，贡献良多。但他一生中最主要的成就是对古代鄂尔浑－叶尼塞突厥语和回鹘语的考释研究。先生研究古突厥语，源于 20 世纪 50 年代中期，在一个偶然的机会读到德国古突厥语大家葛玛丽（Annemarie von Gabain, 1901—1993）的名著《古突厥语语法》，这引起了他极大的兴趣，犹如"进入了一个全新的世界"。接着先生又研读了俄苏学者马洛夫（S. Ye. Malov, 1880—1957）的《古突厥文献》等著作。从此以后，他利用一切时间，焚膏继晷，刻苦钻研，以惊人的毅力克服种种困难，终于登堂入室，成为我国当代古突厥语研究的代表人物。

1976 年，耿先生受新疆维吾尔自治区有关领导人如赛福鼎先生委托，主持开办了第一个古代突厥－回鹘语专业班，开我国高校古突厥语教学研究事业之先河。进入改革开放的新时期之后，先生曾多次赴德国、法国、英国、丹麦、美国、日本、土耳其的著名大学从事研究和讲学，并出席有关突厥学、阿尔泰学、摩尼教、景教和"丝绸之路"等方面的国际学术会议，提交的论文受到学界的高度赞赏。1989 年葛玛丽教授在《中亚学报》（*CAJ*）第 33 卷第 3—4 期发表专文，文中将耿先生在维吾尔古代文化研究上取得的成就与日本著名学者羽田亨（1882—1955）相提并论，认为耿世民可以称为真正意义上的语文学家（philologist），他发表的众多有关中亚突厥历史、古代突厥——回鹘语文献、佛教和摩尼教以及现代突厥语方面的论著，在很大程度上丰富了我们关于中亚和古代突厥语文的知识。实际上，耿先生不仅是突厥语文学家，也是语言学家和历史学家。他研究语言的方法比较类似传统的语文学方法，注意研究与语言有关的所有领域，而不仅仅是语言本身。1992 年，他获得洪堡基金会颁发的"世界知名学者奖"；2000 年，荣获"国际阿尔泰学者常设会议"（PIAC）金奖，充分说明了国际阿尔泰学界、突厥学界对他学术成就的肯定。

耿先生一生笔耕不辍，据不完全统计，从 1957 年至 2009 年，他独立完成和参与撰写的专著共 24 种、译作 7 种、校注评介的外文论著 2 种、教材 5 种、论文和书评 183 篇、译文 12 篇，另有新书短评和学界动态、通讯报道等 26 篇。特别是在 2000

年以后，他集中出版了一系列专题论文集和专著，如《新疆文史论集》（北京：中央民族大学出版社，2001 年）、《维吾尔古代文献研究》（北京：中央民族大学出版社，2003 年）、《古代突厥文碑铭研究》（北京：中央民族大学出版社，2005 年）、《回鹘文社会经济文书研究》（北京：中央民族大学出版社，2006 年）《新疆历史与文化概论》（北京：中央民族大学出版社，2006 年）、《古代维吾尔语文献教程》（北京：民族出版社，2006 年）、《维吾尔与哈萨克语文学论集》（北京：中央民族大学出版社，2007 年）、《回鹘文哈密本〈弥勒会见记〉研究》（北京：中央民族大学出版社，2008 年）、《古代突厥语语法》（与魏萃一合著，北京：中央民族大学出版社，2009 年）。先生生前出版的最后一部著作是自选集《西域文史论稿》（收入《欧亚历史文化文库》，兰州：兰州大学出版社，2012 年）；发表的最后一篇论文是《汉唐时期的西域古代语文及其对中国文明的贡献》（《中央民族大学学报》2012 年第 2 期，第 81—85 页）。

先生不仅是我国突厥学研究的开拓者，同时也恰如德国著名古突厥语学者彼得·茨默（Peter Zieme）所称赞的那样，是该领域中国学者和世界各国学者进行学术合作的先行者。自他在上世纪末期获得洪堡奖金后，与德国学者克林凯特先生（Hans-Joachim Klimkeit, 1939—1999）建立了密切的协作关系，一同研究重要的中亚佛教文献《弥勒会见记》。该书前几章的德文本出版后，耿先生、克林凯特先生又与劳特先生（Peter Laut）合作，在《古代东方研究》（*Altorientalische Forschungen*）上相

继发表了 6 篇论文，另有一些论文在《乌拉尔－阿尔泰学年鉴》
(*Ural-Altaische Jahrbuecher*) 等刊物上发表；1998 年，他们出
版了专书《回鹘文佛教启示录研究》。2004 年，耿先生和劳特
及法国吐火罗语专家皮诺先生 (Georges-Jean Pinault) 合作，开
始进行《弥勒会见记》吐火罗语文本和回鹘语文本的比较研究，
并已刊布两篇论文。此外，先生还与克林凯特、劳特和较年轻
的德国学者威尔肯 (Jens Wilkens) 合作，研究其他一些重要的
回鹘语文献。在耿先生的众多著作中，除用汉语、维吾尔语、
哈萨克语发表者外，约有三分之一是用德、法、英、日、土耳
其等外文在国外刊发的。

耿先生勤奋治学，无私奉献。他自律甚严，生活极其简单，
晚年罹患重病后，不顾病痛折磨，依然组织了"古代突厥语读
书班"，每周一次，为青年学子讲授古突厥语和回鹘语。上世纪
60 年代，为研究中古突厥语，他自学波斯语和阿拉伯语；70 年
代，出于研究回鹘文佛教文献需要，又学起了梵语。最近几年，
虽已八十高龄，竟仍不懈息，开始攻读吐火罗语和于阗塞语。
先生一生孜孜不倦，只为钻研学问，别无他顾，堪称世世代代
后辈学人的楷模。

敬爱的耿世民教授德业不朽！

（原刊于《东方早报·上海书评》2013 年 1 月 13 日）

永怀中国现代图书馆事业的奠基者
袁同礼先生

　　袁同礼（1895.3.23—1965.2.6），字守和，河北徐水人，1895 年生于北京。1917 年毕业于北京大学预科，同年到清华学校图书馆工作。1920 年由清华学校及北京大学资助到美国留学，进入哥伦比亚大学和纽约州立图书馆学校（New York State Library School）攻读，1923 年获图书馆学学士学位，并曾去英、法等欧洲国家从事文献学研究。1924 年回国，任广州岭南大学图书馆馆长，旋改任北京大学图书馆馆长兼教授。这时美国国会通过议案，决定将中国庚子赔款的余额及利息约 1200 万美元退还中国。因为中外人士都认为此款应该作为发展中国文化教育事业的基金，而近代中国军阀混战，政局多变，所以为了防止政府官吏将退款挪作军费或政费，遂组织了一个由中美两国民间知名人士为主的基金董事会，即"中华教育文化基金董事会"（简称"中基会"），共同管理和使用这笔巨款。当时的主要投入是设立图书馆，在高等学校设置自然学科的教席，成立科学研究机构，设置科学研究奖金等。美国图书馆协会为此于 1925 年派鲍士伟（A. E. Bostwick）来华调查、考察图书馆事业。袁先生等即于是年联络各地图书馆工作者及有关团体，5 月间在北京成立了中华图书馆协会，鲍士伟在成立会议上致辞，会议选举梁启超先生任协会董事长，袁先生任执行部长。从此之后，袁先生便把毕生精力贡献给中国的图书馆事业。

此前的 1909 年（清宣统元年）7 月，学部奏请设立京师图书馆，民国元年（1912 年）8 月始开放阅览。1925 年教育部与中基会订立合办京师图书馆的契约，条件为：一、教育部以原藏旧籍，包括文津阁《四库全书》、敦煌经卷及宋元版善本等移交行将改组的国立京师图书馆；二、中基会拨款作新馆舍建筑费（后又增加购书费）；三、每月双方各支付经常费用。但当时北京政府财政空虚，根本无法履行契约，原议建设之图书馆暂由中基会独立经营，取名北京图书馆，由梁启超、李四光两位先生分别任正副馆长，袁先生任图书部主任。梁先生仍兼京师图书馆馆长，但馆务则由家父徐森玉（鸿宝，1881—1971）代理。1927 年袁先生任北京图书馆副馆长，实际主持馆务。1928 年北京图书馆改名北海图书馆，袁先生任馆长。同年国立京师图书馆改组为国立北平图书馆，马叙伦先生任馆长。1929 年 8 月两馆最终合并，改组为新的国立北平图书馆，蔡元培先生任馆长，袁先生任副馆长，馆务由袁先生主持一切。抗日战争期间蔡先生于 1940 年在香港逝世后，袁先生于 1942 年起正式任馆长。家父 20 世纪 20 年代起就在京师图书馆任职，以后在国

袁同礼与国立北平图书馆同人合影
（约1935年春，前排右二为严文郁，
右三为袁同礼，右四为吴光清，右五
为徐鸿宝）

国立北平图书馆全体职员合影（1936年1月1日）

立北平图书馆又与袁先生长期共事，结下了深厚的友谊。

袁先生于1948年底离开北京，馆务由王重民先生代理。1949年袁先生移居美国，就任斯坦福大学研究院编纂主任。1957年至1965年任职于美国国会图书馆，编制了许多重要书目。退休后不及一月，就因病于华盛顿与世长辞，享年70岁。

袁同礼先生的一生，是为中国现代图书馆事业奠定永久基础的辉煌一生。其嘉言懿行，将成为世世代代中国图书、文献、信息情报工作者学习的楷模和典范，历劫不磨，归于不朽。袁先生当年网罗的各方面人才，如向达、孙楷第、赵万里、李芳馥、严文郁、吴光清、谢国桢、王庸、王重民、钱存训、岳良木、于道泉、贺昌群、谭其骧、万斯年、邓衍林、张秀民、刘节、金鹏、张铁弦等各位先生，也在诸多学术领域取得重要成就，成为中国图书馆史、中国学术史、中外文化交流史不可或缺的篇章。袁先生逝世后，特别是改革开放以来，国内外学者对其生平著述、图书馆学的理论与实践、在文献收藏与保护（特别是抗战时期的文献征集与保护）方面的不懈努力、与国际图书馆界的交流合作等，都有具体翔实的论述，不必在这篇短文中一一重复。由北京图书馆业务研究委员会编辑的《北京图书馆馆史资料汇编（1909—1949）》上下册已于1992年10月由书目文献出版社出版，书中收录和影印了许多有关馆史的档案资料，对于研究袁先生的业绩有重要参考价值。其中第496—497页影印了家父1938年1月27日致袁先生请示善本图书运港等问题原件一通，似尚未引起应有的注意，下面谨将此信全文抄录，并结合其他材料略作说明，或者有助于进一步说明袁先生在抗战时期的远见卓识。

　　守和先生赐鉴：移善本书来港事，宝赍尊函多件于十六日抵沪，其时箱已制齐，书由科学社运至震旦大学者已百八十箱。是孙洪芬先生已改变前所主张，不拟将书运港矣。此事责任太重，宝不能力争，只得作罢。次日司徒雷登到沪，将开执委会，孙先生忙于招待，无暇与宝等多谈，宝乘间必言南来同人从公之辛劳，办事处之有成绩，应加维持。继闻顾子刚兄有英文函致孙先生，力言平馆经费不宜停止，此函已寄至尊处，未识确否？二十二日赴花旗银行，探得开会结果：一、将长沙办事处结束。二、请公回平主持馆务，傥有不便时，暂由司徒代理，专事对外。三、平馆经费仍照常付给。四、长沙同人一律回平复职。此种议事录，想已寄至尊处，究竟与宝所闻有无出入，不可知也。宝向孙先生表示不愿回平，渠谓可留沪办事。将来如何分配，无从悬揣。遂于二十四日乘轮南行，二十七日抵港，暂寓新华饭店，仍拟他移。年近六旬，已无力深入内地。香港用费过大，不能久居，真所谓人间无个安排处矣，言之可叹！闻公不久来港，宝在此专候，可一罄衷曲。宝薪水请便中赐下，盖手头款项业已用尽也。匆此，即请
钧安　　　　　　　徐鸿宝敬上　一月二十七日
同仁均此致候。

此信不算很长，但涉及袁同礼先生在抗战期间的一系列重要活动。

信中提到的孙洪芬先生（1889—1953），是著名化工专家，早年在美国芝加哥大学、宾夕法尼亚大学留学，曾任东南大学理科主任，当时任中基会干事长，参与决策。新中国成立后于1951年经香港去台湾，1953年病逝于台湾。顾子刚先生在上世纪30年代任北图西文采访部负责人和编纂等职，新中国成立后曾将所藏《永乐大典》三册和一些敦煌遗书捐赠给北图。

信中提及的由北平运到上海的善本书，原拟再运香港，但后来改变计划，仍存于上海租界内。珍珠港事件前，上海情形日益紧急，袁先生深恐这批存书又将不保，于是与当时驻美大使胡适先生通过美国国会图书馆的关系，拟将存沪善本再度迁移，运美保管，并在美将这批书籍摄制缩微胶卷，以便留下副本。但是上海库存善本书太多，无法全运，于是在1941年初，袁先生亲自冒险到沪布置一切，当时在美国国会图书馆的王重民先生亦特地秘密回沪，协同家父挑选出其中最为重要的资料，计2720种，约3万多册，装成102箱，由当时在北图上海办事处工作的钱存训先生经手负责，历尽艰险，安全运抵华盛顿。其中曲折过程，钱先生已有回忆专文，兹不赘述。

1937年抗日战争爆发，平津各大学和北平图书馆部分同人如袁先生及家父南迁。在长沙，北大、清华、南开三校合并组织为长沙临时大学，后又向云南疏散，改名为国立西南联合大学。北平图书馆与各校联系密切，相互合作，共渡难关。在袁

278

先生统筹领导下，除在北平原馆址留守馆员坚决维护馆产，拒当汉奸，和日本侵略者展开斗争外，另在昆明成立办事处（实为馆本部），并在上海、重庆、香港等处亦设立办事处。1938 年 3 月，经袁先生倡议，北图在蔡元培先生香港住所召开馆务会议，决定今后北图工作大纲。以上各地北图同人，都在极其困难危险条件下，卓有成效地开展工作，取得丰硕成果，为北图馆史写下最为闪光的一页。值得注意的是，袁先生当时作出的决定与中基会的一些负责人士如美国方面的司徒雷登等意见相左，但得到大多数馆员的支持。例如邓衍林先生（1908—1980）在 1938 年 1 月 30 日给袁先生发去长函，力陈北图南方工作的重要意义，并表示决心："林虽不敏，愿矢忠诚，竭尽智能，追随我公之后，任何艰辛，在所不辞。"后经反复协商，中基会终于采纳了袁先生的大部分意见，使各项馆务得以逐渐顺利进行。

按，邓衍林，字竹筼，江西吉安人。1931 年毕业于武昌文华图书馆学专科学校，当时在北图工作。1945 年赴美国哥伦比亚大学研究生院留学，获硕士学位，曾在联合国秘书处出版司工作。1956 年举家回国，在北大图书馆学系任教，并兼任全国第一中心图书馆委员会委员、中国图书馆学会学术委员等职。早年编有《北平各图书馆所藏中国算学联合目录》《中文参考书举要》等，特别是回国后于 1958 年由商务印书馆出版《中国边疆图籍录》（台北文海出版社 1984 年重印），搜罗宏富，具有很高学术价值，至今仍是研究我国边疆地区和周边各邻国的必备参考书。

1949 年后，袁先生虽远离故国，但在美国仍积极从事学术研究，编著了许多书目，堪称鸿篇巨制，嘉惠学林。他还主持编辑出版了《新疆研究丛刊》，其意义不言自明。他对祖国有极其深厚的感情，新中国成立后家父在上海主持文物保管委员会工作，编辑了一部大型画册《画苑掇英》，共收录上海博物馆、南京博物院藏画 124 件，分轴、卷、册三类，各为一册，所涉及年代自宋至清，卷首有陈毅题字，1955 年由上海人民美术出版社出版。他在美国看到此书后，即通过在澳大利亚的友人辗转写来亲笔信，除对新中国成立后的文物征集和保护工作表示赞许外，还表示要捐献存放在上海的一件铜器。笔者至今还记得信中有"临风怀想，不尽依依"等词句。此外，还特地告知了今后的联系方式，令人感动。袁先生哲嗣袁清先生在美国俄亥俄州立莱特大学任历史系教授，近 30 年来，数十次回国探访和出席学术活动，也为中美之间的学术文化交流作出了积极贡献。

最后，主要依据旅法学人陈祚龙教授（1923—　）1965 年在《通报》（*T'oung Pao*）第 52 卷第 1—3 期发表的悼念袁先生的文章，稍作补充，列出袁先生中英文著作简目，供参考。

袁同礼著作简目（1924—1975）

中文：

1.《永乐大典考》，学衡 26 期（1924 年 2 月），第 4—14 页。

2. 《永乐大典现存卷目》，中华图书馆协会会报 1 卷 1 期（1925 年 12 月），第 4—10 页。

3. 《清代私家藏书概略》，图书馆学季刊 1 卷 1 期（1926 年 3 月），第 31—38 页。

4. 《杨惺吾先生小传》，图书馆学季刊 1 卷 4 期（1926 年 12 月），第 637—642 页。

5. 《永乐大典现存卷数续目》（与刘国钧合著），中华图书馆协会会报 2 卷 4 期（1927 年 1–2 月），第 9—13 页；3 卷 1 期（1927 年 7–8 月），第 9—11 页。

6. 《明代私家藏书概略》，图书馆学季刊 2 卷 1 期（1927 年 12 月），第 1—8 页。

7. 《中国音乐书举要》，中华图书馆协会会报 3 卷 4 期（1928 年 2 月）。

8. 《宋代私家藏书概略》，图书馆学季刊 2 卷 2 期（1928 年 3 月），第 179—187 页。

9. 《本馆略史》，北平图书馆馆刊 1 卷 1 期（1928 年 5 月），第 1—6 页。

10. 《皇史宬记》，图书馆学季刊 2 卷 3 期（1928 年 9 月），第 443—444 页。

11. 《永乐大典现存卷目表》，北平图书馆馆刊 2 卷 3–4 期（1929 年 3–4 月），第 215—251 页。

12. 《宛委别藏现存书目》，北大图书馆月刊 2 卷 1–2 期（1930 年 3 月）。

13．《北平故宫博物院图书馆概况》，图书馆学季刊4卷2期（1930年6月），第311—313页。

14．《国立北平图书馆之使命》，（北京晨报）学园120期（1931年6月24日）。

15．《国立北平图书馆概况》，图书馆学季刊5卷2期（1931年6月），第300—315页。

16．《永乐大典存目》，北平图书馆馆刊6卷1期（1932年2月），第93—133页。

17．《宛委别藏现存书目及其版本》，图书馆学季刊6卷2期（1932年5月），第265—277页。

18．《近三年来发现之永乐大典》，（北平图书馆）读书月刊1卷6期（1932年3月）。

19．《关于永乐大典之文献》，北平图书馆馆刊7卷1期（1933年1—2月），第13—29页。

20．《观海堂书目序》，图书馆学季刊7卷1期（1933年3月），第111—112页。

21．《北平图书馆方志目录序》，图书馆学季刊7卷2期（1933年6月），第339—340页。

22．《影印四库全书往来笺》（与张元济合著），青鹤1卷20期（1933年9月），第1—4页。

23．《关于图书集成之文献》，图书馆学季刊7卷3期（1933年9月），第403—406页。

24．《四库全书中永乐大典辑本之缺点》，北平图书馆馆刊

7 卷 5 期（1933 年 10 月），第 63—70 页。

25．《国立北平图书馆善本书目乙编序》，图书馆学季刊 9 卷 3–4 期（1935 年 12 月），第 479—480 页。

26．《永乐大典现存卷目表》，图书季刊新辑 1 卷 3 期（1939 年 9 月），第 246—286 页。

27．《国立北平图书馆现藏海外敦煌遗籍照片总目》，图书季刊新辑 2 卷 4 期（1940 年 12 月），第 609—624 页。

28．《国会图书馆藏中国善本书录》，华盛顿，1957 年。

29．《新疆研究丛刊》，台北／华盛顿，1962–1964 年。

II．《新疆研究文献目录》，1886–1962（日文部分）（与渡边岩合编），华盛顿，1962 年。

IV．《中俄西北条约集》，华盛顿，1963 年。

V．《西陲要略》，台北，1963 年。

VI．《新疆国界图志》，华盛顿，1963 年。

VII．《西疆交涉志要》，台北，1963 年。

VIII．《金轺筹笔》，台北，1964 年。

IX．《新疆设置志》，台北，1963 年。

X．《戡定新疆记》，台北，1963 年。

英文：

1. "Some Academic Activities in Chinese, 1949-1952", *Far Eastern Quarterly*, XII （May 1953）, pp. 301-310.

2. *Economic and Social Development of Modern China: A*

Bibliographical Guide , New Haven, 1956.

3.*China in Western Literature: A Continuation of Cordier's Biblotheca Sinica*, New Haven, Far Eastern Publications, Yale University, 1958.

4. "Russian Works on China, 1918-1958: A Selected Bibliography", *Monumenta Serica,* XVIII （1959）, pp. 388-430.

5. "Russian Works on Japan: A Selected Bibliography", *Monumenta Serica* XIX （1960）, pp. 403-436.

6. *Russian Works on China, 1918-1960*, in *American Libraries*, New Haven, 1961.

7. *A Guide to Doctoral Dissertations by Chinese Students in America, 1905-1960*, Washington, 1961.

8. *Bibliography of Chinese Mathematics*, *1918-1960*, Washington, 1963.

9. "Bibliography of Dr. Hu Shih's Writings in Western Languages"（与 Eugene L. Delafield 合编），"中央研究院"历史语言研究所集刊 XXXIV （1963）, pp. 813-828 .

10. "Doctoral Dissertations by Chinese Students in Great Britain and Northern Ireland, 1916-1961", *Chinese Culture* IV/4 （May 1963）, pp. 107-137.

11. "A Gudie to Doctoral Dissertations of Chinese Students in Continental Europe, 1907-1962", *Chinese Culture* V/3 （May 1964）, pp. 92-156, V/4 （June 1964）, pp. 81-149; VI/1 （Oct.

1964), pp. 78-98.

12. *T. L. Yuan Bibliography of Western Writings on Chinese Art and Archaeology* (ed. by Harrie Vanderstappen), London, Mansell, 1975.

英文著作中最后一种即《袁同礼中国艺术及考古西文文献书目》，在1965年袁先生去世时编纂工作尚未最后完成，袁先生家属委托当时在加拿大安大略皇家博物馆工作的时学颜女士和在芝加哥大学任教的范德本教授（Harrie A. Vanderstappen，1921—2007）继续进行编辑、修改、核实、分类、编制索引和扩充等工作。在范德本教授及其助手的努力下，该书于1975年出版。范教授生于荷兰，1947年作为天主教传教士被派往北京，任教于辅仁大学艺术系。1949年到美国后，于1955年获得芝加哥大学艺术史学博士学位，随后在芝加哥大学任教多年。范教授于2007年1月逝世，享年86岁。

编补：

收录袁同礼先生中文论著的《袁同礼文集》已由国家图书馆出版社于2010年6月出版。全书共分四编：图书馆事业编、文献研究编、序跋编、杂著编。

（原刊于《袁同礼纪念文集》，北京：国家图书馆出版社，2012年）

深切缅怀季羡林先生

　　2009 年 7 月 11 日，尊敬的季羡林先生在北京辞世，享年 98 岁。消息传来，不胜哀伤。追想 20 余年来与季老的交往，深感受益无穷，令人终生铭记。

　　我与季老见面的机会并不多，上世纪 90 年代去北京时方得亲承謦欬，但知道他的名字比这要早得多。大约 50 年代时，我还在读中学，看到他翻译的印度古代大诗人迦梨陀娑的作品《沙恭达罗》。60 年代初进入大学后，又看了他发表在《语言研究》创刊号上的论文《吐火罗语的发现与考释及其在中印文化交流中的作用》，引起我很大的兴趣。因为在这之前，我已看过丹麦学者裴特生（Holger Pederson，1867—1953）所著《十九世纪欧洲语言学史》的汉译本，了解到吐火罗语的释读成功和对该语言两种方言的研究，是印欧语历史比较语言学史上的大事。季先生不仅精通梵文，而且是我国唯一通晓吐火罗语的学者，自然使我崇敬。季先生的这篇大作曾被译成俄文，收入由苏联著名语言学家伊凡诺夫（Vyacheslav V. Ivanov）编辑的吐火罗语译文集（1959 年莫斯科出版）。此书是苏联十月革命后出版的第一本关于吐火罗语的专书。但季先生本人和别人所写关于季老学术成就的文章好像都未提及，所以在这里顺便说一下，算是对季老学术编年的一点补充。

1965 年我从华东师范大学毕业，来到一所中学任教。接下来就是"史无前例"的"文化大革命"，对吐火罗语和说这种语言的人的关注自然是完全谈不上了。直到"文革"结束、新时期开始的 80 年代初，我转而从事《汉语大词典》编纂工作，才想到要追踪这十多年来在吐火罗研究方面的新进展。恰好这时季先生在刊物上又发表了《吐火罗语 A 中的三十二相》、《谈新疆博物馆吐火罗文 A〈弥勒会见记剧本〉》等论文，得知他老人家还在孜孜不倦地整理和研究国内新发现的吐火罗文材料，但那时我与季老之间还没有任何联系。

1985 年在《新疆社会科学》杂志上读到体质人类学家韩康信先生的论文《新疆古代居民种族人类学的初步研究》。这篇文章给了我很大的启发。从 20 世纪 20 年代到 40 年代末，虽然有少数外国学者对新疆出土的古代人骨材料做过一些初步的研究，但在我国还是一个完全空白的领域。在此后长达 30 多年的岁月里，再没有任何中外学者涉足这个领域。韩先生的工作打破了这个局面。他的研究结果表明某些具有中－长颅和低面的原始高加索人种成分早在铜器时代（距今近 4000 年）就已出现在罗布泊地区，其形态特征与在中亚、哈萨克斯坦、南西伯利亚和伏尔加河流域发现的铜器时代居民的形态特征接近。由此我逐渐萌生一种想法，认为早在三四千年前就已生活在塔里木盆地的高加索种（白种）人居民与后来的吐火罗人存在联系，有可能前者是后者的祖先。1986年初我从余太山兄收到中国中亚文化研究会在苏州原铁道师范学院举行学术讨论会的通知，于是把这一孔之见写成一篇短文，准备提交会议。

在1986年春天举行的这次苏州会议上，我的这篇小文章有幸得到张广达、芮传明、荣新江、林梅村、耿昇、王继光、刘迎胜、钱文忠等各位先生的热情鼓励。尤其出乎意料的是，会后收到了没有出席会议的季老的亲笔信。作为享誉国内外的著名学者，季老这时身兼多种职务，又昼夜从事多项极其繁重的学术研究工作，却主动给一个素不相识，也没有任何著作发表的晚辈写信表示关心和支持，今天看来真是不可思议，但这也正是季老一贯奖掖、扶持后学的精神的真实体现。此信和季老以后给我的几封亲笔信我一直珍藏着，但由于身边的各种资料太过混乱，一时竟找不到了。真希望在不久之后就能在堆积如山的书和复印件里重新"发现"这些宝贵信件，我将把它们公开发表并捐献给纪念季老的合适机构，这比我个人保管更加安全可靠。

这以后我与季老的接触就比较多了。季老曾通过他的学生文忠兄惠赐在国外发表的论文和其他资料，我也托国外友人复印了一些他作研究需要的资料寄上。1987年我在汉语大词典编纂处评职称时，承蒙季老为我写了推荐意见。1991年季老80华诞时，我写了一篇论文《从一件婆罗谜字帛书谈我国古代的印欧语和印欧人》，荣幸地收入为他祝寿的纪念论文集里。上世纪 90 年代中期我协助王元化先生编辑《学术集林》向他约稿，他立即寄来了正在写作和修改中的《糖史》的一节，给了我们很大的支持。我还不止一次收到他亲笔题字的赠书，如 1996 年 7 月江苏文艺出版社赶在季老 85 岁寿辰之前出版了《季羡林自传》，我在他 8 月 6 日生日以后大约一周时间里就收到了赐寄的样书，使我感动不已。我写的一本书《吐火罗人起源研究》，也多承其大弟子王邦维兄鼎力相助得以出版，收入季老主编的《东方文化集成》中。

上世纪 90 年代我因公去北京或参加学术会议时，也曾抽出时间去北大看望季老。最后一次是在 1997 年夏秋之交，我与朱

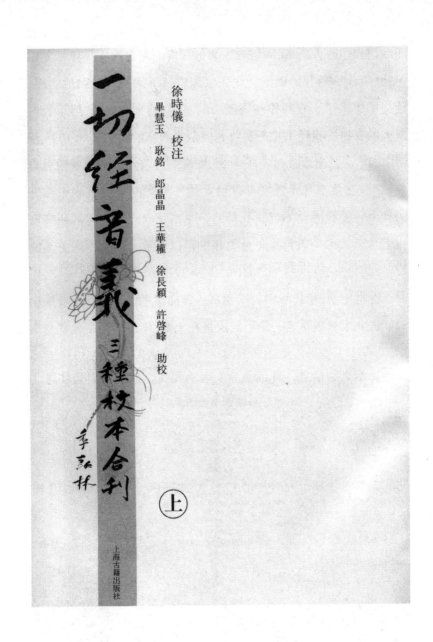

徐時儀　校注

畢慧玉　耿銘　郎晶晶　王華權　徐長穎　許啓峰　助校

一切經音義

三種校本合刊

辛弘林

上

上海古籍出版社

庆之兄一同在某天下午赶到朗润园拜访。这次没有别的客人在座，所以谈话十分从容，留下了非常美好的记忆。季老对人的最大特点是自然、朴实、亲切，而从不强加于人。记得 90 年代初，他曾用英文写了一篇论文，译释吐火罗语 A《弥勒会见记剧本》的一张即两页，发表在日本出版的《冢本启祥教授还历纪念论文集》中，但不久因为事情多，找不到这本书了，于是他特地写了封信给我，称赞我掌握的信息多，托我查一查此文的出处，其实我孤陋寡闻，哪能知道？想不到没过几天，又收到他的短信，告诉我冢本教授纪念论集已在家中书房找到，免得我再为此花费时间。季老处事这样认真，这样处处为人着想，真是我们学习的榜样。

进入 21 世纪后，虽然我还是不时从报纸和其他媒体中获知有关季老的信息，拜读他新发表的大文，但他已因病住进北京 301 医院，不便再打扰了。因此，我除了在每年元旦之前给他寄一张贺卡，祝他健康长寿之外，数年间没有直接联系。到 2005 年时，曾与我同事多年的上海师范大学徐时仪教授在其长期从事佛经音义研究的基础上，率领他指导的博士、硕士生组成的团队，决定把玄应《一切经音义》、慧琳《一切经音义》和希麟《续一切经音义》三书进行精细点校，出一个新的合刊本。他希望我设法请季老为该书题写书名。当时我无法面见季老，但通过王邦维兄和《东方文化集成》编辑部樊津芳女士的努力，2006 年我去北京开会时顺利拿到了季老的亲笔题署。此书三大卷已在 2008 年年底由上海古籍出版社出版，并在 2009 年春节前寄呈季老。时仪兄和我望着季老写的苍劲有力的大字"一切经音义三种校本合刊"，都感到非常欣慰。

得知季老仙逝的消息后，我想到了现在正在巴黎高等实验学院留学研治吐火罗语的日本青年学者荻原裕敏君和其同学、来自中国台湾的庆昭蓉女士，他们都是季老的仰慕者。我给他们两位发了电子邮件告知此事，当天就收到了回信。他们深情地写道："方才接到您的来信，我们极为震惊。很感谢您的及时通知。我们都是读到了季先生的《吐火罗语研究导论》，才对这门学问发生兴趣的。想不到一代大师竟走得如此突然，更不敢相信我们永远失去了向他请教问安的机会。但愿季先生安详喜乐地离开人间。谨悼。"我想：这也是我们共同的心愿。

敬爱的季羡林先生德业不朽！

（原刊于《永远的怀念——我们心中的季羡林先生》，

北京：北京大学出版社，2010 年）

"琐事"忆辛笛

　　辛笛姐夫去世已有一年，但他的音容笑貌仍然如在眼前。我与他见面的次数虽然不少，但深谈的机会实在不多。不过，他生前直至身后发表的文字我却读过不少，阅读时心中的感受和晤谈时得到的印象可以说是完全一致的，这就是所谓"文如其人"吧。恰好圣思要我写一点对辛笛姐夫的回忆，于是把浮现在脑际的有关其文的"琐事"记下来，聊以表达我对他深深的怀念。

　　我最早看辛笛的著作是他的散文集《夜读书记》。这本书篇幅不大，但非常耐读，收入书中的好几篇文章都值得细细咀嚼。我初读时还不到20岁，知识自然肤浅，但"小引"中所说的几句话使我难忘，而且引起强烈的共鸣："世乱民贫，革命斫头，书生仿佛百无一用，但若真能守缺抱残，耐得住人间寂寞的情怀，仍自须有一种坚朗的信念，即是对于宇宙间新理想新事物和不变的永恒总常存一种饥渴的向往在。人类的进步，完全倚仗一盏真理的灯光指引；我们耽爱读书的人也正在同一的灯光下诵读我们的书。"那时我刚开始注意西方的汉学研究和东方学研究史，书中谈有关中国的西文论著的文章《中国已非华夏》对我颇有启发。约20年后，我参加《汉语大词典》编纂工作，又想起了他写的《英美俚语字典谈》。此文附注中提到中国人编著的英文习语词典当以清末曾在美国任留学生监督的邝其照（Kwong Ki-chiu）的《英文习语例解词典》（*A Dictionary of English Phrases with Illustrative Sentences*，1881）为最早；而邝氏在此之前于1868年已编有一部《英汉词典》（*An English and Chinese Lexicon*），1875年刊行修正版。这实在是中国辞书史和中西语言文化互动史上的重要资料，可惜直到21世纪的今天，国内外都还没有学者对此进行专门研究。写到这里，不禁想起致力于19世纪中日欧语言接触方面探索的老朋友、意大利罗马大学的马西尼（Federico Masini）教授，希望他把这两部宝贵工具书里的词汇考察和研究一番，必定会有新的收获。

辛笛在文中还提到在二战中逝世的丹麦著名语言学家艾思卜生（Otto Jespersen，1860.7.16—1943.4.30，今译叶斯柏森），可见他除主攻文学外，对语言学也有兴趣。记得"文革"结束后，大约在1979年，有一次我在他家谈到当代汉语语言学的泰斗赵元任（1892—1982）先生。他欣然拿出一封赵先生的亲笔信给我看，这是我第一次得见赵先生的手迹，真是喜出望外。赵先生曾经用纯粹的口语翻译过英国作家刘易斯·卡洛尔（Lewis Carroll，1832—1898）的《阿丽思漫游奇境记》，早在上个世纪的20年代即由商务印书馆出版，曾经传诵一时。上海的少年儿童出版社打算重印这个译本，通过辛笛征求赵先生的意见，赵先生复信表示同意。此信我当场抄录在随身携带的笔记本上，信中语句十分幽默生动，可惜时过境迁，现在竟找不到了。赵先生的译文跟今天的语言表达习惯和用词、标点方法等方面已经有了较大的距离，所以为一般读者着想，需要在文字上作一些修改，这就使这本书没能及时出版，直到1990年，在文绮大姐和辛笛姐夫热情帮助下，翻译家方平先生对译文作了审慎的局部改动，才由少年儿童出版社推出，与广大读者见面。这件事在圣思的佳构《智慧是用水写成的——辛笛传》中也有记述，我只是略作补充而已。赵先生的原信我想还完好地保存着，现在商务印书馆正在陆续出版数量达20大卷并附若干张光盘的《赵元任全集》，这封在学术史和儿童文学史上都有相当意义的信是应该收入《全集》的书信卷的。

梅祖麟先生在回忆其治学历程的文章中曾说起他把第一篇发表的论文寄给已故音韵学家董同龢先生，董先生回信夸奖，说是"学人的文章，不是文人的文章"。其实，按照中国的传统，学人和文人也是可以打通的，并没有截然的界限。辛笛的文章往往并不长，但读后回味，感到其中既有文人的激情和风采，又有学人的绵密和智慧，这与他的深厚学养是分不开的。上世纪30年代与他同一辈的留学国外的学人，如他的挚友钱锺书先生、盛澄华先生，还有季羡林先生等，都是如此。他的终身伴侣文绮大姐也很爱好文艺，但他负笈东瀛时跟随的老师是日本史学大家羽田亨教授（1882—1955），还认真学习过满文。羽田先生是日本西域史研究的开创者和大权威，至今在日本学术界拥有无与伦比的崇高地位。但文绮大姐很少谈论这段往事，更无丝毫炫耀之意，我也没有向她问起羽田教授当时进行教学和研究工作的情况。现在回想，未免遗憾。不过这些是题外话，就此打住吧。

编补：

邝其照生于 1836 年，祖籍广东省新宁（现台山）县三八镇冲云村，死于 1895 年左右。关于他的生平和著作，请参阅：高永伟《邝其照和他的〈英语短语词典〉》，《辞书研究》2005 年第 3 期，《邝其照和他的〈华英字典集成〉》，《复旦外国语言文学论丛》2011 年第 1 期；邹振环《晚清翻译出版史上的邝其照》，《东方翻译》2011 年第 5 期；司佳《邝其照与 1868 年〈字典集成〉初版——兼谈第一本中国人编写的英汉字典及其历史实用价值》，《广东社会科学》2013 年第 1 期。日本学者内田庆市和国内周振鹤教授早在 2001 年至 2002 年就介绍过他的著作。日本高田时雄教授的有关论文最为重要，载《东方学》第 117 辑，2009 年，第 1—19 页。内田庆市教授对其人其事的详细考证，见《或问》第 19 期，2010 年，第 131—146 页。他是近代中国从事英语词典编纂和英语教育事业的先驱，也是著名报人和晚清留美活动的参与者。

（原刊于王圣思主编《记忆辛迪》，银川：宁夏人民出版社，2006 年）

功绩与精神永存
——徐森玉和西北科学考察团

今年是家父徐森玉先生（鸿宝，1881—1971）诞辰 130 周年和逝世 40 周年。他在上世纪 20 至 40 年代，曾经担任西北科学考察团理事会常务理事，参与考察团的各项工作。此事知者不多，现根据已经公开发表的有关资料，作一简单的介绍，以此缅怀为中国和世界的科学文化事业作出贡献的中外先贤。

"中国西北科学考察团"是中国近代首次由中外学者联合组建，规模大、学科多的学术考察团体。1926 年，最早"发现"楼兰古城的瑞典探险家斯文·赫定（Sven Hedin，1865—1952）再次来到中国，此时的中国与 19 世纪末 20 世纪初相比已经发生了巨大的变化。他的考察活动从一开始就遇到麻烦，中国西部已经不再是可以自由穿行的无人之境，而赫定的对手，也是后来的合作者，乃是以北京大学国学门为代表的中国学者。尽管开始之时双方缺乏共识，中国学术界内部也存在矛盾，但在随后进行的谈判中，刘复（半农，1891—1934）等中国学者在坚持原则、维护国家主权的前提下，表现出灵活的态度，终使中瑞双方达成协议，共同组建考察团。1927 年 5 月 9 日，考察团从北京出发，徐森玉偕周肇祥（1880—1954）去车站送行，周是家父老友，浙江绍兴人，清末举人，京师大学堂、法政学校毕业。工诗文书画，历任湖南省省长、临时参议会参政、清史馆提调、中国画研究会会长、北京古物陈列所所长。在所长任内，和刘复代表中国学术团体协会与赫定签约。

考察团中方团长为徐炳昶（旭生，1888—1976）。徐先生留学法国，曾任北京大学教务长、北平研究院史学所所长，是著名的历史学家和考古学家，所著《中国古史的传说时代》曾产生很大影响。他也是家父多年好友。

参与和领导考察团工作的袁复礼（1893—1987）留学美国，是中国地貌学和第四纪地质学的先驱。他在考察途中发现大批爬行动物化石，获瑞典皇家科学院"北极星奖章"。袁先生长期

袁复礼照片及纪念铜像

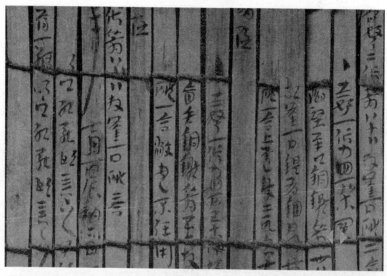

居延汉简

贝格曼（1902—1946）

高尚者的
墓志铭

首批中国科学家大西北考察实录

（1927—1935）

王忱/编

中国文献出版社

王忱等整理编辑《高
尚者的墓志铭——首
批中国科学家大西北
考察实录》

300

中瑞西北科学考察团八十周年纪念展

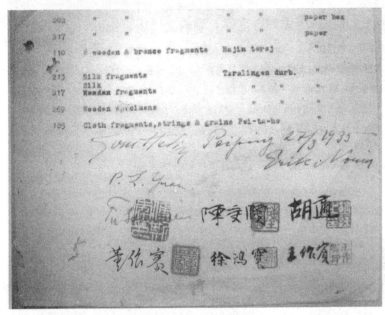

运往瑞典采集品清单上的签名

担任清华大学教授，1952年起在北京地质学院任教，从事地学教育60多年，培育了几代地质人才，中国科学院地学部院士中，有29位出自其门下！他也是中国考古学的开创者之一，与安特生（Johan Gunnar Andersson，1874—1960）一起进行"仰韶文化"的考古研究工作。2011年为纪念仰韶文化发现90周年，在河南省三门峡市渑池仰韶村竖立了安特生、袁复礼、夏鼐、安志敏4位先生的铜像。袁先生同样是家父多年挚友，记得我读中学时，在家中看到过他亲笔题赠家父的英文著作。

在考察团中从事考古工作的黄文弼（1893—1966）与家父有数十年交谊。从参加西北科学考察团起，他为中国新疆和西北各地的考古事业作出了毕生努力，著有《高昌陶集》（1934年）、《高昌砖集》（1951年增订）、《罗布淖尔考古记》（1948年）、《吐鲁番考古记》（1954年，1958年）、《塔里木盆地考古记》（1958年）、《新疆考古发掘报告（1957—1958）》（1983年）、《西北史地论丛》（1981年）、《黄文弼历史考古论集》（1989年）、《黄文弼蒙新考察日记》（1990年）等。这些著作中的好几种，他都曾亲笔题赠家父。

考察团于1928年2月到达乌鲁木齐。田野考古工作的主要收获有：袁复礼和瑞典学者贝格曼（Folke Bergman）在内蒙古各地采集细石器，在新疆乌鲁木齐、吐鲁番、哈密等地采集新石器时代遗物。1930年贝格曼从4月份开始陆续于居延长城烽燧遗址发掘出汉代木简万余枚，此即"居延汉简"。贝格曼和黄文弼都在新疆进行了重要的考古调查和部分试掘工作。除考古学外，中瑞双方有地质、气象、天文、生物、人类学、民族学等诸多领域专家参加考察。外方队员除瑞典人外，还有来自德国、丹麦、俄国和爱沙尼亚等国学人。实地考察持续至1935年，后分头撰写考察报告。从1937年起，以《斯文赫定博士领导的中瑞考察团在中国西北各省科学考察的报告》为总标题，在斯德哥尔摩出版的专书已达56种。

当年参加考察的中国中青年学者和学生多为一时之选，日后都有杰出成就。考察地点遍于内蒙古、宁夏、甘肃、青海、新疆、西藏，虽然环境艰苦，但皆不辱使命，收获甚丰。如地质学家丁道衡（1899—1955）于1927年7月3日发现白云鄂博铁矿，后来的包钢就是在其发现的基础上建立的；鉴于丁先生的巨大贡献，包钢特为其塑造铜像作为永久纪念。又如陈宗器（1898—1960），是中方当时在西北地区考察、工作时间最长的学者之一，新中国建立后后任中国科学院地球物理研究所副所长，乃是我国地磁学的奠基人。他与赫定友谊深厚，有一百多封来往信件，现存瑞典国家档案馆。刘衍淮（1907—1982）是著名气象学家，1949年后去台湾，继续从事气象教学和研究工作，后任台湾师大教授，发表了大量关于西北科学考察团成就的文章。另一位气象学家徐近之（1908—1982），1949年后任中国科学院南京地理研究所研究员、研究室主任，在历史气候学和灾害防治方面贡献突出。与考察团有紧密联系的科学界、文化界知名人士，除家父外，有蔡元培、胡适、翁文灏、李四光、竺可桢、马衡、梅贻琦、沈兼士等。

1937 年卢沟桥事变后，家父本已离开北平，因原藏北京大学文科研究所的居延汉简仍陷于敌占区，于是在 11 月潜回北平，与北大助教、西北科学考察团干事沈仲章将汉简设法运出，后经天津、青岛，辗转入藏香港大学冯平山图书馆。沈先生生于 1905 年，上世纪 20 年代就读于北京大学，后为刘半农弟子。其人多才多艺，不仅通晓数种外语，而且在语言学（1934 年 6 月曾在刘复率领下与白涤洲、周殿福等同往包头进行方言调查）、录音技术、摄影、医药等方面都有深厚造诣，特别是在发掘和整理民族音乐遗产方面贡献良多。沈先生是家父后辈，却也是终身好友。他倒有一桩轶事广为人知：著名翻译家傅雷（1908—1966）在 1966 年 9 月 2 日深夜的绝笔中记有："武康大楼（淮海路底）606 室沈仲章托代修奥米茄自动男手表一只，请交还。"

据沈仲章先生回忆，当时除将木简冒险运至家父住处外，还把一些考察团的主要物件一起运出，如居延笔的模型（复制品）、贝格曼发掘居延汉简的地形坑位草图、邮局特为西北科学考察团发行的纪念邮票和许多原始记录、账目等等。其中盛放居延笔复制品的木盒上的题字便是家父的手书。

上述与居延汉简相关的原始文件未随汉简运往美国，至今仍收藏在香港大学，现名"居延汉简整理文件"。台湾"中研院"史语所邢义田先生曾于 2007 年 11 月 25 日至 29 日到港大作了一次专门调查，归后撰有长文《香港大学冯平山图书馆藏居延汉简整理文件调查记》，载于史语所出版的刊物《古今论衡》第 20 期（2009 年 12 月）。文中收录了考察团理事会及木简整理委员会会议记录，家父作为常务理事始终与会。如 1935 年 2 月 25 日于团城召开第六次常务理事会，会议由袁复礼任主席，记录为沈仲章。会议的主要内容是：主席报告赫定、那林（Erik Norin）正式担保于一定年限内归回古生物及考古采集品公函内容，徐森玉、陈受颐两理事提请本会正式通过赫定、那林担保函。无异议通过。并议决：该函所附详单俟检验完毕后，由本团在平全体常务理事及本案关系方面代表负责签名。这份清单原件也保存完好，清单最后有 1935 年 3 月 27 日陈受颐、胡适、董作宾、王作宾和家父的中文签名与用印。另有赫定、那林、袁同礼和傅斯年的西文签名。袁同礼（1895—1965）为袁复礼之弟，时任国立北平图书馆馆长，也是家父的老友和同事。

邢义田先生在文章最后指出：这次有机会亲见港大所藏居延汉简初步整理留下的工作记录，益发深信这万余木简能有今天的命运，实在是许多人努力的结果。当年西北科学考察团诸位先生的无私奉献感人至深，正如《人民日报》在 1987 年为纪念考察团成立六十周年发表的长文的标题所说，他们的功绩与精神永存！

（原刊于《上海文博论丛》2011 年第 4 期）

悼印度杰出学者纳拉扬教授

日前从印度友人沈丹森（Tansen Sen）先生那里得知，卓越的印度历史学家、考古学家和钱币学家纳拉扬（A. K. Narain）教授最近逝世。笔者虽无缘拜识这位年高德劭的史学大师，但早在上世纪 60 年代就读过他的著作，80 至 90 年代时还介绍和翻译过他的论文。因不揣浅陋，对这位前辈的学术成就稍作述评，借以寄托对他的敬慕和哀思。

纳拉扬于 1925 年 5 月 28 日生于印度比哈尔邦的伽耶。1947 年从贝拿勒斯（瓦拉纳西）印度教大学毕业，从此毕生从事关于古代印度历史、文化和考古学方面的研究，并获奖学金附英国留学。1954 年在伦敦大学亚非学院取得哲学博士学位。1957 年，他的成名作《印度—希腊人》（*Indo-Greeks*）由牛津的克拉伦顿出版社出版。该书以后曾一再由牛津大学出版社重印，也奠定了纳拉扬教授在学术领域的地位，并且成为古代南亚和中亚关系史方面的经典著作。

在历史上，随着希腊马其顿帝国的兴起和亚历山大大帝东征，希腊军队越过兴都库什山进入巴克特里亚，进而征服索格底亚那（粟特）和旁遮普，使得希腊人及其文化在中亚、南亚逐渐生根。亚历山大大帝在公元前323年病故后，他的庞大帝国随之瓦解，帝国在亚洲的大部分领地归前总督塞琉古（Seleucus）统治，史称塞琉古王朝。该王朝在中亚建立了更多的希腊人定居点，大力推行希腊化政策。公元前250年，巴克特里亚的希腊人总督狄奥多德（Diodotos）宣布独立，建立了希腊—巴克特里亚王国。约公元前180年德米特里（Demetrius）在位时，王国势力扩张到印度北部。之后，巴克特里亚（汉文史籍称为"大夏"）王国的印度部分与王国分裂，而从公元前141年左右起，游牧部族又不断入侵，在今日的阿富汗、印度和巴基斯坦各一部分地区建立了许多分属不同王朝的小国，史称印度—希腊王国。经过约两个世纪的历程，这些印度—希腊王国在语言、宗教、文化、艺术上把古代印度和古代希腊的文明融合在一起，对丝路沿线诸地区包括中国都产生了影响。

对这段历史的研究，由于涉及多种语文，史料又极端缺乏且相互矛盾，所以十分困难。著名古典学家、英国的塔恩（W. W. Tarn，1869—1957）教授是公认的集大成者。他在1938年由剑桥大学出版社出版的《在巴克特里亚和印度的希腊人》（*The Greeks in Bactria & India*）是一部不朽巨著。1951年，此书出版了增订第二版，1966年重印。鉴于此书出版后有许多重要的新发现，美国学者霍尔特（F. L. Holt）补写了上世纪50年代以来对古代巴克特里亚的新研究的概要介绍，并附参考书目，于 1985 年由芝加哥的阿里斯（Ares）出版社推出第三版。而在 1957 年，时年仅三十来岁的纳拉扬所著《印度—希腊人》却与塔恩的大作齐名，出版后也长盛不衰，直到上世纪 80 年代还在不断重印。较之塔恩的著作，纳拉扬的书中有不少新的论断，特别是补充了许多出土钱币方面的资料。为了把 1957 年之后由法国、苏联和俄罗斯、乌兹别克斯坦等国学者发现的考古新材料充实进去，纳拉扬于 2003 年在印度出版了此书的修订和扩充版本，增收作者的相关论文九篇和地图、图版多幅以及参考书目。最为重要的是，由法国考古学家贝尔纳（Paul Bernard）于 1964—1978 年间对阿伊·哈努姆（Ai-Khanoum）遗址（位于阿富汗北部的昆都兹省）的发掘所获之成果在新版中得到了反映。据说，《印度—希腊人》的中文翻译工作早已完成，可惜至今未见出版。

除了对印度—希腊王国的研究，纳拉扬还对印度—斯基泰人、印度—帕提亚（安息）人和月氏—贵霜人的历史作了一系列探索，并且领导考古发掘工作，以上这些都与丝绸之路有关。他对佛教也深感兴趣，编辑了一些重要的论文集，并曾担任国际佛教研究联合会主席。1966—1967 年，他任美国麦迪逊威斯康星大学访问教授。1971—1990 年任该校历史和南亚研究教授近二十年，并主持佛教研究项目。1987 年，他从美国返回印度居住，继续从事教学和研究。2013 年 7 月 10 日，在其母校所在地贝拿勒斯因病去世，享年 89 岁。

除专著外，纳拉扬教授生前撰写和发表了一百多篇论文与评论，涉及历史、艺术、考古学、人类学、图像学、古文字学、钱币学和宗教等不同领域。他是印度国内外许多重要学术团体和学术刊物的创建者和主持人，曾任伦敦的皇家亚洲学会荣誉会员、皇家钱币学会终身会员，两度担任印度考古学会主席、印度史前和第四纪研究会主席、印度历史和文化学会主席，印度亚洲和太平洋研究学会主席等。除美国外，他多次去欧洲、苏联和俄罗斯、蒙古、阿富汗、土耳其等国进行学术访问。1983年，他根据美国国家科学院和中国社会科学院的交流计划，以杰出学者身份首次访问中国。1999年，为了考察新疆出土古尸，他再次访问中国，到过乌鲁木齐等地，还赴台湾发表学术讲演。纳拉扬教授晚年致力于对欧亚大陆早期历史的综合研究，打算写一部多卷本著作《从居鲁士到迦腻色伽》，未全部完成，但有一部分已写就并准备付印出版。

纳拉扬教授对中国境内古代的吐火罗—月氏人的起源很是关注，多年来一直思考和探讨这个难题。1978年，著名伊朗学家亨宁（1908—1967）的遗作《历史上最初的印欧人》发表，提出了一个大胆的假设，认为楔形文字中经常出现的古提（Guti）人就是吐火罗人的前身。来自波斯西部山地的古提人击败了巴比伦统治者纳拉姆辛，他们主宰整个巴比伦约达百年之久（公元前2100年左右）。同时，亨宁研究了古提人与楔形文字材料中的图克里（Tukri）人之间的关系，图克里人的居住地从东面和东南面邻接古提人的区域。亨宁主张古提人在公元前三千纪之末离开波斯西部，经过长途跋涉到了中国，其中一部分定居下来，其他的仍过着游牧生活，是即中国史书后来记载的"月氏"。"月氏"一名最终来源于 Guti（Kuči 即"龟兹"，这个名称也是由 Guti 变来的），"吐火罗"一名最终来源于 Tukri。Guti 和 Tukri 这对孪生兄弟之所以被称为历史上最初的印欧人，是因为他们很早就见诸中近东的历史记载，甚至先于小亚的赫梯人。

因为亨宁在学术界享有崇高声望，他的假设受到一些著名学者的支持，至今还有一定影响。纳拉扬反复研究了汉文史料如《史记》、《汉书》、《逸周书》、《管子》和《穆天子传》，又请教了著名考古学家张光直（1931—2001），在 1987 年发表专文，指出亨宁的说法缺乏根据，不能成立。纳拉扬论证了中国古代的月氏人就是西方记载的 Tochari 人和印度典籍中的 Tusāra 人或 Tukhāra 人，贵霜王国实际上就是大月氏国家，但他不赞成吐火罗—月氏人西来说。相反，他认为月氏很早就住在中国境内，是中国古代北方的一个重要部族，黄河上游甘青地区的齐家文化可能与之有关。不仅如此，他还进而认为印欧人可能源于中国，吐火罗—月氏人是"最初的"印欧人的一支，也是最后离开故乡的。这样，中国北方就成了吐火罗—月氏人甚至印欧语系各支系的"摇篮"。

1990 年，纳拉扬在他为塞诺（D. Sinor, 1916—2011）教授主编的《剑桥早期内亚史》所撰专章《内亚的印欧人》中重申了以上观点。2000 年，他又在印度出版了一本专书，对上述观点进行了系统阐述。纳拉扬教授 1987 年的论文，笔者已译为中文，载《学术集林》卷十七（上海远东出版社2000年版）。

设想印欧人起源于中国境内，根据近十余年来的考古学和分子人类学研究，这种可能性很小。但纳拉扬的说法也是经过深思熟虑的，并非信口开河。起源于非洲的现代人，如何在约十万年前开始逐渐分布到整个地球，这是人类自身尚未得到完全破解的最大奥秘。按当前最新的研究成果，说印欧语的原始印欧人的起源最早只能追溯到大约9500年之前。至于远在这之前的状况，我们所知甚少。最近，生物化学家克留索夫（A. A. Klyosov）曾指出，原始印欧人的单倍群R1a1在距今20000年至3500年前迁徙，始于南西伯利亚和中国西北地区。约12000年前，带有这种标记的人群已经到达南亚次大陆，约在10000—9000年前到达安纳托里亚和小亚地区，约9000—8000年前到达巴尔干并进而扩散至全欧洲。这也只是一种假设，有待将来的研究予以证实或证伪。还有学者设想，说原始吐火罗语的族群东迁后与叶尼塞河流域和米奴辛斯克盆地、阿尔泰山之间的阿凡纳羡沃文化（时代约为公元前3000年，延续至公元前2500年）的居民融合，到达萨彦—阿尔泰地区，然后进入准噶尔盆地，留下了切木尔切克文化。俄罗斯考古学家科瓦雷夫（A. A. Kovalev）曾在蒙古国和哈萨克斯坦等地发掘过类似墓葬，认为与切木尔切克文化最为近似的是法国南部的新石器时代文化，而这并非偶然。吐火罗语属印欧语西支，与日耳曼语、意大利语等有些共同特征，原始吐火罗人可能经历了长达6500公里的迁徙，由欧洲来到蒙古阿尔泰地区。所以，究竟是由东而西，还是由西而东，这仍然需要进行更加深入的研究和探讨。

（原刊于《东方早报·上海书评》2013 年 8 月 25 日）

悼念当代杰出汉学家蒲立本教授

　　本月 15 日，在从北京返回上海的列车上，突然收到瑞士苏黎世大学毕鹗（Wolfgang Behr）教授发来的电子邮件，得知加拿大著名汉学家蒲立本（E. G. Pulleyblank）教授于 13 日病逝，享年九十岁。这是国际汉学界的重大损失。对于这位大师的离世，笔者不禁感到十分痛惜。

　　1922 年 8 月 7 日，蒲立本教授生于加拿大阿尔伯塔的卡尔加里。他 1942 年毕业于阿尔伯塔大学，主修希腊语和拉丁语。时值太平洋战争期间，由于参与情报工作，也接触过日语，并在渥太华的卡尔顿学院学习汉语。1946 年来到英国伦敦大学攻读中国语言和历史，1951 年获博士学位。蒲立本先生在伦敦大学亚非学院工作到 1953 年，然后转往剑桥大学任教，直至 1966 年。同年返回加拿大，任不列颠哥伦比亚大学亚洲研究系教授，并曾兼任系主任。1987 年后为该校荣休教授。他还担任过加拿大亚洲研究学会会长、加拿大皇家学会会员、美国东方学会会长、国际汉语语言学学会主席等职务，以其学术成就蜚声世界。1982 年他曾来中国出席国际汉藏语会议，并与中国学术界建立了广泛的联系。

蒲立本教授的汉学研究，集中在两个方面：一是唐史和唐以前至唐代的中国民族史，旁及中亚和内亚；二是古汉语语言学，包括汉语音韵学和汉语语法史。他在两个领域都取得了富于原创性的重要成就，并将两方面的研究成果互相结合，成为历史语言学新路径的开拓者之一，真是令人钦佩。

早在 1952 年，蒲立本教授就在《通报》(*T'oung Pao*) 上发表了题为《内蒙古的一个粟特聚落》的长篇论文，虽距今六十年，但此文对于中国中古史和粟特史研究仍有意义。1955年，他发表了第一本专著《安禄山叛乱的背景》，此书出版后广受好评，笔者听说中译本也即将面世。1961 年，他与日本学家William G. Beasley (1919—2006) 合编的论文集《中国和日本的史学家》由牛津大学出版社出版。受早年在印欧语比较语言学方面训练的影响，加上在剑桥期间，与中古伊朗语大家贝利(H. W. Bailey，1899—1996) 和亨宁 (W. B. Henning，1908—1967) 联系密切，蒲立本教授对中亚语言和文化相当熟悉，从上世纪 50 年代开始就从新的角度对汉语历史语言学进行探讨。除在《伦敦大学亚非学院学报》(*BSOAS*)、《泰东》(*AM*)、《华裔学志》(*MS*)、《美国东方学会会报》(*JAOS*) 等刊物上发表了许多重要学术论文外，还出版了一系列专著：《中古汉语：历史音韵学研究》(1984)、《早期中古汉语、晚期中古汉语和早期官话的拟音词汇》(1991)、《一件以中亚婆罗谜字书写的汉语文书：关于晚期中古汉语和于阗语发音的新证据》（与于阗语专家 R. E. Emmerick [1937—2001] 合著，1993）、《古汉语语法纲要》(1995)。2001—2002 年，出版了两本论文选集，分别题作《关于唐和唐以前的中国》、《中亚和古代中国的非汉族群》。

蒲立本教授在 1962 年发表的《上古汉语的辅音系统》，被誉为汉语上古音研究，特别是上古辅音研究的里程碑。他凭借丰富的古汉语文献知识和对各种中亚、南亚、东亚语言材料的充分了解，创造性地运用了借词所提供的语音信息，不但把上古汉语音韵研究推进了一大步，而且在历史学领域，特别是中亚史和中外交通史方面也影响深远。正因该书在学术上的重要性，潘悟云先生和笔者在蒲立本教授的大力支持下，将这一名篇译为中文，译文承蒲教授亲自审定，并作了若干增补，于 1999 年由中华书局出版。近十年后，我们又作了一些修订，于 2008 年出版了第二次印刷本。除了这本书，蒲教授的一些重要论著也先后被译为中文，如《古汉语语法纲要》的中译本出版于 2006 年（北京：语文出版社）。书共分十五章，在对汉语的历史、文字、音韵以及古汉语语法的规则作了简要说明后，从对各种谓语的分析入手，集中探讨古汉语的句子类型。除专著外，蒲教授的论文也深受中国学者重视，已有部分被译为中文，如《上古时代的华夏人和邻族》，由复旦大学游汝杰教授翻译（载于《扬州大学中国文化研究所集刊》第一辑，1998 年）；《如何构拟上古汉语》由李德超、孙景涛先生翻译（载于潘悟云编《境外汉语音韵学论文选》，上海教育出版社 2010 年版）。至于大陆和港台的语言学家、历史学家征引、讨论蒲氏论文、专著的，则是不胜枚举。

汉学研究和非汉学研究（如印度学、伊朗学、突厥学、蒙古学等）的结合，原是西方东方学研究的传统，蒲立本教授的著作充分体现了这种传统。他又是一位十分关注现代语言学理论，重视与时俱进的学者。1989 年，他就和另外三位学者合作编辑出版了《语言起源研究》第一卷，其中所收论文涉及语言、心理、生物、人类进化等诸多学科，实为现今处于科学前沿的演化语言学的先声。蒲氏在 2008 年 4 月发表最后一篇论文，题为《作为数字的语言：人类言语的起源和本质新论》，表明他在语言的起源和演化方面所进行的新探索。蒲教授对古代匈奴语言的研究，虽然还有争议，不能视为定论，但给予学术界很多启发，不少语言学家、人类学家甚至分子生物学家对此都有浓厚的兴趣，美国夏威夷大学的俄裔学者 Alexander Vovin（1961—　）教授就是其中比较著名的一位。

笔者与蒲立本教授个人接触不多，但承蒲教授美意，惠赐论文多篇，从中受益极深。仓促之中，只能在这里对他的学术成就略作介绍；如果时间和精力允许，想把他的论文集《中亚和古代中国的非汉族群》翻译出来，借以纪念这位继往开来的语言学和史学大家。

下图为蒲立本教授近影，高岛谦一教授通过毕鹗教授提供。

In Loving Memory
of
Edwin George Pulleyblank

August 7th, 1922 ~ April 13th, 2013

（原刊于《东方早报·上海书评》2013 年 5 月 5 日）

《玄应和慧琳〈一切经音义〉研究》序

徐时仪先生从事佛经音义研究 20 余年，在先后出版硕士论文《慧琳和他的〈一切经音义〉》、博士论文《〈玄应音义〉研究》，完成《一切经音义三种校本合刊》之后，又写成综合性的专著《玄应和慧琳〈一切经音义〉研究》，这是近百年来佛经音义研究的集大成之作，充分体现了相关学术领域在当代的前沿水准。这部五十万字的巨著体大思精，胜义纷陈，我有幸作为先睹者之一，浏览全书后不禁欢喜赞叹，无从自已。

关于这部力作的主要特点，在本书"内容提要"和前辈许威汉先生的序中已经说得非常清楚，无须一一赘述。我以为时仪先生治学的显著特点是把比较传统的历史文献考证和现代语言学理论结合起来，从而能够有所创获，超越前人。例如，本书认为词汇扩散是一种以变异和选择为基础的语言进化过程，它不仅在语音的历时变化方面出现，而且也体现在语言的其他方面如词义和语法范畴的演变中，因此，根据词汇扩散理论，依靠同一文献不同年代的版本异文，可以考察语言变化的连续过程和词汇的兴替及语法的演变（时仪先生有专文《词汇扩散与文献传本异文》，载《中国语言学报》第13期，北京：商务印书馆，2008年，第165—176页）。作者在对玄应和慧琳二书的反切与所释二万八千余条词语的穷尽性比勘和研究中，都力图运用这种方法，并且取得了丰硕的成果。著名语言学家梅耶（Antoine Meillet）曾经说过："要确定过去的语言状况，语言学家应该利用最正确、最精密的语文学；每当语文学在精密性上有一次进步，语言学家才能有一次新的进步。"时仪先生对《一切经音义》的研究，正是体现了这种精神。

注重研究工作的实用性，是本书的另一特色。时仪先生有多年的词典编纂的实践经验，又长期从事古籍的整理和考订，因此在书中以大量具体例证说明《一切经音义》对于古籍辑佚、校正和大型字典、词典编纂与修订的重要意义，所论还涉及佛典源流、文化史研究、中外关系史探索等领域，因此具有多方面的参考价值，而并不局限于语言学和语文学。

我与时仪先生同事有年，相知甚深，从他的许多著作中获益良多。现在他的新著即将出版，爰不揣简陋，敬缀数语，以告读者，并就正于时仪先生。

徐文堪

2008 年 10 月

（原刊于徐时仪《玄应和慧琳〈一切经音义〉研究》，上海：上海人民出版社，2009 年）

关于《向达文集》的编辑与出版
——纪念向觉明先生诞辰 110 周年

我国著名历史学家、敦煌学家、版本目录学家和图书馆学家向达，字觉明（笔名觉明居士、方回、佛陀耶舍等）。土家族人。1900 年 2 月 19 日出生于湖南省溆浦县。1919 年入南京高等师范学校，就读于化学系，后转入文史地学部，专攻历史学。1924 年毕业于国立东南大学（后更名中央大学、南京大学）历史系。毕业后至 1930 年任上海商务印书馆编译所编辑。自 1930 年 8 月起，为北京图书馆馆员，曾任编纂。1934 年在北京大学兼任历史系讲师。1935 年秋，因在北图"服务五年成绩卓著，并对于经典夙有研究"，以交流研究馆员身份被派往欧洲。向先生先后在英、德、法三国考察、研究和抄录敦煌吐鲁番写卷、中外交通史资料、明清在华天主教会史料和有关太平天国文献，历时三年，成绩斐然。1938 年秋，携带数百万字资料和大量照片回到抗战正殷的祖国。回国后先应聘到已迁至广西宜山的浙江大学史地系任教，不久即赴昆明任西南联大历史系教授，兼任北大文科研究所研究生导师。1941 年参加由中央研究院组织的西北史地考察团，任考古组组长，于1942—1944年两次经河西走廊到达敦煌，考察莫高窟、榆林窟等。1946年随北大复员回到北京，一直任北京大学教授。1948年兼任北大图书馆馆长。1949年新中国成立后，除在北大执教，1955年兼任中国科学院哲学社会科学部委员（院士），1954年被任命为中科院历史研究所第二所第一副所长。1957年在反右运动中被错划为"右派"。1966年在"文化大革命"期间受迫害，于11月24日因病逝世。

向达先生治学严谨，学术视野广阔，著述甚丰，在敦煌学、中西交通史、民族史、边疆史等领域都有突出贡献。即以敦煌吐鲁番学而言，他的代表作《唐代长安与西域文明》（论文集，生活·读书·新知三联书店1957年第一版）中所收相关论文向为中外学术界所重视，至今引用不断。除此之外，他还留下许多重要的学术遗产，如1942—1944年间在敦煌考察时所录当地保存的敦煌文献稿本，已编为《敦煌余录》。该书为北京大学荣新江先生整理，已经收入其所编《向达先生敦煌遗墨》，由中华书局出版。全书达30册的《王重民向达先生所摄敦煌西域文献照片合集》，经国家图书馆善本特藏部整理编辑，已由国家图书馆出版社在2009年出版。诚如荣教授所说，睹物思人，我们不能不感念向达先生等前辈的卓越贡献。笔者在从事《汉语大词典》及其补订本的编纂工作中，时时不能离开《敦煌变文集》（人民文学出版社1957年版）一书。此书由向先生和王重民、王庆菽、周一良、启功、曾毅公等共6位先生编辑，他们在整理校勘时，根据照片或原卷过录一个本子，然后由一人主校，其余五人轮流互校一遍，把各人校勘的意见，综合起来，作为校记，附在每一篇后面。因此，校录文字基本上能保存写本原貌。虽然由于客观条件的限制，不免存在一些漏字和误字，但这部书对敦煌学的各个领域，特别是语言、文学的研究起了极大的促进和推动作用，以后半个世纪国内外的更加深入的探讨都是以此为基础的，在学术史上具有划时代的意义。

在中外交通史和西域史方面，向先生早在上世纪三四十年代就出版了《中西交通史》、《中外交通小史》等书，1933 年作为《燕京学报专号》之二发表的《唐代长安与西域文明》，代表了当时对唐代中原与西域文化关系史研究的最高水平，受到国内外学者的普遍好评。向先生所写中国古代和南海国家关系、16 世纪至鸦片战争期间中国与欧洲诸国文化交流史和郑和下西洋方面的论文，也都具有开创意义。特别重要的是，向先生在1958 年筹划了《中外交通史籍丛刊》的编辑出版。"文革"以前，这套丛书已经出版了由向先生亲自整理的《西洋番国志》、《郑和航海图》、《两种海道针经》三种。向先生去世后，至上世纪 70 年代末期，中华书局决定恢复出版这套丛刊，并由谢方先生主持其事。从 1979 年至今，丛刊已共出版 30 多种，产生了深远影响。向先生生前校注的耶律楚材《西游录》，亦已收入这套丛刊。向先生对《大唐西域记》也素有研究，所辑《大唐西域记古本三种》，作为其遗作于 1981 年问世。向先生还曾为杰出的史学家和翻译家冯承钧先生（1887—1946）的论文集《西域南海史地考证论著汇辑》（中华书局 1957 年版）作序，对冯先生的学术成就作了满怀深情的综述。

在民族史和边疆史方面，向先生对南诏史研究用力甚勤，经过多年苦心探索，取得丰硕成果。他先后发表了《唐代记载南诏诸书考略》（1951 年）《南诏史略论——南诏史上若干问题的试探》（1954 年）《〈蛮书校注读后〉识语》（1965 年）等论文，完成了《蛮书校注》（中华书局 1962 年出版），为此费时 20 余年。美国学者 Charles Backus 的专作 *The Nan-chao kingdom and T'ang China's southwestern frontier*（Cambridge University Press，1981）把向先生的这些成果视为重要参考论著，一再征引。这本英文论著已由林超民先生译为中文，题为《南诏国与唐代的西南边疆》，由云南人民出版社于 1988 年出版。译者还翻译了 Helen B. Chapin 发表于《哈佛亚洲研究》（*HJAS*）第 8 卷（1944）上的《云南的观音像》一文，作为附录收入书中，这篇论文首次向世人介绍了对于研究南诏社会历史具有重要价值的《南诏中兴二年画卷》，并发表了画卷的照片。而据此翻译的英文抽印本，是由作者签名赠送周一良先生（1913—2001）的，周先生因向先生从事云南史地研究，又转赠向达先生，向先生再转赠西南民族史研究大家方国瑜教授（1903—1983），方先生生前又将此抽印本捐赠云南省博物馆收藏。

除论著外，向达先生还有不少译作。早在上世纪 20 年代，他就与梁思成先生（1901—1972）等合作，翻译韦尔斯（Herbert George Wells，1866—1946）的名著《世界史纲》，出版后受到国内读者的热烈欢迎，历数十年而不衰。所译《斯坦因西域考古记》（中华书局 1936 年版，上海书店 1987 年重印）在学术研究中发挥了重要作用。他还翻译了英国汉学家 Edward Harper Parker（庄延龄，1849—1926）的《匈奴史》和《鞑靼千年史》（与黄静渊合译），也颇受学者关注。此外，如翻译劳费尔（Berthold Laufer，1874—1934）的名著《中国伊兰卷》和卡特（T. F. Carter，1882—1925）的《中国印刷术的发明和它的西传》这两本书中的若干章节，在中文全译本出版之前对中国读者也是很有用的。

家父徐森玉先生（1881—1971）是向达先生生前好友，两人交往颇多。如向先生在《唐代长安与西域文明》附录二《周至大秦寺略记》中就记述了 1933 年春向先生与家父、王庸先生（以中，1900—1956）、刘节先生（子植，1901—1977）三人同去大秦寺考察的情况，当时他们都在北图共事。此后向先生与家父常有书信来往，但向先生的来信都已在"文革"中佚失。向先生题赠家父的《西征小记》一文的抽印本亦已无存。

向先生与考古学家曾昭燏（1909—1964）有深厚友谊，早在 1980 年，南京师范大学中文系编《文教资料简报》就发表了向致曾的敦煌考古通信计 29 封，详细介绍了沿途见闻和考察经过。1947 年向先生得到一年休假，原可去美国，但最后未去，应曾之聘至南京任中央博物院专门委员，兼中央大学史学系教授。1948 年 2 月，并曾与中央博物院有关人员等同赴台湾举办展览（家父当时亦曾前往）。最近偶见 1947 年 7 月 18 日曾昭燏至家父一信，其中有关向先生内容，谨抄录如下：

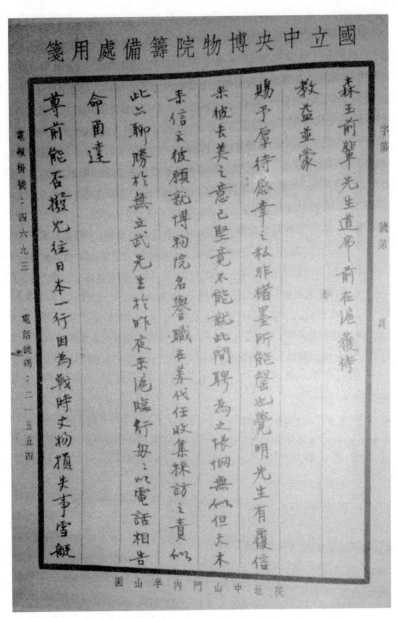

曾昭燏寫給徐森玉的信

國立中央博物院籌備處用箋

字第　　　號第　　　頁

先生何力主有適當之人一往也如去亦為時甚短立武先生

在滬約有三四日勾留若時間許可將詣

尊處奉訪如不能來望

以電話逕與商談一切的祈

卓裁為禱耑肅敬叩

道安

末學魯旳燏謹上

三十六年七月十日

電報掛號：四六九三　　電話號碼：二一五五四

院中山門內半山園

327

觉明先生有覆信来，彼去美之意已坚，竟不能就此间聘，为之惆怅无似，但天木（按：即王振铎，1911—1992，博物馆学家、科技考古专家）来信云彼愿就博物馆名誉职，在美代任收集采访之责，似亦聊胜于无。

据《胡适往来书信选》所收向先生致胡适信，向先生在1947年本有休假一年，应邀去美国讲学的机会，但因生计困难，没有成行。此承周运先生查检相关资料考证确定，谨致以深切谢意。

在纪念向达先生诞辰110周年时，我们感到十分遗憾的是至今尚未出版一部比较完备的向达文集。向达先生的著作目录，阎万钧先生已经在20多年前编制出《向达先生译著系年》（原载《向达先生纪念文集》，新疆人民出版社1986年版），今年3月26日敦煌研究院网站亦刊出《向达先生论著目录》。如以这两个目录为基础，将向先生已刊的学术论著和其他文章及译作搜集起来，再加上现存的未刊文稿（包括日记、书信等），编一部多卷本的《向达文集》，由向达先生生前服务有年的中国国家图书馆所属出版社出版，将使向先生的学术遗产得到更充分、更便利的运用，并得以发扬光大，这是我们的衷心希望。至于向先生生前参编或参译的篇幅较大的书，如《太平天国》和前已述及的《敦煌变文集》《世界史纲》等，则不必收入，以免重复。

（原刊于樊锦诗等主编《敦煌文献·考古·艺术综合研究——纪念向达先生诞辰110周年国际学术研讨会论文集》，北京：中华书局，2011年）

卫匡国及其《中国新地图集》

　　卫匡国（Martino Martini，1614—1661），字济泰，生于意大利的特伦托（Trento）。1636—1637 年在罗马神学院学习哲学课程，其师是著名的阿塔纳斯·基歇尔（Athanasius Kircher）神父。1638 年，他的传教申请被批准，接到去中国的命令，同年被授予神父圣职。1640 年 3 月，他和另外 24 名耶稣会士起航前往印度，同年 9 月到达果阿。1641 年从果阿出发，前往澳门。1643 年（明崇祯十六年）抵华。到达中国后，他开始系统学习中文，并在浙江传教。由于当时正值明、清易代，战乱频仍，他不能久居一地，而是四处奔波。清军将抵杭州时，他在门外书写"大西天学修士寓此"字样，宅内置书籍、望远镜、科学仪器等，中设祭坛，上供耶稣像。清军破门而入，但未杀害卫氏，而是待之以礼。1650 年（顺治七年），被任命为杭州地区耶稣会会长。同年经阳玛诺（Manuel Diaz）神父安排，曾去北京钦天监与汤若望（Jean Adam Schall von Bell）神父合作，但两人相处不谐，卫氏在京停留时间很短。也是在这一年，他被派返回罗马教廷汇报。卫氏由福建先往菲律宾，然后经巴达维亚（Batavia），启程前往欧洲，于1653年取道英伦三岛，到达挪威的卑尔根（Bergen）。他没有立即前往罗马，而是从那里去了汉堡、阿姆斯特丹、安特卫普、布鲁塞尔等地。1654年10月，卫氏到达罗马。1655年．他向宗教裁判所提交了一份关于中国祭祀礼仪问题的陈述报告。教皇亚历山大七世及教廷传信部枢机团赞同卫氏报告，对"礼仪之争"发布了一个有利于耶稣会士的训谕；对实际行事，亦"悉如所请"（juxta exposita），加以批准。1657年，他从葡萄牙里斯本乘船返华，1658年到达澳门，1659年（顺治十六年）重返杭州。在杭州得到两位女性教友资助：一位是总督佟国器夫人（教名Agata），另一位是肃亲王妾赵氏（教名Giuditta）。利用这笔慷慨捐款，卫氏在杭州城天水桥之南、北关门内购地，从1659年起开始修建教堂，1661年完成。卫氏很可能亲自参与了设计，该教堂被认为是中国境内最漂亮的教堂，初被命名为"救世主堂"，后又改称"圣母受胎堂"（Chiesa dell' Immacolata Concezione）。1661年（顺治十八年）6月，卫氏因病服用了过量的大黄，不治逝世。遗体被埋葬在杭州城外大方井的一个墓地内。据殷铎译（Prospero Intorcetta）、柏应理（Philippe Couplet）、白晋（Joachium Bouvet）记述，其遗体在卒后18年即1679年（康熙十八年）仍未腐烂。是年殷氏将其迁葬于新墓。

卫匡国于1643年29岁时来到中国，住了7年，另有好几年时间是在欧洲度过的，最后又回到中国杭州，两年后去世，年仅 47 岁。但在他短暂的一生中，写出了许多重要的中西文著作，使他在学术界享有盛誉，成为欧洲早期汉学的主要奠基人之一。意大利学者梅文健（Giorgio Melis）指出：在中西文化交流中，利玛窦的独一无二的地位是大家公认的。在他的工作中，选择了对他们适用的、相互认识的原则和方式。在那些紧随其后的人们中，有卫匡国，他的创造性的贡献是进一步确定和发展了利玛窦的文化接近策略。中国学者沈定平认为：17 世纪前后是中国和西欧进行大规模交往的时期，对中西文化都产生了十分重要的影响，卫匡国是继马可·波罗和利玛窦之后在中西文化交流史上最重要的人物之一，在推动中西文化交流方面起到了关键性的作用。他通过一系列的撰述以及对孔子和儒家学说的介绍，进一步确定和发展了利玛窦适应中国传统文化的传教策略，并在赢得当时罗马教廷对这种策略的默许和赞同方面发挥了决定性的作用；他的著作是当时欧洲读者所能看到的关于中国古今的最新、最全面的报道和评论。我们认为：这样的评价对卫匡因来说是当之无愧的，他不仅是中西文化交流史上的巨人，也是他那个时代的世界上出类拔萃的伟大人物之一。

卫匡国的中文著作有《天主理证》及《灵魂理证》，合辑为《真主灵性理证》。但最受重视的是 1661 年在杭州印行的《述友篇》。此书是为补全利玛窦的《交友论》而作，但他所写的比利玛窦的著作更为广泛。正如意大利白佐良教授所说：这部著作可以被看作是用中文写成的第一本希腊-罗马文学选集，虽然它仅限于谈友谊这个题材。作者尽管有意写一部宣传宗教的著作，但所写成的书却传播了文化，与基督信徒作家相比，他更重视古典或"异教徒"作家。这本书受到当时著名文人赞誉，如徐光启之孙徐尔觉在为本书写的序的末尾说："今先生逝矣，是编其万古不朽欤？"可见评价之高。

卫匡国的拉丁文著作有3部非常著名。其中《鞑靼战记》（*De Bello Tartarico Historia*）于1654年在安特卫普出版，记述了他当时在中国所了解到的清朝征服中国的过程，包括李自成、张献忠起事的一些片断，对于研究晚明史和清史有很高的史料价值。《中国历史十卷》（*Sinicae Historiae Decas Prima*）于1659年在阿姆斯特丹出版，首次向西方读者介绍了中华民族自起源至公元初年的历史；而《中国新地图集》（*Novus Atlas Sinensis*）则是卫氏最重要的科学著作，他因此书而被德国著名学者李希霍芬（Richthofen）尊称为传教士中的"中国地理之父"。

《中国新地图集》1655年由布劳（Blaeu）在阿姆斯特丹首次发行，曾多次再版，并被译成其他文字。全书171页，先对远东作了概述，然后详细描写中国各个省份，最后写的是日本。书末有目录和附录。地图共17幅，其中一幅是中国全图，北直隶、山西、陕西、山东、河南、四川、湖广、江西、江南、浙江、福建、广东、广西、贵州、云南各一幅，日本一幅。在每幅地图之后，再对各地情况作出文字说明。正如中国学者马雍所说，各省地志的体制显然沿袭了中国地理志书的方式，首先综述全省情况，然后按府分叙，内容丰富，条理清晰，书旁并标出小题以醒眉目。此书在18世纪清朝绘制《皇舆全览图》

时，曾被传教士引进中国，作为指导测量和绘图的重要参考依据。前已述及，卫匡国曾自称为"大西天学修士"，从其书信集中也可获知，人们在中国把他和他的同伴看作天文学家。正如意大利学者德马尔奇教授所指出：我们可以从《中国新地图集》中了解到，当时卫匡国等人担心的主要是广泛的参照系问题，如纬度、经度和地磁位置的确定等，其专业程度之高确实可以被称为天文学家了。

为了推动对卫匡国的学术业绩的研究，意大利特伦托大学的卫匡国研究中心正在德马尔奇教授主持下，编辑出版5卷本的《卫匡国全集》：第一卷为"书信与文献"，第二卷为短篇集，第三卷为《中国新地图集》，第四卷为《中国历史十卷》，第五卷为《鞑靼战记》及补充资料。其中《中国新地图集》两巨册已于2002年问世，共1176页，此书意大利文版的编辑工作由白佐良教授承担，他为全书加上了大量内容精湛的注释，具有很高的学术水准。书后还有10个附录，即中国朝代、中国古代传说中的帝王、《禹贡》中古代中国之区划——九州、战国七雄、卫匡国关于中国15行省的记述、卫匡国在《中国新地图集》中提到的8个朝鲜省、明朝皇帝、佛教名山、人口资料和中国长度单位。白佐良教授未及完成全部工作因病去世，罗马大学马西尼教授继承其遗业，对草稿进行修改校订，使全书终成完璧，1994年9月20日是卫匡国诞辰390周年，北京外国语大学海外汉学研究中心与特伦托大学卫匡国研究中心联合在京举办"让西方了解中国——中西文化交流的使者卫匡国学术研讨会"，并举行卫匡国《中国新地图集》的再版发行仪式，这无疑是对这位 17 世纪历史和文化巨人的最好纪念。

编补：

卫匡国的著作还有一部《中国文法》（*La Grammatica Sinica, 1653*），有几种抄本分藏于英国、德国、波兰等国的几家图书馆里，已故白佐良（Giuliano Bertuccioli, 1923—2001）教授将其编入《卫匡国全集》第 2 卷，并在《华裔学志》上撰文，考证卫氏语法撰写、传抄、流布的经过（2003 年发表）。根据最近的研究和发现（2009 年），证实了伯希和（Paul Pelliot, 1878—1945）在 1922 年的假定，这部语法在 1696 年曾出版过。现在该书已经译为中文，由上海华东师范大学出版社于 2011 年 3 月出版（白佐良译为意大利文，白桦又译为中文）。

（原刊于张西平等主编《把中国介绍给世界：卫匡国研究》，

上海：华东师范大学出版社，2012 年）

读《耶稣会士中国书简集》

在 18 世纪的"传教士汉学"著作中,《耶稣会士书简集》是极具特色的一种。为了对抗发端于 16 世纪 20 年代德国的宗教改革运动,产生了耶稣会(Societas Jesus)这样一个组织。耶稣会的创始人罗耀拉(Ignace de Loyale,1491—1556)早在 1540 年就向其教友沙勿略(François Xavier,1506—1552)下达了赴东方传教的训令。沙勿略先后在印度、日本传教并取得成果,但他数次试图进入中国大陆都没有成功,于 1552 年 12 月死于广东省上川岛。沙勿略死后,多名耶稣会士抵达澳门并在那里建立了基地,但他们在华的实质性活动是以意大利耶稣会士罗明坚和利玛窦 1582 年进入肇庆为开端的。利玛窦在华时间长达 28 年,他把耶稣会"适应当地习俗"的策略思想真正付诸实践,既学习儒家典籍,以中文著书传教,又译介西方科技知识,并向欧洲传播有关中国的情况,因此其传教活动带有浓厚的中西文化交流的色彩。从利玛窦开始,16 世纪至 18 世纪在华活动过的外国耶稣会士共达 800 多名,其中著名的如金尼阁、汤若望、南怀仁、卜弥格、卫匡国、柏应理、白晋、张诚、李明、马若瑟等等，都深入中国各地，研究中国的历史与现状，他们在中国社会中融入的深度和对中国的了解是以往来华的任何外国人都无法相比的。特别是1687年几位法国"国王数学家"抵华，标志着耶稣会士在中国的传教活动进入了一个新阶段，因为他们身兼传教和科学考察的使命，为此撰写了大量有关中国的重要著作，西方的汉学研究也由此奠基并得以逐步发展。上述情况就是《耶稣会士书简集》产生和出版的历史背景。

18世纪初，"礼仪之争"甚嚣尘上，耶稣会士在华传教事业受到来自各方的沉重压力，有人指责耶稣会士向中国礼仪屈服而损害了福音的传播，因此，耶稣会认为正式发表和出版其会士在外方发回的书简，以表明他们传教的热忱和成果，是为自己辩护的有效方式。1702年，在巴黎负责北京法国传教区财务的司库郭弼恩神父（P. Le Cobien）编辑出版了一卷《耶稣会某些传教士写自中国和东印度的书简》。1703年该书第二卷问世，更名为《耶稣会某些传教士写自外国传教区的感化人的珍奇的书简》，收录范围也相应扩大为世界各地耶稣会传教士的书简。至1708年，该书在郭弼恩神父主持下共出版了8卷。1709—1743年间，杜赫德神父（P. du Halde，1674—1743）主持出版了该书第9至26卷。第27至34卷则在1749年至1776年间由巴杜耶神父（P. Patouillet）和尚有疑问的某无名氏主持面世。虽然这部篇幅巨大的《书简集》最终完成之时，耶稣会本身在欧洲已于1773年被宣告解散，但人们对这些书信的兴趣却仍在延续。1780年至

1843 年间，法国先后出版了四种这部《书简集》的改编本。而且，《书简集》不仅仅受到法国读者的欢迎而出现了这些法文版本，而且还被翻译成其他欧洲语言，如英文、德文、意大利文以及西班牙文、波兰文等，从而成为全体欧洲人的珍宝。

还应该提及的是，《书简集》的主要编者之一杜赫德是欧洲汉学的重要先驱者。他除了亲自校订出版《书简集》的第 9 至 26 卷外，还将明末以迄当时 150 年来欧洲对中国进行研究所取得的成绩予以汇集，巧加剪裁，于 1735 年出版名著《中华帝国志》，产生了重要影响。《中华帝国志》是耶稣会士在中国所得知识的大全，在欧洲认识中国的发展史上，这部著作标志着一个新的阶段。正如已故史学家阎宗临教授（1904—1978）在其用法文撰写的博士论文《杜赫德的著作及其研究》中所指出："杜赫德神父的名字永远和《中华帝国志》《耶稣会士书简集》联系在一起……他关于中国的知识并不是第一手的；这些知识来自于他的同行们。然而他却很善于选择整理这些知识，以至18 世纪的作家们都援引他的作品。"

《耶稣会士书简集》具有极高的史料价值，正如有的学者所指出：耶稣会士从中国发出的这些报告，不仅在当时，而且在今天来看也是非常有益的。当时即清朝初年的宫廷、政治、社会、民俗、工艺及其他各个方面的情况，都能够从这些书简的直接而生动的叙述中发现以往看不到的真正的实际状况。它不仅是近代东西方文明接触的最重要而广博的记录，而且还成为对于中国研究的第一手的、并且几乎是无穷无尽的宝藏。

这些书简当时的受众是西方人，尤其是法国人，因此，它们对当时法国和西方各国社会的影响也值得我们重视。孟德斯鸠和伏尔泰都曾从这些书信中吸取有关中国的知识，并从而展开自己的论述。魁奈则主要以中国古代经济思想为渊源，创立了他的重农主义经济理论，希望以此使法国经济走出泥潭。来自遥远中国的信息在法国和欧洲各国受到广泛关注并且产生了实际影响，而中国自身在当时却全然不知，这个在中外文化交流史上非常有趣的现象是应该进一步深入研究的。

长期以来，中西文化交流史研究者对于《耶稣会士书简集》这部书是熟知的，但由于一直没有中文译本，所以真正能够阅读的并不多，更谈不上利用书中的珍贵资料来从事有关的学术研究了。

20 世纪 70 年代，日本著名的东西交流史专家、琦玉大学教授矢泽利彦依据 1780—1783 年巴黎出版的 26 卷本《书简集》，将其中寄自中国或与中国有关的 10 卷择其主要者加以翻译、注释，编成 6 卷本的《耶稣会士中国书简集》予以刊行。这个日文译本有相当丰富的注释，学术质量较高，出版后受到各国学者的好评。

80 年代以后，中国学者也在积极从事《书简集》的译介工作。经过数年努力，直接从法文译出的《耶稣会士中国书简集》的前三卷于 2001 年由大象出版社出版。中文译本依据的是 1819 年里昂出版的 14 卷本，虽然与日译本所据版本不同，但内容基本没有差别。这前三卷出版后，学术界十分关注，除反映本书具有很高的史料和学术价值外，有的学者也对译文中存在的一些问题提出了中肯的意见。2001年后，又经过译者四年的努力，后三卷也全部译出。现在该书得到2004/2005中法文化年法国外交部傅雷出版资助计划的资助，由国际汉学书系编委会精心编辑，大象出版社推出了题为《耶稣会士中国书简集——中国回忆录》的六卷本全书。除平装六卷本外，还出版了精装三卷本，即将原一、二卷合为上卷，三、四卷合为中卷，五、六卷合为下卷，以飨读者。这套书共收录书简或书简摘要约140件，达160余万字，历经8年多才全部翻译出版，堪称一项意义深远的大工程。

参加本书翻译工作的，有来自杭州、北京、上海的郑德弟、吕一民、沈坚、耿昇、朱静等五位先生。应邀任特约编辑的中外关系史专家谢方先生极其认真地审读了全稿，并在目录中每封信的标题下撰写了内容提要。作为读者，对于上述诸位先生的辛勤劳动，也应该在这里表示敬意！

2006年1月10日于上海

编补：

对《耶稣会士中国书简集》的译文质量，学界至今仍有不同看法，请参阅复旦大学文史研究院编《西文文献中的中国》，北京：中华书局，2012年，第209–210页。

后　记

　　承高山杉和吕大年、高峰枫、周运诸先生好意，将近二十年来所写的一些短文结集出版。虽然其中绝大部分为近年写就，但回头检视一下，有的已颇有些"过时"的感觉。因此，在保留原作面貌的前提下，文末往往略作补充，或提供一些新成果的线索，都用"编补"字样标明。结集的目的，主要是为了便于向读者请教。

　　笔者从事语文词典的编写和审稿工作，算一算也有几十年了。平时琐事繁多，加上年老体衰，实在写不出什么可令读者期待的佳作，但在做编辑工作的同时，也不免时时会有一些想法和看法，加上多年来读书不辍，也逐渐积累了一些可供读者参考的资料，于是陆续写下这些文字，共得四十篇。至于篇幅较长、专业性较强的文章，则没有选入。另有一些文章原拟收入，但结集重读后觉得不满意，又难以修改，于是舍弃了。收入书中的文章原先有的遵循规范附上注释并列出参考文献，现在尽可能删除或予以压缩，希望以此增加一些可读性。

笔者感兴趣的领域是古代中亚和内亚文明、古代中外关系、欧亚大陆史前史、语言学、人类学和域外东方学史等。本书所收文章与这些领域多少都有点关系。如果按内容区分，大致可分为五组：第一组是关于语言研究和词汇学、词典学、词语考释方面的；第二组讨论语言、基因和族群起源的关系及古人类学；第三组是书评和随笔，多与古代文明和东方学史有些关系；第四组是怀念前辈之文；第五组是对所读之书的简要介绍和综述（并非评论）。

衷心感谢陆灏先生的鼓励和支持，收入本书的部分文章有幸得以在《东方早报·上海书评》和《文汇报》刊出。有的文章发表后收到读者的反馈，获益良多，也借此机会表示深切感谢。

徐文堪

2013 年 1 月于上海，时年七十

图书在版编目（CIP）数据

编余问学录／徐文堪著.—杭州：浙江大学出版
社，2013.12
ISBN 978-7-308-11903-0

Ⅰ.①编… Ⅱ.①徐… Ⅲ.①社会科学－文集 Ⅳ.
①C53

中国版本图书馆CIP数据核字（2013）第170925号

编余问学录
徐文堪 著

策　　划	周　运	
责任编辑	王志毅	
出版发行	浙江大学出版社	
	（杭州天目山路148号　邮政编码310007）	
	（网址：http://www.zjupress.com）	
制　　作	北京百川东汇文化传播有限公司	
印　　刷	北京中科印刷有限公司	
开　　本	880mm×1230mm　1/32	
印　　张	11	
字　　数	227千	
版 印 次	2014年1月第1版　2014年1月第1次印刷	
书　　号	ISBN 978-7-308-11903-0	
定　　价	35.00元